國家社科基金重大項目（10&ZD104）

上海師範大學古籍整理研究所編
項目首席專家、主編　戴建國
主编　朱易安　傅璇琮　周常林

全宋筆記

第八編

三

国家出版基金项目
NATIONAL PUBLICATION FOUNDATION

大象出版社

顧　問　王水照　朱瑞熙　徐　規　李裕民

項目首席專家、主編　戴建國

主　編　朱易安　傅璇琮　周常林

編纂委員會（以姓氏筆畫爲序）

王劉純　朱易安　李亞娜　周常林　俞　鋼　查清華

徐時儀　陳　新　張劍光　傅璇琮　虞雲國　戴建國

目録

◎沈俶撰

諧史

胡紹文整理

點校説明

《諧史》一卷，舊題「宋沈俶撰」。沈俶《宋史》無傳，生卒年不詳。據《四庫全書提要》：書中載有趙師羼爲臨安尹時事，作者當是南宋寧宗嘉定以後人。

本書收録的第一則故事言鬼怪。《莊子》曰：「齊諧者，志怪者也。」此或爲本書取名之因。然其他幾則故事，與名《諧史》似不相適應，故《四庫提要》云：「疑亦後人雜鈔成編也。」當時理學盛行，除正經行文外，小説之題作「諧」，亦爲意料中事。書中呈現出宋代社會的衆生百態。如聲名遠播的八賢王，忠心耿耿的義仆楊忠，視死如歸的徐觀妙，神偷「我來也」，嫌貧愛富的釋珊，屢屢收入後人所編的笑話集。該書對於研究宋代社會生活具有一定的價值。

該書的主要版本有《説郛》本、《古今説海》本、《學海類編》本、《四部叢刊》本和《説庫》本。此次點校以《叢書集成初編》所影印《古今説海》本爲底本，參校《説郛》本。

校勘記

鬼物之於人，但侮其命之當死及衰者爾。苟人未當死與命或未衰，則縱使爲妖爲孽，苟能禦之以正，亦無如之何。吴興郡有項羽廟，自古相承云：羽多居郡廳，前後太守不敢上。《南史》：孔靖，字季恭，爲守，居之無害。先是此邦頻喪太守，人言卞山王項羽居郡廳事，以故多不利于太守。何季恭之獨不然也？蕭惠明，泰始初亦守是邦，謂綱紀曰「孔季恭嘗爲此郡，未嘗有災。」遂盛設筵榻，接賓數日。見一人長丈餘，張弓挾矢向惠明，既而不見。因有背瘡，旬日而卒。蕭琛，字彦瑜，惠明從子也，後亦爲守。其本傳云：「郡有羽廟，土人名爲『憤王』，甚有靈驗。於郡廳事安床幕，爲神主，公私請禱，前後二千石皆于廳下再拜，祠以太牢。既祭而避居他室。琛至，著屐登廳事，聞室中有叱聲。琛厲色曰：『生不能與漢祖爭中原，死據此廳事，何也？』因遷之於廟。又禁殺牛，以脯代肉，竟不能害。」以是觀之，魑魅魍魎假羽名以興禍福，何獨貽害於惠明，而季恭、彦瑜差無聞然？此非他，惠明之死期將至，而二人者福未艾耳。今霅川城之北門有祠號「霸王廟」，其城門亦曰「霸王門」。廟有碑，本朝雍熙四年九月一日建，宣奉郎守太子中允通判張懌文也。《惠明傳》稱「郡界有卞山，山下有廟。當是後人遷之入城」云。

宣和用兵燕雲，厚賦天下緡錢，督責甚峻。民無貧富，皆被其害。時有海州楊允秀才妻劉氏，寡居，二子皆幼，積錢十屋。一日，劉氏謂二子曰：「國家用兵，斂及下户，期會促迫，刑法慘酷。吾家積錢列屋，坐視鄉黨之困與官吏之負罪而晏然不顧，於心安乎？」遂請于官，以緡錢一百萬獻納以充下户之輸，於是一郡數縣之官吏得以逃責，而下户得免於流離死亡者，皆劉氏之賜也。嗚呼！今之積金蓄穀，倍息計贏，遇災荒而幸糴價之高，遭艱厄而窖藏之密者，滔滔皆是也。其視劉氏，賢愚何啻霄壤耶！

四明戴獻可者，踈財尚氣，喜從賢士大夫游處，而家世雄於財，凡客至必延欵。士聞風而歸者，皆若平生歡也。獻可死，止一子伯簡，年十八九，未歷世故，暴承家業，用度無藝，里中惡少因得與交狎邪。不數歲，破家，止有昌國縣魚鹽竹木之利尚存。舊僕楊忠主之，自獻可無患時，出納無纖毫欺。伯簡家業既蕩，獨楊忠所掌猶可賴爲衣食資，遂往焉。楊忠拜哭盡哀，日與婦共事之，籍其資財之簿以獻。伯簡大喜，謂我固有之物，仍復妄爲。其游從輩聞之，又欲誘蕩焉，楊忠哭諫，不顧。一日，伯簡與其徒會飲呼蒲，楊忠挺刃而前，執其尤者，捽首頓之地，數曰：「我事主人三十餘年。郎君年少，爾輩誘之爲不善，家産掃地。幸我保有此業，汝必欲蕩之，靡有孑遺邪？我斷汝首，告官請死，報吾主人于地下。」又大叱，令伏地受刃。其人哀號伏罪，請自今不敢復至。楊忠噤咽良久，收刃却立曰：「爾畏死給我邪？」其人號曰：「請自今不敢復至。」忠曰：「如此，貸爾命，再至必屠裂爾軀。」遂出帛數端曰：「可負此亟去。」其人疾走。忠遂揮涕謝伯簡曰：「老奴驚犯，郎君自今改前所爲，但聽老奴盡心力役，不二三年，舊業可復。不然，老奴當即日自沉于海，不忍見郎君餓死以貽主人門户羞也。」伯簡慙泣，自是謝絶群不逞，修謹自守，一聽楊忠所爲。果數年盡復田宅。楊忠事之彌謹。吁，楊忠其賢矣哉！真不負其名矣。其視幸主人之禍敗，從而取之者，孰非楊忠之罪人乎？

慶曆中，貝賊王則倡亂，率衆閉門爲不軌。知城中子女無如趙氏女美，致帛萬端、金千斤聘爲妻。且曰：「女若不行，即滅爾族。」父母不敢違，獨女不可，曰：「吾雖女子，戴天子天、履天子土十九年矣。縱不能執兵討叛，奈何妻之？」泣涕不食，父母族人守之，以所得后服衣之。女曰：「妻賊，何后也？」家人掩其口，卒逼以往。女登輿，自殘于輿中。賊盛禮待之，聞報皆失色。而賊之親信自殺者三人，縋城逃者七十四人，懼爲賊所魚肉也。自此賊熖漸衰，以至于敗。嗚呼！識去就，知廉耻，仗節死義者，天下皆以是望士君子而不以是望衆庶，常以是望男子而不以是望婦人。今趙氏，一民家女耳，表表之節如是，可謂出于人所甚難而天下之所未嘗望者。彼士君子號爲男子者，觀之寧不有愧於心耶！

徐氏名觀妙，歷陽人，江東曹閦中之女也。嫁郡士張弼。建炎己酉，虜犯維揚，官軍望風輒潰，多肆擄掠。和人大恐，弼與鄰皆往裕溪避賊，獨徐氏不去，爲亂兵所掠。大駡曰：「朝廷畜汝輩以備緩急。今虜犯行在，不能赴難，而乘時爲盜。我恨一女子力少勢弱，不能斬汝。寧肯爲汝曹所辱以苟活耶？」賊慚恚，以刃刺殺，投之江中。嗚呼！士方平時自視霄漢，抵掌大言，以節義自許。一落賊手，則蠅營狗苟，乞一旦之命，或出力而助虐者，多矣。徐氏眇然一婦，乃能奮不顧死，與秋霜烈日爭嚴。嗚呼，壯哉！

周王元儼，太宗皇帝第八子也。生而穎悟，廣顙豐頤，凛不可犯，名聞外夷。天聖以來，太宗諸子獨元儼存，仁宗眷寵尤異。儼好坐木馬，遇飢則于其上飲食，仍奏樂于前。或終日在上酣飲。慶曆四年封燕王。時富鄭公條上《河北守禦十二策》。其首策曰：「北虜風俗貴親，率以近親爲名王將相。所以視中國用人亦如其國。燕王威望著于北虜。燕薊小兒每遇夜啼，其家必驚之曰：『八大王來也。』兒啼即止。每牽馬牛渡河，旅拒以進，必曰：『八大王在海裏。』【一】其畏之如此。虜主每見南使，未嘗不問王安否。今年王薨，識者亦憂之，謂王之生，虜以爲重；今王之薨，必以朝廷爲輕矣。」

余每見世情炎涼，釋道尤甚。幼時嘗侍親遊一二寺觀，多有此態。歸而相語，未嘗不慨然也。近閲張文潛《雜志》，忽見一事，不覺憮然而書之。殿中丞丘浚嘗在杭州謁釋珊，見之殊傲。頃之，有州將子弟來謁，珊降階接之甚恭。丘不能平，伺子弟退，乃問珊曰：「和尚接浚甚傲，而接州將子弟乃爾恭邪？」珊曰：「接是不接，不接是接。」浚勃然起，杖珊數下，曰：「和尚莫怪，打是不打，不打是打。」奇哉！殊快人意。

【一】八大王　「八」原作「莫」，據《説郛》本改。

京城闤闠之區，竊盜極多，蹤跡詭秘，未易根緝。趙師羼尚書尹臨安日，有賊每於人家作竊，必以粉書「我來也」三字於門壁，雖緝捕甚嚴，久而不獲。「我來也」之名鬨傳京邑，不曰捉賊，但云捉「我來也」。一日，所屬解一賊至，謂此即「我來也」。亟送獄鞫勘，乃畧不承服，且無贓物可證，未能竟此獄。其人在禁，忽密謂守卒曰：「我固嘗爲賊，却不是『我來也』。今亦自知無脱理，但乞好好相看。我有白金若干，藏于寶叔塔上某層某處，可往取之。」卒思塔上乃人跡往來之衝，意其相侮。賊曰：「毋疑，但往，此方作少緣事，點塔燈一夕，盤旋終夜，便可得矣。」卒從其計，得金大喜。次早入獄，密以酒肉與賊。越數日，又謂卒曰：「我有器物一甕，寘侍郎橋某處水内，可復取之。」卒曰：「彼處人鬧，何以取？」賊曰：「令汝家人以籮貯衣裳橋下洗濯，潛掇甕入籮，覆以衣，舁歸可也。」卒從其言，所得愈豐。次日，復勞以酒食。卒雖甚喜，而莫知賊意。一夜至二更，賊低語謂卒曰：「我欲畧出，四更盡即來，決不累汝。」卒曰：「不可。」賊曰：「我固不至累汝。設或我不復來，汝失囚必至配罪，而我所遺，儘可爲生。苟不見從，却恐悔吝有甚於此。」卒無奈，遂縱之去。卒坐以伺，正憂惱間，聞簷瓦聲，已躍而下。卒喜，復桎梏之。甫旦，啓獄户，聞某門張府有詞云：「昨夜三更，被盜失物，其賊于府門上寫『我來也』三字。」師羼撫桉曰：「幾誤斷此獄，宜乎其不承認也。」止以不合犯，夜從杖而出諸境。獄卒回，妻曰：「半夜後聞叩門，恐是汝歸，亟起開門，但見一人以二布囊擲户内而去，遂藏之。」卒取視，則皆黄白器也。乃悟張府所盗之物，又以賂卒，賊竟逃命。雖以趙尹之明特而莫測其姦，可謂黠矣。卒乃以疾辭役，享從容之樂終。身没後，子不能守，悉蕩焉，始與人言。

⊙張仲文撰

白獺髓

胡紹文　整理

點校説明

《白獺髓》一卷，張仲文撰。張仲文《宋史》無傳，生平不詳。書中記載最晚爲宋理宗紹定時事，其成書大致在南宋後期。

該書内容以記述當時社會奇聞趣事爲主。原書業已殘缺，《説郛》本收集若干條。其中不少條目文字暗含諷刺，作者當爲失意的士人。書中有政治生活的記載，如嘉定年間主戰派、主和派的鬥爭，以及官員之間的相互傾軋。還記載了官場的軼聞，如姜夔不識樂器，趙希倉、程覃寫錯别字等。此外，書中記録了幾場大火及其預兆，還展現了宋代特殊的風俗人情，如韶陽「乳田」，浙西人舉債裝飾房屋等。該書對於研究宋代社會生活和官場百態具有一定的價值。

該書的主要版本有《説郛》本、《歷代小史》本、《宋人百家小説》本、《宋一百四十名家群賢小説》本和上海文明書局《廣四十家小説》本。本次整理以《歷代小史》本爲底本，參校《説郛》本。

寧廟朝，高文虎知貢舉日，以《天子大采朝日》爲賦題試貢士，而舉人困厄於此，學舍皆嘆怨。後文虎因作《西湖放生池碑》誤引故事，及上殿墮笏失儀，兩學齋舍裒金作綵帳，贈教禽獸伎人趙十一郎，寓意以譏之。其中有云：「鼠猴搢笏而不失其儀，士有所愧；禽鳥認書而咸知所出，人反不如。」後伎人因從官梁李珌、沈作賓、沈詵輩與高君會于官苑，召至呈伎，因以此帳張于園。高君見之，曰：「此必淳爲之耳。」淳，台州人，後於毛自知榜，第三名及第。

嘉定丁丑九月，臣僚奏孔煒罷知高安。孔本三衢人，乙亥生，仕至都官，以女爲門人鄭復禮盜去，遂有此玷。復禮乃永嘉士人，因善醫而爲孔門館賓。與諸子游，惟館于民家。先數日前，因見行都博雞者，行都以三文十純，博雞并錢。復禮博之以骰錢，祝之得純成，欲盜此女，隨手得純字，更借取一祝，再博而又純漫。遂因孔君奉祭牙齋壇，是夜，復禮遂盜此女，令弟孝禮携往姑蘇。逮曉，本家覺，復禮與諸子責督警捕人根緝。後以復礼之館媪告，獲復禮、孝禮，俱徒刑編置。而此女姙，免刑，押歸本貫。且復禮初以博錢卜其吉凶，或者謂使其當時不博得成，或無此禍。殊不知造罪背理，豈有幸免？而鬼神亦得陰治

校勘記

之，故使之博成而作成其罪矣。且夫帷薄之間，不謹不嚴【一】，豈特孔氏之家乎？皆托於報緣，恐未當理。

慶元間，有士人姜夔上書乞正奉常雅樂。京仲遠承祖主此議，送斯人赴太常，同寺官校正。斯人詣寺，與寺官列坐，召樂師賫出大樂。首見錦瑟，姜君問曰：「此是何樂？」衆官已有謾文之歎：「正樂不識樂器。」斯人又令樂師曰：「語云『鼓瑟希』，未聞彈之。」衆官咸笑而散去，其議遂寢。至今其書流行於世，但據文而言耳。

紹興初，行都童謡曰：「洞洞張河爺娘，一似六軍之教場。」忽民間遺火，自大瓦子至新街，約數里。是時皆葦席屋。後嘉泰初童謡曰「掀也」，又曰「火裏」，此銀匠諺語。大小皆語及此。忽季春楊浩家遺火，自龍舌頭山延燒至艮山門外船場，自南至北，僅五十餘里。楊浩父子偕竄海南。其時，守臣趙善堅、殿帥吴曦、步帥夏侯恪因是罷去。

紹定初，御街中瓦前賣糰子者，目爲三火下店，如此兩三處。先因鄭德懋家遺火，焚燒中瓦及御街數千家。時有「錦城佳麗地【二】，灰塵瓦礫場」之語。後三年間，中瓦後娼户李博士家遺火，焚燒中瓦及大街十餘家。是夜在家飲酒者，府吏王德用，連坐被罪。至四年九月間，李博士橋王德家遺火，自北而南，焚燒至前湖門外方家峪山，亦僅五十餘里。宗廟百司，一夕迨盡，中瓦又爲灰燼。此三火之讖明矣。王德取斬。是時，守臣林介、殿帥馮榯、步帥王虎因是罷去。

【一】不謹不嚴　原作「不謹分嚴」，據《説郛》本改。

【二】錦城　原作「也紅」，據《説郛》本改。

嘉定間，韃虜交攻。廷臣有以和、戰、守三策爲言者，謂戰爲上策，守爲中策，和爲下策。是時，胡榘侍郎專主和議，會入朝，時四明袁燮侍郎與胡公廷爭，專主戰守議，仍以笏擊胡公額，遂下侍從臺諫集議。後袁君以此辭歸。太學諸生三百五十四人，作詩以送袁君曰：「天眷頻年惜掛冠，誰令今日遠長安。舉幡莫遂諸生願，祖帳應多行路難。去草豈知因害稼，彈烏何事却驚鸞。韓非老子還同傳，憑仗時人品藻看。」今江東倉使狀元公甫，即其子也。

秦檜師垣故第，即今之德壽宮。西有望仙橋，東有升仙橋。後紹興末年，師垣薨，適值天府開浚運河，人夫取涅盡堆積府墻及門。有無名人題詩于門曰：「格天閣在人何在？格天閣，乃高宗宸翰賜秦檜之家一德格天之閣。偃月堂深恨已深。不向洛陽圖白髮，却於郿塢貯黄金。笑談便欲興羅織，咫尺那知有照臨。寂寞九原今已矣，空餘泥濘積墻陰。」韓侂胄平原甲第，即瑞石北阜爲第。後開禧末，罪逐，後改爲寺監。齋舍生有題二絶于壁曰：「掀天聲勢秪冰山，廣厦空餘十萬間。若使早知明哲計，肯將富貴博清閑。」「花柳依然弄曉風，才郎袖手去無蹤。不知郿塢金多少，爭似盧門席不重。」兩詩皆用董卓郿塢事，然權勢所歸之地，古今皆然也。

趙從善尚書自號「無著居士」，家居吴郡。從善尹天府日，招郡學喬木在家熟訓子希倉，而喬生者實無所知，乃饕餮人爾。不能責成其弟子，但委靡依隨而已。忽教希倉以旦、望祠孔聖，令匠依公庠釋菜儀制、鑄造禮器等，依奉常行禮。同里黄子由尚書聞之，欲發譴。會從善知悉，令毁棄而逐喬生。後希倉公倅紹興日，令庖人造燥子茄子，欲書判食單，問廳吏「茄」字【三】，吏曰：「草頭下著加。」即援筆書草下用「家」字，乃「蒙」字。郡人目曰「燥子蒙」。會稽郡治有賢牧堂，謂范文正公、趙清獻公、翟忠惠公、朱忠靖公、趙忠簡公、史越王【四】、張毘陵守像，民祠之。從善嘗帥浙東，日使門吏諭耆宿、經倉憲兩司，陳乞以州治賢牧堂增從善像。兩司一時奉承，從請。既成，有郡士朱萬年題詩于堂曰：「師罣使衆作祠堂，要學朱張與鄭王。大家飛上梧桐樹，自有旁人説短長。」

行都人多易貧乏者，以其無常産，且夫借錢造屋，棄産作親，此浙西人之常情，而行都人尤甚。其或借債等得錢，首先飾門户，則有漆器裝折，却日逐糴米而食。妻孥皆衣敝衣、跣足，而帶金銀釵釧，夜則賃被。似此者非不知爲費，欲其外觀之美，而中心樂爲之耳【五】。其語言無實，尤可誚，如語年中則曰「本末」，語居止則曰「在前面」，語家口則曰「一筵牙齒」，語仕禄則曰「小差遣」，如此等澆薄之語甚多。

嘉定癸酉，臣僚奏請禁止都城青盖。兩學俱以皂盖出入，而天府又復禁止。忽有外郡參學士人入都，不知所禁，被獲入公府。士人乞供對，而書詩曰：「冠盖相望古所然，易青爲皂且從權。中原多少黄羅盖，何不多多出賞錢。」州府遂決捕人而遣之，然皂盖終非中都所宜用者。

【三】茄字　「字」原作「子」，據《説郛》本改。

【四】史越王　「王」字原缺，據《説郛》本改。

【五】中心　「中」原訛作「甲」，據《説郛》本改。

嘉泰末年，平原公恃有扶日之功，凡事自作威福，政事皆不由内出。會内宴，伶人王公瑾曰：「今日政如客人賣傘，不由裏面。」後寧宗恭淑后上仙，而曹氏爲婕妤，平原特以爲親屬。偶值真里富國進馴象至，平原語公瑾曰：「不聞有真里富國。」公瑾曰：「如今有假楊國忠。」平原雖憾之，而無罪加焉。

有一世賞官王氏，任浙西一監。當初到任日，吏輩來獻錢物，幾數百千，仍白曰「下馬常例」。王公見之，令作一狀，并物白解上司，以爲吏輩以此欲污之。吏輩、市民等祈告再四，而乃令取一櫃，以其物悉置之於櫃中，對衆封緘，寘于廳治。戒曰：「此任中有一少犯，即發此。」任内吏民讋懼，課息俱備，以至終任。榮歸登舟之次，吏白廳櫃，此公曰：「尋常既有此例，須有文牘。」吏賫案至，俾舁櫃于舟，載而歸矣。又有一内司出官者姓王人，初任江右一尉，凡事不少恕，尤多刻剥，吏民不堪。忽於出巡之次，偶被市民邀請于宅中宴飲，直抵三鼓。飲散而歸，兵卒皆醉倒。初以爲市民好客，不暇詢其蹤跡。越月餘，憲司差人邏捕兵卒及此尉赴憲臺録治。謂是夜，尉携兵卒强盗一部民家，賫尉司旗仗等，訴于憲司，而有是獄。尋究得乃其飲于民家，其被苦吏民乘兵卒之醉，取其兵器。故爲尉來刼掠，以敗其任。後案成，削去仕籍。

環衛官趙逢知泰州，蔡闢作教官，每過廳一揖而已。衆官問闢：「教授何故待使長之薄？」闢云：「西班不足道。」逢聞之，置之不問。若彼此小人，萬一對？衆官問闢：

「開基太祖，是東班是西班？」闢有何説？儒生斗筲之量，傲而自滿。闢自小職事叨冒入臺，專務以勢力巧舉削，婺州太守應命不前，以私害公。而上疏後出臺，除太常少卿，點檢不曾作邑，清臺掃出。首言傲長官之一端也。

有一朝士，嘗爲相守，有醫者以醫藥出入門下，頗相善。偶元日，夜漏未盡，在客次伺賀。初至已有一客，但見此客時時遣人入廳事詢問，報云「猶未」。醫亦不敢詢之，如是凡三數次，皆云「猶未」，繼而迨曉辨色矣。客怒駡，連聲稱「不孝」，上馬而去。醫亦不詢。他日，從容與守言之，問其狀貌，乃其先也。云：「適除夜飲酒過多，逮曉方享祀耳。」蓋夫鬼本陰，唯夜可以來耳。

石湖范參政初官到任參州，在客位。其同參者聞爲吴郡人，即云「獃子」，石湖先生聞之在懷。後因醵會，目子請獃子，石湖先生書口號曰：「我是蘇州監本獃，與爺上壽獻棺材。宗室元來是皇族，雨下水從屋上來。」石湖入參大政，其人尚在選坑老參軍。其人來下呼召，參政接見，顔温，講同官之好。謙和「某老獃無用」。

李晦菴粹伯知杭州、除湖北倉使，被召除太常寺丞，呼「太丞」。一外道知州來于堂，入丞相客位，問：「有甚官虞候？」報：「李太丞。」知州者一揖而已，更不交談。忽發問云：「公大方脉、小方脉都理會得？」又問：「病也治難？」答曰：「某專治蒼生心術不正之病，丞相先請。」太常寺丞後除秘書省，入臺遷侍御史，知州者來相見，獨請茶，罷，索湯，點獅豸湯。

開禧初，權臣將用事之日，以所賜南園新成，會諸朝士。席間分題各賦春景，以都城外土物爲題。時一朝士姓俞在座，分得《游春黄浪詩》，都城春間，湖邊則以涅製黄土偶，謂之土宜。俞即賦曰：「兩脚捎空欲弄春，一人頭上又安人。不知終入兒童手，筋骨翻爲陌上塵。」薄有所譏。繼出知苕霅。後嘉定戊辰，邊警之變果然。游春黄胖，起於金門，地有杏花園，遊人取其黄土，戲娌爲人形爾。

西湖僧儀嘗以詩上權臣云：「我本田中一比丘，却來乘馬不乘牛。如今馬上風波急，不似田中得自由。」權臣以爲謗己，遂赭其衣。

鄭剛中之鎮蜀也，眷奴曰「閻王」，所居曰「富春坊」。忽民間遺火，鄭公出鎮，於火明中獲一旗，上有詩，乃借東坡《海棠詩》爲之【六】，云：「火星飛上富春坊，天恣風流此夜狂。只恐夜深花睡去，高燒銀燭照紅粧。」公一見曰：「必道山公子也。」楊曼倩《古今詞話》中亦有一詞。

韓邈尚書乃開禧權臣之叔，長户部日，嘗親民訟。有姓祝人投詞，乞文還賣過光廟謚册玉錢。而邈令下所造官司及索其餘，欲計其直次，據文思院申陳云：「其餘玉已經嘉泰辛酉回禄焚毁不存。」而韓於案後判云：「地理十里有光。」遂已其事，可發一笑。

江左士子徐觀國，就館于鄱陽尉王君家，以館翁被本部告訐減請于州，連及觀國，被

【六】東坡　「坡」原訛作「城」，文中所引《海棠詩》係蘇軾作，據改。

録到庭，遂作《驀山溪》詞曰：「儒官措大，是官曰都得做。宰相故崇下，呼召也須同。太原公子，能武又能文。閑暇裏，抱琴書，車馬時相過。樽開北海，減請還知麽。叵耐這點徒，剛入詞、把人點污。儒冠屈辱，和我被干連，累告訐，孟嘗君，帶累三千箇。」

秦申王晚年昏耄，倦於爲政，軍國大細事悉委其子少傅熺處決，號爲「小相」。由是賄賂大行，申王頗亦自知而危疑焉。後因會楊和王，曰：「外廷議論如何？」和王曰：「但只聞人言公相不師伊周，乃效唐令狐之作。」申王似有慚色，徐曰：「然則古既不乏【七】，老夫何愧乎？」王退而言於子弟曰：「秦公出語謬亂不常，不死，則禍將作矣。」未幾果殂。

紹興間，醫官王繼先以顯仁太后初御慈寧宫，春秋高，每違豫，服其藥隨愈。賴是優游東朝，享康寧之福，幾二十稔。克副高宗事親之孝，繼先之功也。故恩禮特異，官至正任承宣。已而繼先恃寵，席勢威福【八】，自己所爲有不可於衆，而舉朝附阿之不暇，至有稱門生者。後太后上仙，繼先自是眷遇日衰，竟黜福州以卒。

浙間以牛乳爲素食，佛以爲食。嘉定間，黄子中大諫言：「向在廣中見韶陽屬邑乳源民訴于漕司，與民爭乳田。親引而問之：『何謂乳田？』民曰：『鄉中有地種乳，先掘地成窖，以粳米粉鋪于窖内，以草盖之，用糞壤壅之，候雨過氣出，則發開。而米粉已化成蛹，如蠐螬狀，取蛹作汁，以米粉漬而蒸成乳，食之也。』韶陽乃六祖禪師顯化道場，而彼

【七】不乏　「乏」原作「之」，據《説郛》本改。

【八】席勢威福　「威」字原脱，據《説郛》本補。

中却爲此，不知其故。恐鄉原不以牛乳爲食耳。」

紹興間，行都有三市井人好談今古，謂戚彦、樊屠、尹昌也。戚彦乃皇城司快行，樊屠乃市肉，尹昌乃傭書。有無名人賦詩曰：「戚快樊屠尹彦時，三人共坐説兵機。欲問此書出何典，昔時曾看王與之。」與之乃説書史人。

禁中後苑官有後苑使，主綱領本苑事，有權幹辦。後苑官監視苑内事。有大主管使臣，謂之「煖盪官」，又有前烙使臣。紹定間，内司提轄陳詢益奏乞以苑使謝質新自供奉煖盪，舊無此例。質自職此，愈加戰兢，靡敢自懈，如此年餘。後忽閤長官闕員，適假歸，上特令差謝質。次日，詢益奏謂：「質不當遷此。」上曰：「汝見彼憂勤許時。」詢益自慚而退。

程覃乃文簡公之子，尹京日，有治聲，唯不甚知字。嘗有道民投詞牒，乞執狀造橋。覃大書「昭執」二字。斯人見其誤，遂白之：「合是『照執』，今是『昭執』，乃漏四點爾。」覃取筆忽於「執」字下加四點，乃爲「昭熱」。庠舍諸生作傳以譏之。

⊙趙崇絢撰

雞肋

胡紹文 整理

點校説明

《雞肋》一卷，趙崇絢撰。趙崇絢，字元素，汝适子。據《宋史·宗室世系表》，其爲商王趙元份的八世孫，《咸淳臨安志》載：趙崇絢咸淳二年（一二六六）二月爲運判，十二月除淮東總領。《浙江通志·職官》載其曾知婺州軍。

書名「雞肋」，取「食之無味，棄之可惜」之意。《雞肋》所收四十條，涉及史實、軼聞和名物詞的訓釋。《四庫全書總目提要》稱此書「事家之有此，猶史家之有紀事本末，皆於古式之外，别創一格」。該書鈎沉典籍，摘録了許多奇聞異事，如「劉邕嗜瘡痂」、「婦人有鬚」、「男子乳生湩」等。對同名人物進行了辨析，如「漢兩張禹」、「晉兩劉毅」等。還記録了部分同名異實的現象，如「玉環」、「玉樓」、「銀海」、「白鳥」、「玄駒」、「夜光」、「司花女」、「繞梁」、「莫難」、「小鸞」、「忽雷」等，對於詞彙訓詁研究具有參考價值。

該書的主要版本有《説郛》本、《百川學海》本、《墨海金壺》本、《龍威秘書》本和《四庫全書》本。本次整理以《百川學海》本爲底本，參校《四庫全書》本。

校勘記

余嗜書如簡中之蠹魚，讀書如瀛莫之謾晝。性根弗靈，無彊記能。寘一編於几硯間，隨筆録之，久而成卷，以類抄聚。其可去者十一，亦有可觀者焉，別爲一卷，名曰《雞肋》。古汴趙崇絢元素云。

從理入口目有重瞳之異

漢周亞夫從理入口，竟以餓死。《南史》：「有水軍都督褚蘿，面甚尖危，從理入口，竟保衣食而終。」舜目重瞳，項羽亦重瞳子，而死垓下。隋魚俱羅目有重瞳，爲煬帝所忌，斬東都市。

羊侃勇力

《南史》：羊侃「膂力絶人，所用弓至二十石，馬上用六石弓。嘗於兖州堯廟蹋壁直上至五尋，横行得七跡。泗橋有數石人，長八尺，大十圍。侃執以相擊，悉皆破碎。」少時仕魏爲郎，以力聞。魏帝嘗謂曰：「郎官謂卿爲武，豈羊質虎皮乎？試作武狀。」侃因伏，以手抶殿没指【一】。後歸梁。高祖幸樂遊苑，侃預宴。時少府奏新造兩刃稍成，長二丈四尺，圍一尺三寸。帝令賜侃試之。執稍上馬，左右擊刺，特盡其妙，觀者登樹。帝曰：「此樹必爲侍中折矣。」俄而果折，因號稍爲「折樹稍」。侃性豪侈，姬妾列侍，儛人張淨琬，腰圍一尺六寸，能掌上舞。又有孫荆玉，能反腰帖地銜得席上玉簪。

肉飛僊

《北史》：沈光仕隋，太子勇引署學士，驍捷趼弛。禪定寺中幡竿高十餘丈，適值繩絶，非人力所能及。光因取索，口銜拍竿而上，直至龍頭。繫繩畢，手足皆放，透空而下，以掌拓地，倒行十餘步。觀者嗟異。時人號爲「肉飛仙」。

蕭詧惡見婦人

《南史》：梁王蕭詧尤惡見婦人。相去數步，遥聞其臭。經御婦人之衣，不復更着。

劉邕嗜瘡痂

《南史》：劉邕嗣南康郡公，性嗜瘡痂，以爲味似鰒魚。嘗詣孟靈休，灸瘡痂落床上，邕取食之。靈休大驚，邕答云：「性之所嗜。」靈休瘡痂未落者，悉褫取以飴邕。邕既去，

【一】以手抶殿没指「抶」原作「扶」，據《四庫全書》本、《南史》卷六十三《羊侃傳》改。

靈休與何勗書曰：「劉邕向見噉，遂舉躰流血。」南康國吏二百許人，不問有罪無罪，遞互與鞭，瘡痂常以給饍。

到彦之初擔糞

《南史》：到彦之初以擔糞自給，後以功至南豫州刺史，封建昌縣公。

婦人有鬚

唐李光弼母有鬚數十，長五寸許，封韓國太夫人。二子。光弼封臨淮郡王，光進封武威郡王，皆爲名將。死葬長安南原，將相奠祭凡四十四幄。

男子乳生湩

後漢李善本南陽李元蒼頭。元家疾疫相繼死，惟有孤兒續始生數旬。諸奴婢欲殺續分財，善潛負續逃，親自哺養，乳爲生湩。唐元德秀兄子，襁褓喪親，無資得乳媪，乃自乳之。數日湩流，能食乃止。

累世有列傳

晉呂虔有佩刀，工相之，以爲必登三公可服此刀。以與王祥，祥臨薨以刀授弟覽曰：「汝後必興，足稱此刀。」覽後奕世多賢才。覽孫導至十一世孫褒，歷兩晉、宋、齊、梁、陳、後周，凡七十餘人，皆有列傳。如羲之、獻之、徽之、弘、僧達、曇首、僧綽、僧虔、儉，皆有孫裔。此史傳所無也。若河東裴十代有傳，非一祖流傳。又晉謝氏及南史江氏，亦數代有傳，皆不及也。

千里駒

漢劉德，魏曹休，晉傅咸、劉曜、符朗，宋張敷，梁蕭暎、王規、劉杳、王茂、任昉，齊丘仲孚、袁昂，北魏李孝伯、袁躍，北齊馮翊、王潤、崔昂、元文遥，後周杜杲，隋張乾威，唐李暠、成王千里。

知囊

《史記》：秦樗里子號知囊。漢鼂錯以辯號知囊。東漢魯匡，王莽時爲羲和，有權數，號知囊。晉宣帝舉兵廢曹爽，桓範出赴爽，宣帝曰：「知囊往矣。」杜預號知囊。

八達

《魏・曹爽傳》：李勝，明帝時，人曰勝「堂有四窻八達，各有主名。」諸葛誕八人，號八達。晉光逸與胡毋輔之、謝鯤、畢卓等八人裸袒酣飲，謂八達。晉宣帝兄弟八人，俱以達爲字，時號八達。

萬石君

漢石奮號萬石君。馮揚，宣帝時爲弘農太守，八子皆二千石，號萬石君。東漢秦彭與羣從同時爲二千石者五人，三輔號萬石秦氏。唐張文瓘，高宗時爲侍中，四子皆至三品，人謂之萬石張家。又西漢嚴延年兄弟五人皆至大官，東海號其母曰萬石嚴嫗。

佩六印

蘇秦佩六國相印。漢五利將軍佩六印，謂五利、天士、地士、大通、天道五將軍。樂通侯凡六印。戰國犀首亦佩五國相印。唐王忠嗣爲河西、隴右節度使，權朔方、河東節度使，佩四將印。

噀酒救火

後漢欒巴噀酒救成都火，郭憲噀酒救齊國火。晉佛圖澄噀酒救幽州火。

水鏡

蜀龐德公以司馬德操爲水鏡。晉衛瓘奇樂廣曰：「此人之水鏡。」《北史》：蔡大寶見柳莊，嘆曰：「襄陽水鏡復在於兹。」

撲鏡

魏夏侯惇爲流矢傷左目，每照鏡恚怒，輒撲鏡於地。蜀張裕曉相術，每舉鏡自知刑死，未嘗不撲鏡於地。吴孫策殺于吉，後被創方差，引鏡自照，見吉在鏡中，因撲鏡大叫，創裂而死。

倒用印

唐朱泚僞迎天子，段秀實倒用司農印以追其兵。五代劉皇后遣人殺郭崇韜，李崧倒用都統印以定人心。

大人跡

《史記》：始皇時有大人見臨洮，脚跡六尺。漢武帝求神仙，公孫卿至東萊，言見大人長數丈，跡甚大。魏咸熙二年，大人見襄武縣，跡長三尺二寸。唐則天長安元年，司刑寺囚僞作大人跡五尺，改元大足。

猨臂善射

漢李廣、吴太史慈、前趙劉淵、後唐李存孝。

垂手下膝

蜀先主、晉武帝、後周太祖、陳武帝宣帝、前趙劉曜、秦苻堅、後秦姚萇、南燕慕容垂、五代南漢劉龑、蜀王衍、《南史》陳柳皇后皆垂手下膝。又北魏李祖昇、《南史》宋王元初、隋劉元進手垂過膝，皆以誅死。

口吃人

韓非、司馬相如、揚雄、周昌、魯恭王、魏明帝、鄧艾、宋孔顗、後周盧柔、鄭偉、隋盧楚、唐李固言、南唐孫盛。

古人嗜好

文王嗜菖蒲。武王嗜鮑魚。吴王僚嗜魚炙。屈到嗜芰。曾晳嗜羊棗。公儀休嗜魚。王莽嗜鰒魚。王右軍嗜牛心。宋明帝嗜蜜漬鱁鮧。齊宣帝嗜起麵餅鴨臛。高帝嗜肉膾。陳後主嗜驢肉。齊蕭穎胄噉白肉膾至三斗。後魏辛紹先嗜羊肝。唐陸鴻漸嗜茶。魏明帝好槌鑿声。

夢筆

江淹夢五色筆。王珣夢人與大筆如椽。紀少瑜嘗夢陸倕以一束青縷筆授之。唐李嶠夢人遺之双筆。李白夢筆生花。

軍中有女子

梁湘東王嘗出軍，有人將婦從者。王曰：「才愧李陵，未能先誅女子；將非孫武，遂欲驅戰婦人。」徐君蒨爲諮議參軍，幼聰朗，應聲曰：「項籍壯士，猶有虞兮之愛；紀信成功，亦資姬人之力。」北魏太武令古弼征馮弘，高麗救軍至，弘令婦人被甲居中，其精卒及高麗陳兵於外，遂東奔高麗。唐韓弘惡李光顔忠，力思有以抗巇之，乃飾名姝遺光顔。光顔大合將校，置酒。使者引侍姝至，秀曼都雅，一軍驚視。光顔徐曰：「我去室家久，以爲公憂，誠無以報德。然將士皆棄妻子、蹈白刃，柰何獨以女色爲樂？」厚賂使者，遣之，將卒感激。王智興破姚海，獲美妾三人。智興曰：「軍中有女子，安得不敗？」即斬以徇。隋文帝以韋孝寬爲元帥擊尉遲迥，孝寬有疾，每卧帳中，遣婦人傳教命。唐柴紹，吐谷渾党項寇邊，敕紹討之。虜據高射紹軍，紹安坐，遣人彈琵琶，使二女舞。虜疑之，休射觀。紹伺其懈，以精騎衝擊，虜大潰敗。

古人酒量

漢于定國爲廷尉，食酒至數石不亂。冬月治請讞，飲酒益精明。鄭康成飲酒一斛。盧植能飲一石。晉周顗飲一石。劉伶一石，五斗解酲。前燕皇甫真飲石餘不亂。後魏劉藻一石不亂。南齊沈文季飲至五斗，妻王錫女，飲酒亦至三斗。對飲竟日而視事不廢。鄧元起飲至一斛不亂。《北史》：柳謇之飲一石不亂。陳後主與子弟日飲一石。孔珪飲酒七八斗。

漢兩張禹

前漢張禹字子文，成帝時爲丞相，封安昌侯。後漢張禹字伯達，和帝時爲太傅，安帝時以定策功封安鄉侯。

晉兩劉毅

一字仲雄，公正峭直，武帝時爲尚書左僕射。一字希樂，與劉裕起義兵討桓玄，爲豫州刺史。

唐兩李光進

其先皆蕃部人，皆爲名將，建節鉞。一乃光弼之弟，一乃光顔之兄。

玉環

《明皇雜録》：唐睿宗所御琵琶曰玉環，楊貴妃小名曰玉環。

玉樓

李賀爲《白玉樓記》。《集仙傳》：王母所居龜臺有玉樓十二。又道家以兩肩爲玉樓，故坡詩：「凍合玉樓寒起粟，光摇銀海眩生花。」

銀海

道家以目爲銀海。《乾𦠆子》：裴鈞大宴，有銀海，受一斗。飲器也。

白鳥

陸機《詩疏》：鷺謂之白鳥。《夏小正》閩蚋謂之白鳥。

玄駒

《爾雅》云：「駒，小馬也。」《夏小正》謂蟻曰玄駒。《古今注》謂黑鯉爲玄駒。

夜光

《鄒陽傳》：「夜光之璧」。《古今注》：螢火一名夜光。《淮南子》月名夜光。

司花女

《南部煙花記》：煬帝令袁寶兒持花，號司花女。《續仙傳》：鶴林寺杜鵑花開，有紅裳女子遊花下，謂殷七七。曰：「妾久司此花，今爲道者開之。」

繞梁

《列子》：韓娥歌音繞梁。《樂書》：繞梁，樂器也，與箜篌相似。宋武帝大明中，沈懷遠爲之，懷遠亡，其器亦絶矣。又楚莊王琴名繞梁。

莫難

《古今注》：莫難珠色黄，出東夷。《鄴中記》：扇之奇巧者名莫難。

小蠻

白樂天詩：「楊柳小蠻腰」，即白公侍兒也。若《晚春酒熟尋夢得》云：「還携小蠻去，試覓老劉看。」即酒榼也。

忽雷

《洽聞記》：鰐魚一名忽雷。《樂府雜録》：文宗朝，内庫琵琶號「大忽雷」、「小忽雷」。

⊙史繩祖撰

學齋佔畢

湯勤福　整理

點校説明

《學齋佔畢》四卷，史繩祖撰。繩祖字慶長，眉山（今屬四川）人，受業於魏了翁，人稱「學齋先生」。一九七四年十一月，浙江衢州市王家公社瓜園大隊出土史繩祖夫婦合葬墓，有史氏與其妻楊氏墓誌。據墓誌記載，史繩祖生於紹熙三年（一一九二），咸淳十年（一二七四）卒於衢州私第。以曾祖恩授迪功郎，遷朝議大夫。歷官崇慶軍節度推官、知封州、知長寧軍、四川制置司參議官、直秘閣、大宗正丞、提舉江西常平茶鹽等職。晚年寓居衢州，閉户讀《易》。著述頗豐，除本書外尚有《周易古經傳斷》、《學齋類稿》、《孝經集解》、《易斷》、《講義》、《中庸九經要義》、《奏議》等。

《學齋佔畢》成書於理宗淳祐十年（一二五〇），是作者的讀書筆記，雖多有心得，但往往失之穿鑿。正如四庫館臣指出，史氏以「君子懷刑訓刑爲型，子罕言利與命與仁訓與爲許，以凡事物之九數皆爲乾元之九，以禹於《周易》直鼎卦，以至解黄庭堅詩譏蘇軾之類，皆失之穿鑿。如議杜預註《左傳》誤稱逸書，而不知古文之晚出；謂市井字出《後漢・循吏傳》，而不知本出《國語》；謂雙聲詩始姚合，而不知先有齊王融之類，皆疎於考據」。

加以是書編排淩亂，前後重複亦多。作者是象數派易學家，精於《易》之象數，故書中論述多以「數」附會史事之弊端，如《乾元用九天下治》以「别九州，疏九江，播九河」、「以至田賦有上中下三等，三而三之爲九等」來證明聖賢治國用「九」之數。類似問題比比皆是。盡管是書缺陷明顯，但四庫館臣稱「其他援據辨論，精確者爲多，亦孫奕《示兒編》之亞也」。其學術成果常爲明清一些學者所引用。

今存《學齋佔畢》有《四庫全書》本、《左氏百川學海》本、《學津討源》本、《説郛》本、《稗海》和《叢書集成》本。《學津討源》本和《叢書集成》本源自《左氏百川學海》本，《四庫全書》本則採自當時的通行本。《左氏百川學海》本第一卷採納宋本，其餘三卷則依明弘治年華氏覆宋本重校排版，較精佳，故此次整理選爲底本，其他諸本作爲參校本。

自序

昔人有言：讀書百遍，其義自見。又有云：舊書不厭百回讀，熟讀深思子自知。此則《禮經·學記》之呻其佔畢而多其訊也。君子之學，思則得之，故《中庸》謂：「博學而謹思、明辨」。《語》亦云：「學而不思則罔，思而不學則殆」。余少之時，將求多能，蚤夜以孜孜。凡讀書有疑，隨即疏而思之，遇有所得，質之於師友而不謬也，則隨而録之。積久成編，弗敢自是，而亦弗欲自棄，蓋欲告諸同志而共定之也。故裒爲一編，命之曰《學齋佔畢》，覽者亦可見其願學之勤，讀書之詳，不爲苟且以自慊也。其或矜其僞舛而忠誨之，尚毋金玉其音。淳祐庚戌吉日，陽朔後學眉山史繩祖慶長書於梓潼極堂。

第一卷

易太極兩儀生四象而不及五行太極圖先五行後四時

或問：易有太極，是生兩儀，兩儀生四象，而不言五行。周子《太極圖》云：「無極而太極，一動一靜而生陰陽，分陰分陽兩儀立焉。陽變陰合而生水火木金土，五氣順布，四時行焉」。何與《易》相戾也。余應之曰：不相戾也。易是《河圖》數四十五，土無成數，五行不備，故不言五行。然五位相得而各有合，至五十五而土之生成數，備爲《洛書》數，故《洪範》初一曰五行是也。《易》雖無五行字，而五位字即五行也，故曰「相得而各有合」。蓋天一與地六合而爲水，居北；地二與天七合而爲火，居南；天三與地八合而爲木，居東；地四與天九合而爲金，居西；天五地十合而爲土，居中央。此五位者，乃五行也。易有太極，兩儀生四象，以天地生四方，言其體也。《極圖》以兩儀分陰分陽，變合而生五氣以行四時者，言其變化之用也。雖言五行，而槩曰四時矣。五行以土而分王四時【一】，亦由五常以信而分配四端，五行相生者也。故曰五氣順布，四時行焉，土雖分王於四季，而《月令》中央土必次於季夏之後而孟秋之先。蓋冬爲水，水生木爲春，春爲

校勘記

【一】分王四時　「王」，原作「旺」，據《四庫》改。

木；木生火爲夏，夏爲火；火生土而克金，而土實生金，故次中央土於季夏之後，使火生中央之土；而土生孟秋之金，金爲秋而復生冬之水也。是《極圖》之妙用也。土能生金，亦如五常之信近於義耳。學者當以理推之。

土居中央王於季夏之後

或曰：子謂土雖分王於四季，而《月令》中央土次於季夏之後、孟秋之前，則與《極圖》水火木金土之序不合。而子謂乃《極圖》之妙用，何耶？答曰：朱子之義詳矣。其言曰以質而論其生之序，則曰水火木金土；以氣而論其行之序，則曰木火土金水。此乃五氣順布、四時行之序也。且横渠張子亦謂土當王於夏秋之間，此乃坤奠位於西南，而《易係》所謂「相見乎離，致役乎坤，説言乎兑。」後天八卦致用之序，則五行之妙，又顯然於《易係》矣。

無極而太極即易有太極

周元公「無極而太極」一句，朱文公義之詳矣，而象山陸子靜獨以爲「無」字分明只是老氏之言，與朱文公强辨往反十餘書，凡數千言，竟不以「無」字爲經言。余因作《太極圖演義》，舉《易·係辭》本注謂夫有必始於無。太極者，無稱之稱，不可得而名，取其有之所極，況之太極者也。又云：太極無也，此即周子所云「太極本無極」也。是周子本諸經旨「易有太極」一句而言，非自立無極之説也。一時諸儒皆服余之舉經注爲證，則陸象山數千言不辯而自明。然尚有以「易」字非「無」爲疑者，余因舉蔡節齋淵得文公晚年之説以證之，云：易有太極。易者，變易也，夫子所謂易無體也；太極，至極也，言變易無體而有至極之理。此自無而有之確論也。又曰：夫子言有者，主易而爲言。主易則易無體，故曰有；主極則極有形，故曰無。曰有曰無，由所主不同。此有無玄根而有必始於無之證也【二】。或者又以陸氏言《易》書不曾以無字加有字，及有字不與無字作對爲疑。余應之曰：《易》書以無加有，不是一處。如「地道無成，而代有終」，是以無加有而爲對也。又有「旡妄然後可蓄」。伊川又謂「旡妄則爲有實」，則又以無與有爲對體，未嘗以老氏之説闢之也。至如《係辭》云易之爲道「上下無常」，而終以「既有典常」，則龜山解以始雖無施而可，終亦有時而用，是又以無加有而有無爲對也，豈老氏無名有名之説哉！疑者咸喻矣。

稱物平施

遂寧府九月朔，直學張季南贊講《易係》，乾之策二百一十有六，坤之策百四十有四，當期之日；二篇之策萬有一千五百二十，當萬物之數；以爲四營成易。乾老陽之數九，爲策三十六；四其九爲三十六，是乾策也。坤老陰之數六，爲策二十四；四其六爲

【二】有無玄根　「玄」，《四庫》作「互」。

二十四，是坤策也。以乾之老陽爻一百九十二，每爻以三十六衍之，則積成六千九百一十二策；以坤之老陰一百九十二，每爻以二十四衍之，則積成四千六百單八，此乾坤二篇之策，總計萬有一千五百二十。此老陽老陰乾坤大父母九六之策推筭也。若以六子之策推筭亦可。蓋震、坎、艮，少陽其數七【三】，四其少陽七數爲二十有八，以乘陽爻一百九十二，則積成五千三百七十六策也。巽、離、兑，少陰其數八，四其少陰八數爲三十二，以乘陰爻一百九十二，則積成六千一百四十四策也。此以六子少陽、少陰七八之數推之，亦合成萬有一千五百二十，是雖康節、漢上推演之數，然舉之的切矣。惟是當萬物之數一語，以爲特舉其盈數而槩論之，却未精密。余嚮作《五量銘》及《易菴記》，凡再舉而言之，今請再舉《易·象》「稱物平施」一句以推其妙。蓋稱，即後世稱字，乃權衡也。今之稱自銖而兩，兩而斤，斤而三十斤爲一鈞。銖者，殊也，萬物散殊也。兩者以數言之，則兩地二地四之數而爲六，六者坤數也。兩其六而爲十二，象月數也。兩其十二爲二十四，象二十四氣，乃坤之二十四爻之數，而應一兩二十四銖之數。又，兩八卦之數爲十六，而應一斤十六兩之數，凡一斤十六兩計三百八十四銖，應六十四卦三百八十四爻之數，三十斤爲鈞，凡萬有一千五百二十銖，以當萬物之數。鈞者，均也，孟子所謂「鈞是人也」，是矣。言平均以當萬物之數耳。故賈誼謂「大鈞播物，坱圠無垠」。其曰「大鈞播物」，即「稱物平施」耳。至《後漢·天文志》云：中外官爲星二千五百，而《海上占》未存微星之數，蓋萬

【三】少陽其數七　「其」，原作「共」，據《四庫》改。

有一千五百二十，萬物咸得係命焉，則其以星數而證物數，精且切矣。

八卦四朞之數

或問曰：子之《五量銘》既以三十斤爲鈞，象一月之日數；又以四鈞爲石，取象四時；凡重一百二十斤又爲十有二月之象，而復歸於子於銖數，得無差乎？曰：不然也。吾之所舉，以斤數而論，故槩舉四鈞爲一年之月數。若夫以銖數而準日，則是積三十二年，凡萬有一千五百二十日，乃是八卦有四朞之日之數。蓋老陽之數四九三十六，老陰之數四六二十四，少陽之數四七二十八，少陰之數四八三十二。老陽三十六，老陰二十四，合凡六十，以六乘之，得六六三百六十，當朞之日。少陽二十八，少陰三十二，合亦六十，若以六乘之，亦得六六三百六十，亦可當朞之日。凡八卦有四朞之日，孔子止言乾坤之策，舉其一而四隅可推，所以不言坎、離、震、巽、艮、兑之策，只言乾、坤，而六子可知矣。由是以知八卦有四朞之日，四而八之爲三十二年，則是萬有一千五百二十日，爲萬物之成數。若以四鈞爲石而當一年之數，則亦合於此。蓋有歲陽、歲陰，陽年，子寅辰午申戌年是也；陰年，丑卯巳未酉亥年是也。陽年取四陽卦乾之九数，震、坎、艮各七，合二十一，加乾之九爲三十，即當一鈞三十斤之数。四其三十，而老陽、少陽之数足矣。陰年取四陰卦坤之六数，巽、離、兑各八，合二十四，加坤之六爲三十，亦當一鈞三十斤之数。四其三十，而老陰、少陰之数亦足。此應八卦有四朞之数也。

中孚起於甲子非卦起於中孚

或者又問曰：子之《易庵記》謂上經起乾之甲子，至節卦爲六十，凡三百六十爻。爻當一日而盡一年之候，故曰天地節而四時成。此説當矣。但節之後中孚等四卦，以爲中孚復起甲子，其説安在？余應之曰：先儒言卦起中孚，非也。中孚復起於甲子耳。蓋由揚雄作《太玄》，以初卦準中孚，故先儒誤以爲卦起中孚耳。夫六十四卦，首之以乾坤，何以言起於中孚耶？夫子分上下經，而上經三十卦，始於乾坤，終於坎離；下經三十四卦，始於咸恒，終於既濟、未濟。且乾配甲而起於子，坤配乙而起於丑，故六十四卦歷乾之甲子，泰之甲戌，噬嗑之甲申，至坎離凡三甲，而上經三十卦盡矣。又歷咸之甲午，損之甲辰，震之甲寅，至節而周，凡六十卦，爲六六三百六十爻，一年之日周矣。而中孚、小過、既濟、未濟之四卦繼節之後，謂中孚復起甲子可也，謂卦起中孚不可也。且乾爲十一月之卦，而起甲子；節爲十月之卦，而得癸亥。由是知上經三十卦，是陽生於子而終於巳，下經三十卦，是陰生於午而終於亥，至中孚而陽氣復生於子，故亦爲十一月之卦。自乾之起甲子，至節六十卦而終，是四其《河圖》十五之數爲三百六十爻，爻當一日而爲六十卦，一年之候也。自中孚之起甲子，至未濟四卦而終，是四其六子之數，凡二十四爻，而爻當一氣爲二十四氣，應一年之候也。或又曰：何取於四其六子之數？應之曰：中孚巽上兑下，小過震上艮下，併既未濟【四】、坎、離，玄體爲六子【五】，少陽少陰六子之氣，分布於四時，故四之以應二十四氣耳，亦應四其《河圖》十五數，而日當一卦，凡六十日爲六十卦，一年之候也。其淵妙如此。

以三乘倍易數起律吕之妙

世儒皆知祖康節之學以四數乘倍算易【六】，以爲得四營成易之妙，而鮮有以三數乘倍之爲尤妙也。蓋三乃太極函三爲一大衍「掛一象三才」之數，天一也，三其一而爲三才；地二也，三其二而六爻；三其天三，則應《洛書》九疇之數矣。三其地四，則應十二月周朞之數矣。三其天五之中數，則爲《河圖》十五錯綜之數；三其地六之中數，則應十有八變成卦之數，此乘倍爲易數也。至若太極函三之數，則行於十二辰而爲律吕相生之法，始動於子，黄鍾之宫。子，天一也；參子之一於丑而爲三。參丑之三於寅而爲九，參寅之九於卯而爲二十七，參卯之二十七於辰而爲八十一，參辰之八十一於巳而爲二百四十三，參巳之二百四十三於午而爲七百二十九，參午之七百二十九於未而爲二千一百八十七，參未之二千一百八十七於申而爲六千五百六十一，參申之六千五百六十一於酉而爲一萬九千六百八十三，參酉之一萬九千六百八十三於戌而爲五萬九千四十九，參

【四】既未濟　疑「既」後脱「濟」字。

【五】玄體爲六子　「玄」，《四庫》作「亙」。

【六】以四數乘倍算易　「算」，原作「等」，據《四庫》改。

戍之五萬九千四十九於亥而得十七萬七千一百四十七，此乃前後漢《律曆志》注以爲京房六十律相生之妙，而爲陰陽變化之備數焉。以三乘倍，精密有如此者。

三數乘倍乾坤之策以當朞之日

世舉知以四數乘倍乾坤之策以當朞之日矣，亦鮮知三數乘倍之尤精也。蓋伏羲始畫八卦，皆只三爻，及因而重之，方爲六爻。乾之策三十六，坤之策二十四。今以三爻之數乘乾之策，三箇三十六合爲一百單八；又以三爻之數乘坤之策，三箇二十四合爲七十二；二篇之策計一百八十。若以倍數言之，則合因重六爻之數，二篇之策合凡三百六十，當朞之日而應《易係》之説。蓋《大傳》作於因重之後，以三乘倍起於初畫之前也。

三數乘倍八卦陰陽以成歲功

世舉知以四乘老陽、老陰、少陽、少陰之數爲三百六十而成歲功矣，然亦鮮知三數乘倍之爲尤精密也。八卦始畫，皆只三爻，先當以三乘之。乾之數九，老陽之數也，三其九爲二十七；坤之數六，老陰之數也，三其六爲十八。合成四十五，應《河圖》錯綜之數。震少陽之數七，三其七爲二十一；巽少陰之數八，三其八爲二十四，亦合成四十五，亦應《河圖》錯綜之數。坎少陽之數七，離少陰之數八，三之如前亦四十五。艮少陽之數七，兑少陰之數八，三之如前亦四十五。三其八卦老陰、老陽、少陰、少陽之數，合凡一百八十。謂三箇老陰陽爲四十五，又三箇六子少陰陽計一百三十五，合凡一百八十也。凡得三甲而爲一百八十日，倍其數則應因重六爻之數而爲六甲三百六十日，以成歲功。以三乘倍律吕，固見於《傳》矣。若夫以三乘倍易變，及乾坤之策、八卦陰陽之數，實昉於余之積筭也。

天生神物

《易係》是興神物，以前民用。又曰：「定天下之吉凶，成天下之亹亹者，莫大乎蓍龜。」是故天生神物，聖人則之。余嘗考神物莫蓍龜若也，《史記》言「下有神龜」、「上有稠蓍」，稠即叢也。凡下有龜而上有蓍者，一叢必四十九莖，以應大衍五十虛一之數。又龜殼無問巨細【七】，背上中間一行五窠，以應五行。兩岸八窠以應八卦，裙兩邊二十四窠以應二十四氣，通成三十七以應乾之策三十六，而太極居中不動之一數。底板下爲地，凡十二窠以應十二州分野之數，通背上三十七，計四十九窠，即合大衍虛一之數。此蓍龜之所以爲神物也，卜筮以定吉凶，淵乎哉！

天地數止於九

張横渠曰：天地之數「止於九，其言十者九之耦也。揚雄亦曰：『五復守於五，何

【七】無問巨細　「問」，原作「間」，據《四庫》改。

者？蓋地數無過天數之理，孰有地大於天乎？故知數止於九，九是陽極也。十也者，姑爲五之耦焉耳。』」此《係辭精義》天一至地十之解也。或有問余曰：數止於九，是天一至天九，凡四十五，爲《河圖》之數明矣。若不加地十之數，則《洛書》何以爲數五十有五耶？予應之曰：然此正揚雄所謂「五復守於五」，而横渠所謂十者爲五之耦，合於中央而爲五行之成數，以足五位相得而各有合耳。若夫天地自然之數，則止於乾元用九三而三之，歷十二辰至於十有七萬七千一百四十七，以之起律起曆，而萬物之數大備，無復加矣。土無成數，故坤止用六，而云「地道無成，而代有終也」。且《洛書》之數雖曰五十五，而箕子推《洛書》以明《洪範》，只止於九疇，而無復十數。故九疇次五曰皇極，以爲用中之數。謂前四後四則五皇極居中，皇極乃大中也。若過九而加至十，則五之極烏得爲中耶？問者喻而退。

易爻二五爲上下體之中

或問二與四同功而異位，其善不同，二多譽，四多懼，近也其用柔中也。三與五同功而異位，三多凶，五多功，其柔危、其剛勝。伊川指以爲謙六四居多懼之地，在賢臣之上。張横渠以爲柔之用近，又以爲「進德徙義必精」。矧如二先生指以爲謙之一卦，何故言多字。又謙之六四曰：「无不利，撝謙。」初不言懼爲疑。余答曰：是固然矣。然又當主居中而爲説，逐卦皆然，故曰多不必專指謙之一卦。二先生舉一卦而言之，他可推矣。蓋每卦二五兩位，二爲下，三爻之中五爲上。三爻之中二與四雖俱爲陰耦之數。然二居下體之中而多譽，陰爲柔，故曰「其用柔中也」。四則居上爻之初，牽於柔而不及，故多懼也。五居上體之中而多功，陽爲剛而剛得中也，故曰「其剛勝」耶。三則居下爻之上而過亢，故多凶也。此君子所以立多凶多懼之地，必憂乎過與不及，必協於中而求爲多譽多功，非要譽要功也，以進德也。故横渠以爲「進德徙義必精」，其説當矣。

易係卑高義

余昔侍坐於鶴山魏先生，先生方與諸生講《易》，至上繫首章，忽掩卷曰：「天尊地卑，乾坤定矣。卑高以陳，貴賤位矣，何不曰高卑而曰卑高？諸家之解莫有及者，其各思之。」余退而精思終夕，翌早，復於先生曰：「此豈謂畫卦之勢自下而上歟？故曰以陳。陳，列也，言卦畫自下而陳列。至上則六爻之位自定，而貴賤之位得矣。貴賤者，如第二爻爲臣位，在下；第五爻爲君位，在上也。孔子係易，首以乾坤而定天地之尊卑，次遂發明畫卦之體。此其是乎？」先生曰：「子之説得之矣。」

乾復仁字

先儒謂仁如桃仁、杏仁之説，蓋本於碩果不食，故生生不窮。仁者，天地生物之心也。

仁者不是死底物事，故碩果不食。遇一陽而便復如桃杏核子裏的，人種之即生，故謂之仁。《易》六十四卦，惟有復卦及乾卦言仁字，復之初九「不遠復，無祇悔。元吉。」此「克己復禮爲仁」，故獨許顔子一人而已。六二「休復」「以下仁也」，謂當休養生息以厚仁之發用。如乾元爲善之長，而「體仁足以長人」。又曰「仁以行之」，是自復而至乾，六陽全體妙用皆歸於乾也。故曰「惟天爲大，惟堯則之」。又太史公謂「堯仁如天」，極於全體也。

雷風恒風雷益

余講《學規》至「遷善改過」，余因舉朱文公謂「風雷，益」者，莫疾乎風，莫決乎雷，「遷善當如風之速，改過當如雷之決。」或有問曰：風雷益與雷風恒，何故在大《象》異義？予應曰：雷，震位；風，巽位。先震而後巽，方位之序順而有常，故君子體之而立不易方。若夫風雷益，則是先巽後震，此爲變動，故君子體之以遷善改過耳。

洪範商書

《左傳·襄三年》：「君子謂祁奚：『於是能舉善矣』」，「《商書》曰：『無偏無黨，王道蕩蕩』，其祁奚之謂矣。」注云：「商書，洪範也。」余按：《洪範》今在《周書》，而當時謂之《商書》，豈以箕子爲商人耶？抑不知當時編在《商書》，而經秦火之後編入《周書》耶？但箕子雖商人，而《洪範》之篇寔成於武王訪問之日，只當作《周書》爲正矣。

經言

漢桓寬著《鹽鐵論》，引孔子曰「吾於《河廣》，知德之至也」，又引《孟子》「堯、舜之道，非遠人也，而人不思之耳。」今皆不見所出。又劉向乞封甘延壽等疏引《司馬法》曰：「軍賞不踰月，欲民速得爲善之利也【八】。」今《禮記》中自有此句，向號博洽，乃捨經而引兵書，何耶？

逸詩句

《論語》子夏問《詩》曰：「『巧笑倩兮，美目盼兮，素以爲絢兮』，何謂也？」今考之《碩人》詩中無下一句，或曰此乃删去也。余曰不然。删《詩》爲三百篇，恐不删句。又況夫子以「繪事後素」而答子夏，又曰「起予者商也！始可與言詩」，而美子夏「禮後乎」之説，似不應删此句。蓋《詩》經秦火之後，逸此一句。而毛、韓諸家不暇證據《魯論》而增入耳。余既爲此説矣，後觀三山陳善子兼著《捫蝨新話》，論及「素以爲絢兮」一句，以爲孔子删去，且謂子曰「繪事後素」，蓋詩人以素比質、以絢爲禮，夫君子不可斯須離禮而曰

【八】軍賞不踰月欲民速得爲善之利也　《禮記》爲「賞不踰時欲民速得爲善之利也」，兩者有差異。

「繪事後素」，則是「禮爲後」乎。此其害禮者。惟子夏知之，故子曰「起予者商也」。今《詩》中無此一句，是夫人因而删之矣。噫，陳善之説何其無稽也！今考《論語》古注云：「絢，文貌」，初不以絢比禮。又注謂孔子言「繪事後素」，子夏聞而備知以素比禮，故曰「禮後乎」，初不以素比質。今以古注證經，則是子謂「繪事後素」，蓋謂美女雖有倩盼美質，亦須禮以成之，則「素以爲絢兮」一句，正是一章之結語。要當其義，與「衣錦尚褧，惡其文之著也」意合。孔子以「後素」而發明，子夏以「禮後」而答問，而孔子以爲「起予」。楊龜山謂非得《詩》於言意之表有所不能，朱晦庵《語解》亦謂：「素以爲絢兮」一句，此逸《詩》也，豈可謂之删去耶？陋儒穿鑿經旨，以傅會其臆説，真不自量也。

魚須笏辯

《禮記・玉藻》云：「笏，天子以球玉，諸侯以象，大夫以魚須文竹，士竹本象可也。」注：「球，美玉也。文，飾也。大夫、士飾竹以爲笏，不敢用純物也。」須音班，謂以魚頒文飾竹之邊也。而後之俗儒承訛襲誤，至馮鑑事始乃謂球玉爲珠玉，不知珠豈可以爲笏耶？又謂大夫用魚鬚文，士以竹，既誤以須爲鬚，於文字下又去竹字，殊失本義。而李賀詩云：「往還誰是龍頭人，公王遺秉魚鬚笏」，以「鬚」對「頭」，失之甚矣。又漢制：列侯夫人以魚須爲櫛，長一尺爲簪珥，則直以魚須爲象耳。尤可笑也！

君子懷刑

《論語》「君子懷刑」，先儒皆釋以爲畏法。竊嘗妄謂「懷」字恐非「畏」字可解，而「刑」字亦難拘以「法」字爲斷。竊意「刑」字當解作儀刑，如「儀式刑文王之德」。及「刑於寡妻」之「刑」，又當作「典刑」，如「尚有典刑」，及「百辟其刑之」之「刑」。蓋君子所懷者，儀刑、典刑可則而效之，小人則直惠利之是懷耳。

朔月吉月

《詩·十月之交》「朔月辛卯」，注云：「朔，日也。而乃謂朔月，蓋『月朔』之反辭也，亦猶《書》之『月正元日』乃正月元日之比也。」又《論語》「吉月必朝服而朝」，注謂「吉月，月朔也」。如《詩》「二月初吉」，注：「月朔謂之吉，吉月亦猶朔月也。」

滅烕異音

《毛詩·正月》云：「燎之方揚，寧或滅之。赫赫宗周，褒姒烕之。」注：「烕，滅也。義同而字異，音亦異。烕，武劣反，音血。滅，忙列反。」今或作「褒姒滅之」，誤也。然史傳亦多有誤作「滅」字者矣。

與命與仁別句

《論語》謂「子罕言利與命與仁」，古注及諸家皆以爲三者子所希言，余獨疑之。利者，固聖人深恥而不言也，雖孟子猶言「何必曰利」，況孔聖乎。故《魯論》中止言「放於利而行，多怨」，及「小人喻於利」之外，深斥之而無言焉。至如命與仁，則自乾坤之元，孔子《文言》已釋爲體仁矣。又曰：「乾道變化，各正性命」，曷嘗不言。且考諸《魯論》二十篇問答，言仁凡五十三條，張南軒已集爲《洙泗言仁》，斷之曰「言矣」。又命字亦言之非一，如「道之將行，命也；將廢，命也。公伯寮其如命何」，又曰：「亡之，命矣夫」，又曰「五十知天命」，又曰「死生有命」，又曰「不幸短命」，又曰「不知命，無以爲君子」，是豈不言哉！蓋「子罕言」者，獨利而已，當以此句作一義，曰命曰仁，皆平日所深與。此句別作一義，與者，許也，《論語》中「與」字自作兩義，如「吾與點也」，「吾無行而不與二三子者」，又「與其進」，「與其潔也」，「吾非斯人之徒與而誰與」，「義之與比」，「吾不與易也」，「吾不與也」等字，皆其比也，當以理推之。

義利兼言

或者又曰：子既言孔子不言利而言仁，舉《易》四德、《文言》爲證，何故亦言「利者義之和？」余應之曰：此正深斥利字也。聖賢言利必兼義而言之，故《文言》謂利者必得義而後和；舍義，則四德之利字無所主。而《係辭》又曰「理財正辭，禁民爲非曰義」，是於利上必欲辭正、言順方爲義。於《語》則曰「君子喻於義，小人喻於利」，子思子於《大學》末章乃合仁義而言之，曰「未有上好仁而下不好義者也。」又明義利之辯，曰：「故治國者不以利爲利，而以義爲利也。」孟子學於子思，故於七篇首章合仁義以賤利，曰：「王何必曰利？亦有仁義而已矣」，實繼《大學》末章之章指也。孔、孟之傳淵矣哉。

孟荀揚言性之所本

孟子性善之說，實本於孔子，係《易》「一陰一陽之謂道，繼之者善也，成之者性也。」朱文公謂性善之理至孟子而益明，其源實出於此是也。蓋聖賢之學必有所本，繩祖謂孟子學於子思，本於孔子，係《易》及《中庸》、《大學》之書，故道性善得其正也。及荀卿言性惡、揚雄言善惡混，意其亦必有所本。及觀告子問性，然後知荀、揚二子之說實本於告子也。告子謂「性猶杞柳，義猶桮棬；以人性爲仁義，猶以杞柳爲桮棬」，謂人性本無仁義，若杞柳本非桮棬，必强用力矯揉而後就，荀子得其説而謂「人之性惡，其善者僞也。」至傳於李斯，遂指天下之人爲惡，嚴刑峻法以待之，極於大亂之道。斯固孟子謂「禍仁義者，必子之言」明驗矣。告子又謂「性猶湍水也，決諸東方則東流，決諸西方則西流。人性之無分於善不善，猶水之無分於東西」。揚子得其説而謂「人之性也善惡混」。其害至於莽移漢祚，莫知適從，而著《劇秦美新》以贊之，斯又體認不明之甚，則又孟子謂「人無有不善，水無有不下」之明辯晳也。《孟子序》謂「有外書四篇，性善辯居其一」，惜其不傳。若夫荀、揚，則醇未見其大而疵豈小耶？當反韓子之言而云：荀與揚，小醇而大疵也。

詩人風刺

龜山楊中立《語録》云：「作詩者不知風、雅之意，未可以言《詩》。蓋《詩》尚譎諫，故言之者無罪，聞之者足以戒，乃有所補。若涉於訕謗，聞者怒之，何補之有？觀東坡詩只是譏誚朝廷，殊無温柔敦厚之氣，以此時人得而罪之。若是伯淳詩，則聞者自然感動，謂明道也。」予每味此言，以爲深於《詩》教，因筆其一二以發明之。且《詩》之六義，以風爲首，《國風》之作，下以風刺上也。如《君子偕老》刺衛夫人淫亂，不過盛陳其「副笄六珈，象服是宜」，而終之以「子之不淑，云如之何」而已。如《叔于田》之詩刺莊公，而反言叔也「洵美且仁」、「且好」、「且武」，而「巷無居人」以從叔，且叔豈仁且好哉。言人之從之，以微婉見意而已。如《株林》之詩，刺陳靈公馳驅以淫乎夏姬也。夏南乃夏姬之子，不曰從夏姬，而曰從夏南，蓋《禮》「寡婦之子，不有見焉【九】，弗與爲友」，言從夏南，而事

【九】不有見焉　「不」，《禮記·曲禮》作「非」。

可知矣。此皆温柔篤厚，意微而旨深。《語類》尚多，難偏舉也。如東坡則雄節邁倫，高氣蓋世，故不深於《詩》，只如作《唐韓文公廟碑》，可謂發揚蹈厲，然「作書詆佛譏君王」一句，大有節病。君王豈可譏耶？《詩》三百篇，只有刺而無譏。如刺者，與譏字義不同，《詩注》云：「風刺，謂譬喻不斥言也，豈譏斥之謂歟？」若改譏字作規君王，取《沔水》規宣王之義，豈不善哉！當有知言者不以予言爲陋。

稷契永世皋夔絶世

孟子謂「擇術不可不謹」，信哉斯言！余嘗於聖賢事業而有感焉。堯、舜、禹授受以有天下，蓋舜以孝絶德，禹以功絶德矣。而唐、虞在廷，稷、契、皋、夔爲四大臣，亘古今萬世以爲言。今細評之。稷以「播時百穀」，「烝民乃粒」，而拯天下之飢，后世通祀以配后土之社，至其孫子本支百世，而繼世以有天下，卜世三十，卜年八百，匪獨此也。篤生文王、文公周公也。傳聖道於天下，后世遂郊祀后稷以配天，周公於六經遂爲先師，此教民稼穡功用之報如此。契以「敬敷五教，在寬」，使百姓親而五品遜，是生成湯，以有天下凡六百年，而賢聖之君六七作。不寧惟是，篤生孔聖，傳道萬萬世，爲斯文宗主，升爲大祀，此敷教之功用也。至如皋陶，亦以謨絶德矣。然以「明刑弼教」，故雖淑問如皋陶，而后世卒不能有天下。《左傳》又載「皋陶、廷堅不祀」【一〇】，則以刑名絶世，雖皋陶尚耳，況不

【一〇】廷堅　《左傳·文公五年》作「庭堅」。

皋陶若者乎！后夔制樂以和神人，教胄子，可謂有益於教。然《左傳》亦云：「有仍氏生女而美，名曰玄妻，樂正后夔取之，生伯封而豕心，謂之封豕。有窮后羿滅之，夔是以不祀。」則以聲色絶世，雖后夔猶爾，況不后夔若者乎！稷、契萬世而祀，皋、夔繼世而絶，擇術之不可不謹如此。

詩人詠物

東坡謂：詩人詠物，至不可移易之妙，如「桑之未落，其葉沃若」是也。故坡之詠橄欖詩云：「紛紛青子落紅鹽」，蓋凡果之生也必青，及熟也必變色，如「梅杏半傳黄」、「朱果爛枝繁」是也。惟有橄欖，雖熟亦青，故謂之「青子」，不可他用也。

傳注奇語

羣書注疏解説，多有奇語異事，不可忽略看過。如鄭氏《月令注》引《農書》曰：「土上冒橛，陳根可拔，耕者急發。」又引《孝經説》曰：「地順受澤，謙虚開張。含泉任萌，滋物歸中。」此數語甚奇。又如董仲舒《救日食祝》曰：「炤炤大明，瀐滅無光。奈何以陰侵陽，以卑凌尊」，見於《周官》太祝注。又漢司徒府有大會殿，亦云：「百官朝會殿」，見於《周禮》朝士稾人注。又漢瓚槃，見於《周官》典瑞注。此皆史事而見於經注。蓋鄭玄、干實皆漢人，故引用與今云云，皆漢事也。至如經事而見於史注，則《前漢志》舜「修五禮五樂」，顏師古注謂：「《尚書》五禮五玉，五玉，即五瑞也。伏生年老聲之訛耳。」且列五樂之名之用於其下甚詳。經史可以互見，故不可忽。至如李善《文選·秋胡詩》注引《易歸藏》曰：「君子戒車，小人戒徒」，亦可以見亡書之語。

笛見於經

宜黃李郛子經，博洽之士也。綴緯文瑣語，其間云：「馬融作《長笛賦》云：『近世雙笛從羌起。』而《風俗通》以爲漢武帝時丘仲所作，則非出於羌人矣。然《西京雜記》高帝初入咸陽宮，笛長二尺三寸，六孔。又宋玉在漢前而有《笛賦》，不始於武帝時丘仲所作。」此李子經之辨，足以破世俗之疑矣。以余觀之，馬融之妄固可嗤，李子經亦爲未詳。余攷之《史記》云：「黃帝使伶倫伐竹於昆谿而作笛，吹之作鳳鳴」，是起於黃帝世矣【一一】。藉曰太史公之言未足以深據，盍不觀《周禮》「笙師，掌教龡竽、笙、塤、籥、簫、篪、篴、管，以教祴樂。」鄭司農注謂：「篪，七孔，音池。」而杜子春謂「讀篴爲蕩滌之滌，六孔，即笛之古字也。」經言可證如此。後世不深考而爲説紛紛，可勝歎哉！

【一一】黃帝世　根據前文，當補「黃」字。

立人達人

《論語》「己欲立而立人，己欲達而達人。」立者，自立之立，非成立之謂。如「三十而立」、「如有所立」、「卓爾之立」。達者，達德之達，非聞達之謂。如子所云「質直好義，察言觀色，慮以下人」之爲達，言己「欲立」「欲達」必以此望人，猶盡己推己、成己成物之謂。今之士夫每於干舉干闕，則必以立人達人爲辭，是可羞惡也。

仕學先後

李主簿有傳問：「子夏曰：『仕而優則學，學而優則仕』，何故不首言學而先及仕？」余答之曰：「重在學也。政恐其仕之優則廢學，故先曰『仕而優』，則無廢於學。又恐其學未優而入仕，故次曰『學而優』則方仕。此政漆雕開『吾斯之未能信』是也。」李曰善。

利人利己

《禮記》云：「事君大言入則望大利，小言入則望小利。」所謂利者，蓋利人也，非自利也。今之君子反是。何必事君者，其事長亦然。「揚文之名，止文之過，得寶於外者」皆是也。否則繼之以怒而勃以沽名矣。可歎也！

夏屋非屋宇之屋

《詩》「夏屋渠渠」，注：「夏屋，大具也。渠渠，勤勤也。言於我設禮食，大具以食我，其意勤勤。」然初不指屋宇也。經言「夏屋」，惟此而已。至揚子雲《法言》乃云：「震風凌雨，然後知夏屋之帡幪也」，則誤以爲屋宇矣。蓋由漢人言廣夏、大夏，已差忒矣。

儒釋老之異

《易・繫辭》云：「生生之謂易」，生生兩字疊言之，此大易之妙，而吾儒根極用功處。易者，變易也。所謂生生者，變化無窮，生意不息。才終於冬，復生於春；才盡於剥，旋生於復，靡有間斷。人之一身，消息盈虛，死生得喪，萬事萬變，無出此理。而道家者流乃謂修證長生，若使人皆長生而不死，物皆長存而不亡，則一氣之消息盈虛滅矣，勢無此理也【一二】。釋氏又謂「證無生」，《忍法經》云：「不生不滅」，則是使天下皆絶生意，人人物物，塊然如死灰槁木，豈有是事哉。方之吾儒生則烏可已之言，「生生之謂易」之語，蓋覺夢之異也。世之昧者捨正學而流異端，何必昧者皆然，雖儒者亦間溺其説矣。哀哉！

【一二】勢無此理也　「勢」，《四庫》作「世」。

中庸大學言小人各有闕文一字

《中庸》第二章「小人之中庸也，小人而無忌憚也。」蓋承上句「仲尼曰：『君子中庸，小人反中庸』」，而脱簡缺一「反」字，故朱文公《章句》注云：「王肅本作『小人之反中庸也』。程子亦以爲然，今從之。」蓋小人之所以反中庸者，以其有小人之心，而又無所忌憚也。當增一「反」字爲正。《大學》末章「彼爲善之，小人之使爲國家，菑害並至。雖有善者，亦無如之何矣！」朱文公《章句》云：「『彼爲善之』，此句上下，疑有闕文誤字。」今以文理推之，當是脱一「不」字。蓋指言爲不善之小人也。何以知之？《大學》第六章「小人閒居爲不善，無所不至，見君子而后厭然，揜其不善，而著其善」。《大學》卒章「彼爲不善之小人」，是蓋復第六章「小人爲不善」之辭，亦猶《中庸》「小人之反中庸也」，亦以復上句「小人反中庸」之語耳。此兩字乃小人的切之要，故詳明之。

詩諱國惡

洪氏《容齋隨筆》謂：元稹《連昌宫詞》有規諷，勝如白居易《長恨歌》。然余竊謂前賢歌詠前世之事，可以直言。而當代君臣，則宜諱國惡。如「陳司敗問昭公知禮乎，子曰：『知禮。』」蓋爲國惡諱也，司敗曾不知之，乃云「君取於吴，爲同姓，謂之吴孟子。君而知禮，孰不知禮？」何其謬哉！　唐明皇納壽王妃楊氏，本陷新臺之惡，而白樂天所賦《長恨歌》，乃謂「楊家有女初長成，養在深閨人未識。天生麗質難自棄，一朝選在君王側」，則深没壽邸一段，蓋得孔子荅司敗之遺意矣。《春秋》爲尊者諱，此歌深得之。

致知格物

《大學》「致知在格物，物格而後知至」，此最是要切交會融貫處。蓋欲致其知，全在格物，而物不能格，何由可以致其知？　求諸孔聖之言，惟子曰「歲寒然後知松栢之後凋也」，此一句最於致知格物極其淵妙。蓋松栢，物也；　察其因，何而歲寒之際獨後凋，是欲格其物理也。苟能格之，則「然後知」之三字爲真致其知矣。何以見其格之正，如《禮器》所謂如松栢之有心，居天下之大端。故貫四時而不改柯易葉，則知其爲得氣之本而歲寒後凋矣，是也。

第二卷

瑟先於琴

諸子之書，最有害道而無稽者，如韓非子書有云：「齊宣王問巨倩曰：『儒者鼓瑟乎？』對曰：『不也。瑟也者，以小弦爲大聲，以大弦爲小聲，是細大易序，貴賤易位，儒者爲害義，故不能。』宣王曰：『善。』」余涉獵至此，大哂之。嗚呼！非何爲出是言，且《魯論》一書，孔子所言，諸弟子所述，言瑟而不言琴。如孔子「取瑟而歌」，曾點「鼓瑟希」、「由之瑟奚爲於某之門」，而非乃設巨倩之辭，以爲儒者不能。其誰欺乎！或者又曰：六經言皆兼琴瑟，而孔門言瑟而不及琴，何也？曰：示有先也。舉瑟而琴可知矣。亦猶六經兼言鳳皇，《論語》止言鳳而不及皇，蓋言瑟而琴可知，言鳳而皇可見矣。按《世本》曰：「伏羲作瑟，黄帝作琴」，琴之作後於瑟也。又按《爾雅注疏》：「瑟者，登歌所用之樂器，故先釋之。」琴爲樂器，通見《詩》《書》，故此釋之詳，此則見先後之序。又如《詩》曰「妻子好合，如鼓瑟琴」，又如《鹿鳴》首章則曰「鼓瑟吹笙」，其三章曰「吹笙鼓琴」，琴固次於笙下，義可見矣。又《禮記》曰：「清廟之瑟，朱弦疏越。一唱而三嘆，有遺音也。」注謂「此雅淡之樂」。《世本》又謂：「瑟者，潔也，使人精潔其心，淳一於行。」而《尸子》亦謂「夫瑟，賢者以其義鼓之，雖有暴君，爲之立變」，則尸子之審音過於非遠矣。因並識之，以洗韓非刑名之陋。

飲食衣服今皆變古

飲食衣服，有生所不免也。去古愈遠，錯繆日甚，姑夷考而筆其一二，以勉學者。余嘗觀張横渠語云：曾看相國寺飯僧，因嗟嘆以爲三代之禮盡在是矣。誠哉斯言也。余曾觀成都華嚴閣下飯萬僧，始盡得横渠之所以三嘆。蓋其席地而坐，不設椅卓，即古之設筵敷席也。朱食先各出，蓋孔子鄉黨所謂「疏食菜羹瓜，祭，必齊如也。」朱文公注云：陸氏曰：《魯論》釋瓜作必謂古人飲食，每種各出少許，置之豆間之地，以祭先代始爲飲食之人，不忘本也。齊，嚴敬貌。孔子雖薄物必祭，其祭必敬，聖人之誠也。又《禮記》及《家語》有云：子曰「吾食於少施氏而飽，少施氏食我以禮。吾祭，作而辭曰：『疏食不足祭也。』」古人以此爲禮。今之腐儒匪惟不能祭，見有學者行之，則指以溺佛爲笑。是不曾讀書也，而反使髠徒得竊吾教而堅持之。又，終食之間寂然無聲，此又髠徒得子所謂「食不語」也。只此三者，非三代之禮而何？及到石室，亦看士人會飯，則攫拏如猿猱者有之，吼詈齋僕庖人者有之，打損器皿者有之，言談喧笑，視飯僧爲有愧。匪獨士也，余嘗出入制總兩幕，士夫會食亦猶是也，得不動横渠之嘆耶？至如衣裳冠履則又乖甚。古者有冠而無巾，非無巾也，蓋巾止以羃尊罍瓜果之用，不以加於首也，故六經止言冠，下至於虞人則以皮冠，野老亦以黄冠，是有簪導方爲冠也。至於罪人，方去其冠，而加黑幪。漢世之冠，貴者則有通天、遠遊、方山之類，武夫則有鵔鸃，閑居則有竹皮、鹿皮之類，皆冠也，以簪附之。而所謂巾幘，稍稍加於執事賤人之首，如庖人緑幘是也。至晉人輕浮，方有接羅、白葛、漉酒之巾，然起於後漢郭林宗折角巾也。近代反以巾爲禮【一】，而戴冠不巾者爲非禮。又朝服幞頭乃後魏狄製，後唐施長脚，以别伶優之賤。至今士夫安之，曾莫議其非者。至於履，則古有舄有屨有屐而無靴，故靴字不見於經。至趙武靈王作胡服，方變履爲靴，而至今服之。本朝徽宗政、宣間嘗變靴爲履矣，至高宗時務反政、宣之失，仍變履爲靴，此由秦檜不知書而止知有北狄爲國爺也。然冠履兩事，反使今之道流得竊其似，以堅執不變，凡閒居則以巾覆冠，及謁見士夫并行科升章，則簪冠而徹巾。穿舄是三代之制，尚於羽士見之。至如上衣下裳，各爲長短之制，衣纔至膝，裳乃裙也，今之祭服是也。後魏胡服，便於鞍馬，遂施裙於衣，爲横幅而綴於下謂之襴，今之公裳是也，則戎狄之服也。是數者學士大夫皆安之，而莫或建議革之，匪惟不欲革之，至如慶元間四凶劾朱文公之疏，以深衣冠履而爲怪服、妖服。嗚呼！可不哀哉，痛哉！姑筆之以俟好古博雅、知禮通方之士而正焉。

【一】近代反以巾爲禮 《四庫》句首有「至於」兩字。

孔子誄

宣聖之誄，數處互有不同。《左氏傳·哀公十六年》：「夏四月己丑，孔丘卒。公誄之曰：『旻天不弔，不憖遺一老，俾屏余一人以在位，煢煢余在疚。嗚呼哀哉尼父！無自律。』」《檀弓》乃云【二】：「哀公誄孔子曰：『天不遺耆老，莫相余位焉，嗚呼哀哉！尼父！』」與左氏異。而《史記·孔子世家》與《左傳》所載全同，而班氏《前漢·五行志》則云：「孔丘卒，哀公誄之曰：『旻天不弔，不憖遺一老，俾屏余一人』」而止，又與《史記》異。夫聖人之誄，尚紛紛異同如此，況其下者乎！

成王冠頌

《家語·冠頌篇》：「周公命祝雍作成王冠頌曰：『祝王達而未幼。』祝雍辭曰：『使王近於民，遠於年，嗇於時，惠於財，親賢而任能。』其頌曰：『令月吉日，王始加元服。去王幼志，心衮職【三】，欽若昊天，六合是式。率爾祖考，永永無極。』」而晉張華《博物志》乃云：「成王冠，周公使祝雍曰：『辭達而勿多也。』祝雍曰：『近於民，遠於佞，近於義，嗇於時，惠於財，任賢使能。摛顯先帝光耀，以奉皇天之嘉禄。』」其不同如此，不知張華何所據，而與《家語》異耶？然余攷六經中三代時未嘗有先帝之言，秦以後方稱先帝，則華

【二】檀弓乃云　《四庫》於此前有「禮記」兩字。

【三】心衮職　「心」，《孔子家語》原文作「服」。

爲失據矣。

麥秀之歌

《史記·箕子世家》云：「箕子朝周，過故殷墟，感宮室毀壞，生禾黍，箕子傷之，欲哭則不可，欲泣爲其近婦人，乃作《麥秀之詩》以歌之。其詩曰：『麥秀漸漸兮，禾黍油油。彼狡童兮，不與我好兮！』」世皆熟之矣。然余嘗討論《尚書大傳》所載，則曰：「微子朝周，過殷故墟，見麥秀之蕲蕲兮，禾黍之蠅蠅兮，曰：『此故父母之國。』乃爲《麥秀之歌》，歌曰：『麥秀漸漸兮，禾黍油油，彼狡童兮，不我好仇。』」《史記》、《尚書傳》所載之歌，只差末句一字，惟《書傳序》與歌，蕲字蠅字不同。宋玉《笛賦》、枚乘《七發》皆作「麥秀蕲兮」。注，麥芒也。字之稍差不爲要切，但《史記》以爲箕子，而《書大傳》以爲微子，且稱「父母之國」，尤爲有理，不知司馬何所據而與《書傳》牴牾耶？

龍蛇之歌

《史記·世家》晉侯賞從亡者，介子推不言禄，禄亦不及子推。從者憐之，懸書宮門曰：「龍欲上天，五蛇爲輔。龍已升雲，四蛇各入其宇，一蛇獨怨，然不見處。」余嘗觀劉向《新序》，乃云子推之詩曰：「有龍矯矯，將失其所。有蛇從之，周流天下。龍入深淵，得其安所。有蛇從之，獨不得甘雨。」遷、向相距不遠，且向號博洽羣書，所載不同如此，故並録之云。

坡詩不入律

黄魯直次東坡韻云：「我詩如曹、鄶，淺陋不成邦。公如大國楚，吞五湖三江。」其尊坡公可謂至，而自況可謂小矣。而實不然，其深意乃自負而諷坡詩之不入律也。曹、鄶雖小，尚有四篇之詩入國風，楚雖大國，而三百篇絶無取焉。至屈原而始以騷稱，爲變風矣。黄又嘗謂坡公文好罵，謹不可學。又指坡公文章妙一世，而詩句不逮古人。信斯證也。

漢遺文

唐柳宗直編西漢文章，只據正史及《文選》而編之，遺軼甚多，今略舉其一二。如王褒《祭金馬碧雞神文》曰：「漢持節使王褒敬祭金精神馬，縹碧之雞，歸徠歸徠，漢德無疆。」見於《後漢史・西南夷傳》注。又漢西都時，南宫寢殿内有醇儒王史威長死，葬銘曰：「明明哲士，知存知亡。崇隴原埜，非寧非康。不封不樹，作靈垂光。厥銘何依，王史威長。」載於張華《博物志》。雖歐陽《集古》、趙明誠《金石録》亦遺此也。如董仲舒《日食祝》見於《周官・太祝》注，此皆文辭簡古，不可缺也，故録之以資博識之士有攷焉。

唐遺文

唐文多有遺軼，要切者如宋璟《梅花賦》，皮日休謂其清便富艷，有南朝徐庾體，因效之爲《桃花賦》。今皮之《桃花賦》尚傳，而宋之《梅花賦》乃不傳。又唐末張曙中和間舉進士，避難到巴州，宴於郡樓，坐中作《擊甌賦》，極精工，郡樓由賦顯名，後人遂命之曰「繫甌樓」。而此賦亦不傳。如姚鉉編《唐文粹》及蜀本《唐三百家文粹》、《唐七十家大全集》，及國初館閣所編《文苑英華》，唐人花木音樂賦各有十餘卷，而此兩賦俱不在，惟《擊甌》則巴州郡樓尚有碑刻。曾祖作巴倅時，曾有墨本藏之家，今兵火後碑亦壞矣。恐其歲久則此賦亦泯没無考，故全録之，尚幾有傳。如廣平《梅花賦》則平生訪尋終不得見，是可惜也，俟更博訪之。今録張之賦於後云。唐張曙《擊甌賦》，并序「宋玉《九辯》曰『悼余生之不時』，今余不時也。甲辰，竄身巴南，避許潰師。郡刺史甚懽接春。一日登郡東樓，下臨巴江，饌酒簇樂，以相爲娱。言間有馬處士末至，善擊甌者。請即清謙，爰騁妙絶。處士審音以知聲，余審樂以知化。斯可以抑揚淫放，頓挫匏竹，運動節奏，出鬼入神。太守請余賦之。余曰：不圖爲樂之至於斯。酒酣舐筆，乃爲賦云：器之爲質兮白而貞，水之爲性兮柔而清。水投器而有象，器藉水而成聲。始因心而度曲，俄應手以徵情。莫不敲蕭熠爚，撇捩縱横。胡不自匏絲而起，胡不從金石而生。孰爲節奏，樂我生平。何彼穲矣，高樓燕喜，叩寂含商，窮玄咀祉。拂綺井以連騫，送楓汀之靡迤。凷限有雪，彪咻而雕虎揚睛；潭上無風，捷獵而金虬跋尾。目運心語，波迴浪旋，似欲奮而還駐，若將窮而復連。得不似鷲沙叫鴈【四】，高柳鳴蟬。董雙成青瓅鸞飢，啄開珠網；穆天子紅轠馬解，踏破瓊田。愕眙衡盱【五】，神清調古。既嗟嘆之不足，諒悲哀以爲主。誓不向單於臺畔，和塞樂胡笳；定不入宋玉筵中，隨齊竽楚舞。疾徐奮袂，曲折縈組。潺湲下隴底之泉，嗚咽上涔陽之櫓。鶯隔溪而對語，一浦花紅；猿梟樹以哀吟，千山月午。斯皆從有入無，妙動玄樞。灩颭則水心雲母，丁當則杖杪真珠。於是發春卉，駭靈姝。羞殺兮鈿箏金鐸，愁聞兮鬼嘯神呼。時也曲闋酒闌，煙迷霧隔，覽故步以躑躅，有餘聲而滴瀝。臨流而欲去依依，轉首而相看脉脉。太守曰：『遭此良辰，好樂還淳。颯賦已勞於進牘，謳歌爲序其芳塵。』余乃歌曰：『江風起兮江樓春，千里萬里兮愁殺人。樓前芳草兮關山道，江上孤帆兮楊柳津。是何覎我兮擊拊，眷我兮慇懃。』回首而漁翁鼓枻，凝眸而思婦沾巾。夫當筵一曲，人生一世。何紛揉乎是非，顧慕乎隆替。飄纓宜入醉鄉來，自識天人之際。」唐文士於尊俎頃刻之間，作此等大篇之文，豈不偉哉！

漢鳻雀辨

《漢·黄霸傳》「鶡雀集丞相府」，鶡字音芬，非音曷也。今人例以曷字讀之，誤矣。

【四】鷲沙叫鴈　「叫」，原作「落」，據《四庫》及《全唐文》八百二十九改。

【五】衡盱　原作「盱衡」，據《四庫》及《全唐文》八百二十九乙。

按《霸傳》蘇林注云：今武賁所著之鶡。而師古注曰：蘇説非也，此鶡雀音芬，本從鳻，字通用。鳻似鳳也。若夫鶡雀之鶡，青色，好鬭不止，俗謂之鶡雞，音曷，與此鶡雀之音芬者不同，故志之，以正訛舛。

晉志之误

予昔與婦弟羅君玉同讀《晉書》，君玉曰：「嵇康之誅於晉文帝執魏柄之時，疑不當傳於晉。向秀卒於魏世，其傳亦然。」又云：「君苗無姓，吕安無傳，與嵇康書者皆當考。」

錢載年號之始

馮鑑《事始》載後魏孝莊時用錢稍薄，高道穆曰：「論今復古，宜改鑄大錢，文載年號，以記其始。」鑑遂以錢載年號始於此。余按杜佑《通典·歷叙古今錢幣之制》載：宋武帝孝建初，鑄四銖錢，文曰「孝建」，一邊文曰「四銖」，則是錢載年號實始於宋武孝建也。孝建元年甲午，距後魏孝莊永安二年己酉鑄永安五銖錢之歲，凡七十有六年。紀載昭昭，豈可謂始於永安！鑑讀書不精，誤以高恭之奏請載年號以記其始，遂以爲事始於此，不知高之奏，乃謂改鑄大錢年分之始，非事始也。此固可笑矣。又舍中國正統之年號，《事始》取諸北狄偏閏之朝，見識何汙下耶！恐後學承訛襲謬，不得不辨。

銅鼓始於漢

余嘗見陸游務觀《筆記》有云：余初見《梁·歐陽頠傳》，稱頠在嶺南，多致銅鼓，獻奉珍異。又云銅鼓累代所無。及予在宣司，見西南夷銅鼓頗精，祕閣下古器庫亦有二枚。此鼓乃南蠻用之，不足辱祕府之藏。然自梁時已珍貴之如此，不知何理也。如上皆放翁之筆，第余嘗觀《東漢書·馬伏波傳》云：援征交趾，得駱越銅鼓，改鑄馬式上之。詔置宣德殿門。則銅鼓已見後漢，傳非異書也。陸氏謂梁方珍貴已失之矣，而歐陽生自梁距漢世未甚遠，而謂累代所無，尤可訝焉。

王會貢職兩圖之異

東坡有《閻立本職貢圖詩》，注引《譚賓録》載貞觀三年東蠻謝元深入朝，顔師古奏昔周武王時遠國歸欵，乃集其事爲《王會篇》，可圖寫遺後，爲《王會圖》。詔令閻立本圖之。及考《唐書》亦同，謂之《王會圖》。至武宗時，黠戞斯君長來朝，李德裕上言，有詔爲《續王會圖》，即無「職貢」之名。而所謂《貢職圖》者，見於《祕府羣玉帖》中。李公麟所述云：梁元帝時蕭繹鎮荆時，作《貢職圖》，狀其形而識其土俗，首虜而後蜑，凡三十餘國。唐閻令作《西域圖》，兼彼土山川而絶色伽梨凡九國，中有狗頭、大耳、鬼國爲可駭，皆所以盛會同而奢遠覽，亦《貢職》之流也。元祐元年六月望日，李公麟書於奏邸竹軒。詳此，則是《貢職圖》乃蕭繹，而《王會》及《西域圖》乃閻立本也。坡指《貢職》爲閻所圖，誤矣。

紙筆不始於蔡倫蒙恬

傳記小説多失實，只如《事始》謂蒙恬造筆，蔡倫造紙，皆未必然。蒙恬乃秦時人，而《詩》中已有彤管，謂女史所載之筆。又傳謂「史載筆」，又孔子作《春秋》，「筆則筆，削則削」，「絶筆於獲麟」。又《尚書中候》云：「玄龜負《圖》出，周公援筆以時文寫之。」又《爾雅》及《説文》云：秦謂之筆，楚謂之律，吴謂之不聿，燕謂之弗，其來尚矣。馬大年乃附會以爲簡牘之筆，乃今竹筆非毫也，至蒙恬而始用兔毫耳。殊不知莊子書中有舐筆和墨之句，則以毫染墨明矣，竹筆豈可舐耶？莊子在秦之前，筆非造於蒙恬明矣。況崔豹《古今注》：「蒙恬之爲筆也，以柘木爲管，鹿毛爲柱，羊毛爲被」，亦非謂兔毛竹管也，則又豈可謂兔毫起於蒙恬耶？此端由《説文》「秦謂之筆」一句以誤後世。又如蔡倫乃後漢時人，而《前漢・外戚傳》云「赫蹏書」，注謂赫蹏乃小紙也，則紙字已見於前漢，恐亦非始於蔡倫。但蒙、蔡所造，精工於前世則有之，謂紙筆始此二人，則不可也。

漢四皓歌同異

《古今樂録》：四皓隱居南山，高祖聘之，不甘，仰天歎而作歌。按《漢書》，四皓即東園公、綺里季、夏黄公、角里先生，年皆八十餘，鬚眉皓白，故曰四皓。崔鴻曰：四皓爲秦博士，見焚書坑儒，退隱商山，乃作歌曰：「昊天嗟嗟，深谷逶迤。樹木漠漠，高山崔嵬。嵓居穴處，以爲幄茵。燁燁紫芝，可以療飢。唐虞往矣，吾當安歸？」此載於先秦文章及文指，世皆見之矣。然余讀皇甫謐《高士傳》云：「四皓見秦政暴，乃逃入藍田山，作歌曰：『漠漠高山，深谷逶迤。燁燁紫芝，可以療飢。唐虞世遠，吾將安歸？駟馬高蓋，其憂甚大。富貴之畏人，不如貧賤之肆志。』」兩歌互有不同，然《高士傳》之歌尤勝，故並録之。

辨蘭亭不入選之失

林之奇少穎編《觀瀾文序》曰：「《文選》不收《蘭亭記》，識者以爲遺恨。」又陳正敏《遯齋閒覽》云：「王右軍《蘭亭》以天朗氣清，自是秋景，以此不入選。然絲竹管弦，語亦重複。」余謂陳氏之説陋矣。周公作時訓，以二十四氣定七十二候，三月爲清明，朗明也。言氣候當辰，爲出火，清且明也。非天朗氣清而何？且張平子《歸田賦》曰：「仲春令月，時和氣清。」蕭統取《歸田》入選，而遺《蘭亭》，正東坡所謂「小兒强作解事」者。而陳氏又附和以絲竹管弦重複之語，不知《張禹傳》云「後堂理絲竹管弦」，孟堅注已作四義。又舜有白玉琯，唐賀懷智琵琶以鵾雞爲弦之類，非必絲竹而後可以爲弦管也，豈足以病右軍之文？故識之，以一洗蕭、陳之陋。

坡注之誤

坡公《元脩菜詩自序》云：「菜之美者，有吾鄉之巢，故人巢元脩嗜之，且云：使孔北海見之，當復云吾家菜耶？」蓋謂楊梅爲楊家果，孔雀爲孔家禽事耳。然此非孔北海所言，亦非爲楊德祖而發。蓋孔融字文舉，爲北海太守，楊脩字德祖，俱漢末同時之人，並爲曹操所殺。有傳，在《後漢書》俱不載此事。獨《世説·言語門》載：「梁國楊氏子，年九歲，甚聰慧。孔君平詣其父，父不在，乃呼兒出。爲設果。果有楊梅，孔指以示兒曰：『此是君家果。』兒應聲答曰：『未聞孔雀是君家禽。』」其注云：王隱《晉書》曰：「孔坦字君平，會稽山陰人。善《春秋》，仕至廷尉卿。」即不曾注云楊氏子乃楊脩也。今《晉書》自有《孔坦傳》，仕于晉元帝、成帝時，距孔融、楊脩之死近百年矣，豈相干耶？巢元脩一時誤舉，以爲孔融。坡遂因而筆之於序，固失契勘矣。而趙次公者注坡詩，乃妄云《世説》注楊氏子楊脩也，而又注贈僧惠表之詩，則又直指云：《世説》孔融指楊梅戲楊脩，曰：是君家果。不知何所憑證而敢如是胡説！趙公如此類者甚多，姑舉其一，以爲不揆箋注者之笑。

五平五側體

《西清詩話》載晏元獻守汝陰，梅聖俞往見之，置酒潁河上。晏言古人章句中全用平聲，製字穩帖，如「枯桑知天風」是也，恨未見側字耳。聖俞既引舟，遂作五側體四十字寄公，如云「月出斷岸口，影照别舸背」，云云固爲佳作。然晏只引一句，而梅賦全篇，已覺辭費。余又嘗觀陶淵明詩「萬族各有託」，韓文公詩「此日足可惜」，杜工部詩「寂寞白獸闥」，皆傑句也。其餘諸家五平五側句甚多。至皮日休、陸龜蒙又有五平五側倡和，在《松陵集》中。藉曰餘子紛紛不足數，而陶、杜、韓之句可忽乎？梅、晏俱號博洽，而俱云「恨未之見」，何耶？又所賦之詩果能掩三子之作乎？余疑於是，不得不識之。

蔆蔆二物

前輩筆記小説固有字誤，或刊本之誤，因而後生末學不稽考本出處，承襲謬誤甚多。今略舉其一端。如馬大年永卿著《懶真子録》，辨王逸注《楚辭》，以芰爲蔆，秦人曰薢茩之誤，當矣。惜其字有差誤，義遂不明。永卿謂《爾雅》「薢茩英光」，注云：「英，明也，或云蔆也。關西謂之薢茩，音皆苟。」又謂：《爾雅》「蔆蕨攈」，注：「蔆，今水中芰。」此皆馬所記也。今余考《爾雅》正本，則云「薢茩芵茪」，注：「芵，明也。」即今之決明也，「或曰蔆也」。字從卩。及至「蔆蕨攈」，然後從凌，注：「水中芰也。」則是蔆與蔆，其爲二物不同。王逸以芰爲蔆，曰薢茩而爲水中之蔆，其失明甚。而馬又併以從水兩蔆字交證，且誤以芵光、芵明爲英光、英明，此馬大年之誤尤可哂也。

酒價緋魚

丁謂參知政事，真宗嘗問唐酒價幾何，謂對以每升三十。上曰：「何以知？」謂引杜詩云：「速來相就飲一斗，恰有三百青銅錢。」上喜其對。又蔡薿廷試第一，俄召對，徽宗問唐京官五品方賜緋佩魚，借緋即不佩。國朝因循其制。薿對曰：「在唐借緋亦佩魚」，因誦白居易詩爲證，曰：「親朋相慶問何如？服色恩光盡反初。投老喜抛黄草峽，眼明驚拆紫泥書。便將朱紱還鈴閣，却著青袍侍玉除。無奈嬌癡三歲女，遶腰啼哭覓銀魚。」上尤喜其對之捷。二事正相類，但佩魚之對尤切於典故，信大臣占對不可無學也。謂字謂之，姑蘇人；薿字文饒，河内人，並見於曾慥《詩選》紀載。後余因看李太白詩有「金樽美酒斗十千」之句，以爲李、杜同時，何故詩句所言酒價頓異。客有戲噱者曰：「太白謂美酒耳，恐杜老不擇飲而醉村店壓茅柴耳。」坐皆大笑，然亦近理也。

阿房宫賦善用事

杜牧之《阿房宫賦》「長橋卧波，未雲何龍」。正本元是「雲」字，後人傳寫，訛云「未雩何龍」，殊爲無理。杜之意蓋謂長橋之卧波上，如龍之未得雲而飛去，正如「蛟龍得雲雨，恐終非池中物」之義。若加以「雩」字，則不惟無義，兼亦錯誤讀「龍」字耳。《左傳》「龍見而雩」，注謂龍星也，非龍也，龍星未見則不之雩。今曰未雩，則龍當未見，何形可見？龍又星名，何有於長橋之勢哉！又此賦善於用事。凡作文之法，經可證史，史不可證經。前代史可證後代史，後代不可以證前。如《阿房宫賦》所用事不出於秦時，只「煙斜霧横，焚椒蘭也」兩句，尤不可及。六經只以椒蘭爲香，如「有椒其馨」，「其臭如蘭」，「蘭有國香」是也。《楚詞》亦只以椒蘭爲香，如「椒漿」、「蘭膏」是也。沉檀龍麝等字，皆出於漢。西京以後，詞人方引用，至唐人詩文則盛引沉檀龍麝爲香，而不及椒蘭矣。牧此賦獨引用椒蘭，是不以秦時所無之物爲香也。只如近世文人作《漢宫詞》、《婕妤怨》，《明妃曲》而引用梅粧、蓮步字，尤爲可笑。此皆齊末以後事，漢時寧見此而效之耶？劉觀堂可謂「不善用事，爲事所使」，殆謂此也。

二月無絲

聶夷中《傷田家》詩最得風人之體，但「二月賣新絲」，恐當作四月。蓋二月則蠶尚未生，「戴勝降於桑」，乃三月節所在，必於此時蠶事方盛。蓋《月令》蠶事乃在季春之月，而《祭義》蠶歲注亦云三月月盡以後，《豳風》「蠶月條桑」亦指三月，二月安得有新絲耶？當是四字傳寫者訛刻畫耳。其曰「五月糶新穀」却有之。

父子同名可咎

古今同姓名者多矣，而祖孫父子同名爲可咎。《論語》已有兩南宫适，漢世已多，至晉而尤甚。如兩劉毅，晉武時一劉毅，晉末時又有一劉毅，皆有傳。兩周撫同時，一爲彭城内史，反即誅，見紀而無傳。一爲王處仲將，有傳。兩孫秀，一爲吴降將孫秀，見《賈充傳》。一爲趙王倫嬖人，見《陶侃傳》。兩解系，一解系自有傳，又一解系見《陶璜傳》。兩周訪，《周訪傳》：時有與訪同姓名者，罪當死，吏誤收訪，訪奮擊之，吏皆走。兩王愷，一王愷武帝之舅，與石崇爭侈，有傳。一王愷安帝時丹陽尹，附《王湛傳》。兩王渾、王澄，王渾，太原人，以平吴功封子。澄爲亭侯。渾有傳而澄無傳。又王戎，瑯琊人，有弟曰澄。又戎父渾，爲涼州刺史。渾無傳而澄有傳。又唐文宗詔以韓翃知制誥，時又有一韓翃爲太守。帝書翃《寒食詩》一絶，云與此韓翃。縱同時，而同姓同名無足怪也。然《容齋隨筆》載拓拔魏安同父名屈，同之長子亦名屈，此祖孫同名也。襄陽有隋處士羅君墓誌曰：「君諱靖，父靖，學優不仕」，此父子同名也。余謂魏安同之祖孫同名，諉曰元魏乃北狄之俗，不足以禮義責之，而羅君乃中華人，又既號爲處士，乃至父子同名，烏得而僭處士之號耶？視司馬遷以趙談與父同名而稱爲同子，豈不萬萬相遠哉！

班氏當從斑

山谷云：班氏以「鬭穀於菟」得姓，凡班姓皆當從斑，史作班誤也。

坡文之妙

東坡《泗州僧伽塔》詩：「耕田欲雨蓺欲晴，去得順風來者怨」，此乃隱括劉禹錫《何卜賦》中語，曰「同涉于川，其時在風。沿者之吉，泝者之凶。同蓺於野，其時在澤。伊穜之利，乃穋之厄」。坡以一聯十四字而包盡劉禹錫四對三十二字之義，蓋奪胎換骨之妙也。至於《前赤壁賦》尾段一節，自「惟江上之清風，與山間之明月」，至「相與枕藉乎舟中，不知東方之既白」，却只是用李白「清風明月不用一錢買，玉山自倒非人推」一聯十六字，演成七十九字，愈奇妙也。

表忠觀碑體孝門銘

東坡《表忠觀碑》，先列奏狀以爲序，至「制曰可」而系之以銘，其格甚新，乃倣柳柳州所作《壽州安豐縣孝門銘》。蓋以忠比孝，全用其體制。且柳宗元《孝門銘》，史臣既全載於《唐·孝友傳》，文甚典雅。蘇軾《表忠觀碑》，視柳有加，宜乎金陵王氏以太史公所作年表許之。二文旨意，其允合於史法矣。

周子愛蓮説如屈原橘頌

《左傳》云：「譬諸草木，吾臭味也。」屈正平《離騷經》一篇之中，固以香草比君子矣，然於《九章》中特出《橘頌》一章，朱文公謂「受命不遷」，謂橘踰淮爲枳也，原自比志節如橘不可移徙也。末乃言橘之高潔可比伯夷，宜立以爲像而效法之，亦因以自托。余因文公之言而謂濂溪周子作《愛蓮説》，謂蓮爲花之君子，亦以自況，與屈原千古合轍；不寧惟是，而二篇之文皆不滿二百字，詠橘、詠蓮皆能盡物之性，格物之妙無復餘藴。蓋心誠之所發越，萬物皆備於我之所著形，是可敬也。讀者宜精體之。

貞符過封禪文

司馬長卿《封禪文》典雅，爲西京之宗，然未免託符瑞以啓武帝之侈心，君子已恥之。其後揚雄倣之作《劇秦美新》，尤爲可恥。班孟堅《典引》亦引符瑞以效尤，唐人作《玉諜真紀》以美玄宗，尤淺陋。及柳宗元《貞符》謂：「受命不于天，于其人；休符不于祥，于其仁。惟人之仁，匪祥于天；茲爲貞符哉！未有棄仁而久者也，未有恃祥而壽者也。」遂一洗前作之陋，爲可喜也。

大小各適其性

莊周之書有「鷦鷯巢林，不過一枝」，又曰鵬摶「扶摇九萬里而風斯在下」，蓋齊物之論也。後世有本其説而賦之者，如張茂先賦鷦鷯，自譬甚小；李太白賦大鵬，自譬甚大，皆適其性而已，不出莊周齊物之論耳。

漢唐史取當代之文以爲贊叙

國朝宋祁《新唐書・藩鎮傳》序，全載杜牧《守論》一篇，實體班固《項籍傳・贊》全載賈誼《過秦論》一篇。蓋《守論》乃藩鎮之事實，而《過秦》實項氏之張本，不嫌取當代詞人之文而證之。然司馬遷亦嘗取《過秦論》而贊《秦紀》矣，但没賈生之名而書其文，幾若掩人之善，曷若班氏直下贊曰：「昔賈生之《過秦論》曰。」云云。如搏蛟縛虎之手，何必皆自己出。宋公用其體，尤爲歐公之所稱美，匪惟班、宋擅一代之史筆，而賈、杜二子之文益有光於信史矣。

六出四出花

《吕氏春秋》【六】云：「草木之花皆五出，雪花獨六出。」古今莫喻其理，獨朱文公謂：地六爲水之成數，雪者，水結爲花，故六出。或言花中惟巖桂四出之異，余謂土之生物其成數五，故草木花皆五，惟桂乃月中之木，居西方地四，乃西方金之成數，故花四出而金色，且開於秋，云此桂之在《離騷》以喻君也。先師魏鶴山《巖桂詩》云：「虎頭點點開金粟，犀首纍纍佩印章」，自注云：「顧虎頭善畫金粟佛，公孫衍佩五國相印」，真善借喻而體物矣。余亦嘗賦巖桂云：「四出花中異，三開格外芳。名高評月品，韻勝霸秋香。」或者頗許之，以爲弗可移賦他花木也。

加田

《周禮》司勳「惟加田無國正」。加田，如今之加食實封也。

【六】吕氏春秋　此文内容爲《韓詩外傳》。

中書繳詞當始於唐人

《邵氏聞見録》：唐制，惟給事中得封還制書，國朝康定間富弼知制誥，封還詞頭，中書舍人繳詞頭自公始。又王鞏《聞見録》：富弼知制誥，封還遂國夫人詞頭，朝論謂無近比，然多是弼。以余考之則是，殊不知《續通典》中所載，長慶元年中書舍人白居易繳還獨孤朗、温造、李肇、王鎰四人除刺史詞頭云：「臣未敢撰進」，則唐中書舍人已有封還詞頭故事，非始於本朝富弼也。王鞏、邵博俱號該洽之士，而俱不知此，何耶？

唐給事中草制學士不草制

吴曾《漫録》：仁宗朝胡宿武平知制誥，封還楊懷敏詞頭，上問宰相故事。文彦博對曰：唐給事中袁高不草盧杞制，然則唐典故給事中亦草制耶？故成袁高之志云。又韓渥《金鑾密記》曰：韋貽範於鳳翔圍城中挾李茂貞起，復作相，渥當草制，抗疏論其不可。夜半中人以詞頭投渥曰：「學士無以性命爲戲。」渥不答，扃户而寢。明日無麻制宣讀。茂貞曰：「陛下命相，學士不肯草制，與反何異？」昭宗曰：「卿薦貽範，朕不拒。渥不草制，朕亦不拒。其如道理分明何？」至范蜀公《東齋記事》：真宗欲立章獻爲后，楊文公不草制。章獻既立，楊文公億。不自安，乃託母疾而行，留請假榜子與孔目官而去。學士不肯草制，自唐韓渥始也。

折梅遺使始於諸發不始於陸凱

《荆州記》謂：陸凱與范蔚宗相善，凱自江南遣使寄梅花一枝，詣長安與范蔚宗，并詩一絶云：「折花逢驛使，寄與隴頭人。江南無所有，聊贈一枝春」。後世紛紛舉用多矣，皆以陸、范爲證，不知劉向《説苑》已載越使諸發執一枝梅遺梁王，梁王之臣曰韓子者，顧左右曰：「烏有一枝梅，乃遺列國之君？」則折梅遺使始此矣。

校勘記

第三卷

日隨天左旋

余曏作《補亡月采篇》，辯日月隨天左旋，援引張横渠、朱文公、魏鶴山之言，及朱文公援引《月令注疏》爲證，詳無軼遺矣。後因讀陸德明《周易音義》，至明夷卦「明夷于左股」注：馬融、王肅音股字作般，云旋也，日隨天左旋也。乃知經注已及之，不待注疏及後世之辯也，尤爲端的。惜先儒不及引此耳，故録以補其前説。

稱乘易數及三數乘四之疑

余既以稱物平施及三乘四數詳於前卷矣，或有拘儒問於余曰：「子之以稱兩乘易數，又以三數乘四數，固甚精詳，㚟無昔聞。然不知先儒未有及此，而子言之，不幾於鑿經耶？」余急應之曰：是何言也：余非生知，蓋亦敏求於先儒之言，而研精覃思以推廣之。昔有問伊川曰：「易重幾何？」答曰：「易重一斤。」蓋謂一斤凡三百八十四銖，而易凡三百八十四爻。余得以此而乘易之數，則靡不合也。又蔡節齋晚年受《易説》於朱文公，文公曰：「易究竟以三數乘四數，方爲精密。」蓋天一地二而陰陽之數備，天三兼之而因以起數。三者，天數也；四者，地數也。只當以天數乘地，豈可以地數乘天耶？余因此語而以三乘四，無不合者，人患不精思耳，豈余臆説哉。或者恧而退。

因重乃伏羲而非周文

昔者，余作《麗習堂記》，舉《易系》謂伏羲觀象畫卦，八卦成列而象在其中，因而重之而爻在其中，曰畫曰重，皆伏羲氏也。謂文王之重《易》，特太史公之臆説，而未之前聞。使因重而果出於西伯，則十三卦體曷爲而已具於神農、堯、舜之世，而取象乎？或者又有云：「《易説》十三卦制作之意，蓋取諸《易》卦，止是取其義與象契，非必見卦而後始有爲也。然則是言，夫子之言耳。」余亟應之曰：固哉！子之爲《易》也，縱以是爲夫子之言，豈不可信於司馬遷之言乎？且又經有明證，今舉以與子明辨晳之。《周官》太卜「掌三易之法，一曰《連山》，二曰《歸藏》，三曰《周易》，其經卦皆八，其別皆六十有四」。注謂「易者，揲蓍變易之數」。《連山》伏羲、《歸藏》黄帝，每卦八別者，重之數。或謂夏曰《歸藏》，坤爲首。商曰《連山》，艮爲首。周曰《周易》，乾爲首。詳《周禮》。別皆六十有四，而注以別爲重，則是伏羲因重爲六十四，明白大驗矣。《周官》乃周公所作之書，若使果是西伯重易，則豈有子掩父之善，而徑言三易，經卦皆八，其別皆六十有四哉。故唐陸德明謂伏羲因《河圖》而始畫八卦，因而重之爲六十四。文王拘於羑里，作卦辭，周公作爻辭，孔子作彖辭、象辭、文言、系辭、説卦、序卦、雜卦，謂之十翼。而伊川程子亦云：上古聖人始畫八卦，三才之道備矣。因而重之，以盡天下之變，故六畫而成卦。而朱子元晦《易本義》亦云：六畫者，伏羲所畫之卦。伏羲仰觀俯察，見陰陽有奇耦之數，故畫一奇以象陽，畫一耦以象陰，見一陰一陽有各生一陰一陽之象，故自下而上，再倍而爲三，以成八卦。三畫已具，八卦已成，則又三倍其畫，以成六畫。而爲八卦之上，各加八卦，以成六十四卦。其説至詳至悉，可信不誣矣。今子不信周、孔、程、朱之格言，而惑遷、雄淺陋之誣説，其爲《易》也，固哉！或者辭窮而退。

傳注引逸書之誤

《左傳》昭十年：子皮歸謂子羽曰：「《夏書》云：『欲敗度，縱敗禮』，我之謂矣。」注云：逸書也。又十七年，太史曰：「在此月也。故《夏書》曰：『辰不集於房，瞽奏鼓，嗇夫馳，庶人走。此月朔之謂也。』」注：逸書也。余按：此兩節皆見於《今文尚書》。如子皮所舉「欲敗度，縱敗禮」兩言，今見於《太甲篇》，乃《商書》也。而子皮以爲《夏書》，固失之矣。而杜預遂以爲逸書，失尤甚矣。至如周太史所舉「辰不集於房」四言，今見於《胤征》，正是《夏書》，只差一「不」字，無可疑者。而杜乃注爲逸，殊可訝焉。故辨之，以明傳注不可盡信如此。

逸書與今古文之異

《禮記·緇衣》引《兑命》曰：「爵無及惡德，民立而正。事純而祭祀，是爲不敬。事煩則亂」，與《書·説命》不同，注：疑逸書也。《左氏傳》襄二十五年：太叔文子曰：「《書》云：『慎始而敬終，終以不困。』」注：逸書也。文二年：狼瞫曰：「《周志》有之：『勇則害上，不登於明堂。』」注：周志，周書也。哀六年：《夏書》曰：「惟彼陶唐，帥彼天常，有此冀方。今失其行，亂其紀綱」，注：逸書也。《毛詩》「駪駪征夫，每懷靡及」，注疏引《國語》齊女告重耳云：「西方之書有之，曰『懷與安，實病大事』。」《國語》正文作「實疚大事」，且注云西方謂周也。凡此或與今文差字脱文，或不全載，即是《書序》所謂「錯亂磨滅」。及五十九篇之外，逸書可也。惟是今古文之異，有出於逸書之外者，今略舉數則以爲辨證。如《毛詩注疏》《鴻鴈》小序注引《書》曰：「天將有立父母，民之有政有居，宣王之爲是務」，疏云：今《泰誓》文。言天將有立聖德者，爲天下父母，民之得有善政有安居爲重也。宣王之爲是務，言宣王之所爲，安集萬民，是以民之父母爲務，意同武王所以爲美。又《詩注疏》引《臯陶謨》「外薄四海」，今定本作「外敷四海」，恐非也。疏謂見《臯陶謨》，而今文乃載之於《益稷》。又《西漢·郊祀志》引《泰誓》曰：「正稽古立功立事，可以永年，丕天之大律。」注：今文《泰誓》也。《詩注疏》乃孔穎達，《西漢注》乃顔師古，皆唐人也，而皆引今文《泰誓》，則非逸書。今合觀古文今文《尚書》，皆無此等語，不知二者何所取證耶！余家有吕大防所刊《古文尚書》一册，吕之序云：「得唐本於宋次道家，皆隸古字。」且云：「其書自漢、唐行於學官。天寶間，古文寖微，下令廢其書，以今文代之，而頗改其辭。如《洪範》『無頗』改爲『無陂』之類。古文由此遂絶，而陸德明獨存一二於釋文而已。」予以此本考之，亦無二家所引《泰誓》之語也。惟有《費誓》辨疑一語，不可不正，以剖析後世之惑。《今文尚書·費誓》首句云：「魯侯命伯禽宅曲阜」，予嘗疑魯侯即伯禽也，如何更自出命？此字極害義，諸家注解咸莫能剖析。今觀此《古文尚書·費誓篇》首句元無「命」字，其文止曰「𠋫𠩄柏𠔉宅𠙴𡋯」，訓今文魯侯伯禽宅曲阜而已，則今文衍字，涣然冰釋矣。

舜七始詠

《前漢·律曆志》引：「《書》曰：『予欲聞六律、五聲、八音、七始詠，以出納五言，女聽。』予者，帝舜也。言以律吕和五聲，施之八音，合之成樂。七者，天地四時人之始也。順以歌詠五常之言，聽之則順乎天地，序乎四時，應人倫，本陰陽，原情性，風之以德，感之以樂，莫不同乎一。惟聖人爲能同天下之意，故帝舜欲聞之也。」「七始詠」三字，《今文尚書》却只作「在治忽」，注謂：察天下治理及忽怠者。「在治忽」三字於六律、五聲、八音，解家頗傅會，反不若班氏所載「七始詠」義訓胥協也。又《禮樂志》《房中祠歌》曰：「七始華始，肅倡和聲。」孟康注引班氏所載云：「七始者，天地、四時、人之始，以爲樂名」，以此則知漢初尚存此詠施之祠樂。予謂「七始詠」三字甚新，可加以舜字作詞題贊頌之屬，如徐子儀試宏詞歲《舜五樂頌》，亦是引班志「舜修五禮五樂」。注謂《書》云「五玉」，「玉」字當爲「樂」。蓋已有五瑞，即玉也。且注列五樂之目於下，即此類也。因併記之。

中庸心性

余頃在明新，口講《中庸》《大學》篇義，或者以其間「中者乃其心，常者乃其性，庸者常也，合中與庸亦合心性而言之也」數語爲疑。余既因張宰叔蘭之問而答之矣【一】，後又有問中庸何以一字不及心，而子以中爲心，曷所本乎？余曰：此正謂中字當指心而言。而中庸一篇，止言性而不及心，余故斷之以中者乃其心而爲言。然其説不爲無所本。帝典以「允執厥中」而係之於「道心惟微」，斯則朱子《中庸序》所云「天命率性，則道心之謂也」。故《晦庵語録》又云：「性，本體也，其用情也。心則統性情、該動靜而爲之主宰也。」又答景紹問心性之别曰：「性是心之道理，心是主宰於身。情、性、心，惟孟子、横渠説得好。孟子『惻隱之心』、『仁之端』，仁是性，惻隱是情，須從心上發出來。横渠曰『心

【一】答之矣　「矣」，原作「夫」，據《四庫》改。

統性情』是也。蓋性者理也，性是體，情是用。性情者，皆出於心，故心能統之，言有以主之也。」余故本此數説，謂中庸首言『天命之謂性』即中之所發；次言中者天下之大本，和者天下之達道。和者乃情也，亦出於中之所發，是庸與和乃性情也，而皆統於心之中也。中可統庸，故言中庸，而不可言庸中。心可統性，故言心性，而不可以言性心。如胡五峯謂：「天命之謂性，是性乃天下之大本也。然堯、舜、禹、湯、文王、仲尼六君子，先後相詔，必曰心而不曰性，何也？曰：心者，知天地、宰萬物以成性者也。六君子者，盡心者也，故能立天下之大本。」此則中也者，天下之大本，言性而心在其中矣。又晦庵謂：「中者，心之體。」吕氏亦云：「此心至虚，無所偏倚，故謂之中。以此心而應萬物之變，無往而非中矣。」余故斷之曰中者乃其心，本諸此也。

艮卦厲閽心

唐李鼎祚所集《易傳》，李巽嵒序引頗取之。予近詳觀，則皆漢、晉諸儒之解，虞翻一家頗多，而稍的切於玄、弼之上。宜乎自詭以夢吞三畫也，其在艮卦之九三：「艮其限，裂其夤，厲閽心。」今《易》作「熏心」，而李本作「閽心」。且引虞翻注曰：「限，腰帶處也。坎爲腰，五來之三，坎爲心。厲，危也。艮爲閽。閽，守門人。坎盜動門，故厲閽心。」古閽作熏字，馬因言「熏灼其心」，未聞以坎水熏灼人也。荀氏以「熏」爲「勳」，或又誤作

「動」，皆非也。大率鼎祚六十四卦皆指動爻互體卦爲説，非後人之所及。又於鼎卦「鼎象也」注引虞翻曰：「六十四卦皆觀《係辭》，而獨於鼎言象，何也？象事知器，故獨言象也。」尤爲有理。余又按艮爲閽寺，乃《易・係辭》、《説卦》，虞翻援引，非曲學也。

三陳九卦

《易大傳》三陳九卦，孔聖有深旨焉。横渠曰：「《係辭》獨説九卦之德，切於人事。」以德字言之，可謂深得之矣。然只講得初陳之事，於再於三，尚有餘意，今推言之，自履德之基至巽德之制，皆以之字發明其德，此初陳也。自履和而至至巽稱而隱，皆以而字發九德之體，此再陳也，自履以和行至巽以行權，皆以以字發九德之用，此三陳也。此九卦有德、有體、有用，深味之，則方見切於人事之要也。

不徹薑食

《論語・鄉黨》謂「不徹薑食」，荆公嘗問其義於劉貢甫，貢甫善謔，隨對之曰：「案《本草》，薑多食，令人損智，道非明民，將以愚之。孔子方以道教人，故勸民食薑以愚其智耳。」本以戲介甫之鑿於經學也，介甫初然其説，而徐悟其戲。及晦庵朱文公詠《子薑》詩兩聯曰：「薑云能損心，此謗誰與雪？請誦去穢功，神明看朝徹。」自注云：「《本草》

載：『薑久食去臭氣，通神明。』或云傷心氣，不可多食者，非。」予因悟孔子「不徹薑食」之意。於乎！聖賢格物之學見之於一話一言之間，無非教也。彼貢甫之玩人喪德，又近於侮聖言，烏知其非哉！

常儀常娥之辨

古今靈怪之言，莫極於《淮南子》。蓋劉安惚慌誕妄，自託於仙，而著《鴻烈》之書，不足信也。而後人多引《淮南子》以注屈原《天問》。朱文公嘗辨之云：「《淮南子》似因《天問》而設，爲傅會之説也。」余嘗疑其所載常娥一事，許慎注云：「常娥，羿妻也。羿請不死之藥於西王母，常娥竊之以奔月。」後漢張衡《靈憲論》遂引之爲證，且云：「常娥託身於月，是爲蟾蜍。」余又笑其豈有人而變爲蟾蜍之理？假如其説而化爲蟾，則蠢爾何形容，尚烏得爲月中仙乎！其後王充《論衡》及謝莊《月賦》、《後漢書》注承訛因陋，盛贊素娥之美，至明皇遊月宮而怪妄極矣。余嘗觀《漢志》「黄帝使羲和占日，常儀占月，車區占星」，而每疑所謂常娥，即因常儀字之誤而起紛紛之説，然亦未敢臆決之也。及讀《周官注》云：儀義二字，古皆音俄，而洪丞相适引《詩》「實惟我儀【二】」，協「在彼中河【三】」，「樂且有儀」亦協中阿；《太玄》亦以各遵其儀，協不偏不頗；而漢碑凡「蓼莪」皆作「蓼儀」，然後自信其説，斷知諸人之妄以「常儀」爲「常娥」明矣。後因觀《天問》

【二】實惟我儀　「我」，原作「是」，據洪适《隸釋》卷九改。

【三】協在彼中河　「河」，原作「阿」，據《詩·柏舟》改。

有云「胡羿射夫河伯，而妻彼洛濱」，注：水神宓妃也。羿射河伯而妻其妃也。若以怪證怪，則羿妻乃宓妃，豈常娥耶？學者不觀正史及經注字義，而惟怪誕之說是信，是蓋吾夫子所云「未見好德如好色也」，可不悲夫！故爲之辨。

曆日字所始

《堯典》雖曰「曆象日月星辰」，然未嘗連文説曆日字，後世方言曆日，然竟莫明其所始。至坡詩云：「老去怕看新曆日」，雖百家注之，亦無有一人及之者。余按《周禮》馮相氏「以會天位」，註謂【四】：「合此歲日月星辰星宿五者，以爲時事之候，若今曆日太歲在某月某日某甲朔日直某也。」又引《孝經説》曰：「故敇以天期，四時節有晚早，趣勉趣時，無失天位，皆此術也。」以此觀之，則今之曆法已詳備於漢時，然是漢世已謂之曆日矣。寶祐元年，改曆名會天，深得曆日經注本旨。

祥刑詳刑字義之通

先師鶴山在遂寧漕廨，作極堂碑時攝憲書詳刑字。余後繼忝漕節，重新極堂，仍立鶴山之碑，一時僚屬咸疑詳刑字，以爲《尚書·吕刑篇》「告爾祥刑」、「監于兹祥刑」，只作「祥」字。余因謂之曰《唐·百官志》改大理正爲詳刑大夫，固已用此詳刑字，然不爲無所

【四】註謂　「註」，原無，據《四庫》補。

本也。當時顔師古輩留意經學，故於傳注咸通焉。蓋《吕刑篇》中「告爾祥刑」只作祥字，注謂「善用刑之道」。然《周禮》太宰之職：「五曰刑典，以詰邦國」，注引《書》曰：「度作詳刑，以詰四方。」攷今古文《尚書・吕刑》，只曰「度作刑，以詰四方」，即無「詳」字。然詳刑字見於經注，亦可通用也。

辨餕餘不祭

《禮記》云：「餕餘不祭。父不祭子，夫不祭妻」，本當三句各爲一義，而本注乃於「餕餘不祭」下作一義，注云：「食人之餘曰餕，禮輕故不敢祭。」此義是也。然於「父不祭子，夫不祭妻」之下别作一義，注云：祭先也。從卑處家，故不祭。則是以夫與父，不得而祭其妻子也。此何義也。故朱文公先生嘗釐正之，以爲父不祭子，夫不祭妻，非不祭也，但明其不可以餕餘而祭耳。在禮生則婦可餕夫之餘，子可餕父之餘；既死矣，則以鬼禮享之，當用其嚴敬，弗可以餕餘而祭之，爲褻且慢也。此説明甚，而世之俗儒薄夫，乃有泥古注而不祭妻子者，是可哀也，是可鄙也。故發明朱子之説而厚俗云。

輿地圖名

世言輿地圖，皆謂始於漢光武披輿地圖，而不知《前漢・淮南王安傳》已有。按輿地圖之語，第蘇林注曰：「輿猶盡載之意」，可謂淺陋。余謂《大易》云「坤爲輿」，然則地以輿名，無易於此，亦猶「天形如倚蓋」，張衡作《蓋天圖》云。

古聖賢句

余大父武陽府君，好古博雅，生平精於篆隸行草，殘碑斷刻靡不搜訪，自集《隸格》一册，以補洪景伯《漢隸》之缺。其中有一節云：「東州冢間得三碑，高廣各五六尺，皆就石室壁間刻古聖賢、義夫節婦及車馬人物，其質樸可笑。然每事各有漢隸數字，字止五六分，筆法精穩【五】，可爲楷式。生平所閲漢隸，未有若是之小者，而完好如新。蓋不爲風日所剥泐，且模印者尚寡故也。乾道丁亥五月子堅書。」余每閲之，恨不得見其碑石之正在何所。然甚愛其伏羲、神農、黄帝、帝堯之贊，及曾子、老萊、丁蘭之贊，文旨精嚴簡古，非後世所及。如祝誦氏，不知其爲沮誦或祝融，帝嚳字作帝佶，殊可以證古辨今。後因護漕攝憲梓部行部，至資州，則此碑在州宅博雅堂下，經兵火之後，刓缺多矣。制梱又輦運寘之明新，士夫殊無識者。余奉祠歸，過渝，爲學官言其事，且以祖父所隸模本付之，令補完，又未知其果否也。因惜其漢隸存者寡矣，一失其傳，堙没亡考，故録其碑而識其事，以資考古君子之訪焉。

梁高行□奉金者□使者□秋胡妻□衛將軍□藺相如□騎都尉□休屠象□李氏遺孤

【五】筆法精穩　「穩」，原作「隱」，據《四庫》改。

□忠孝李善朱明妻□姑娣兒□弟□章孝母□董永，千乘人也。□父邪渠哺父□榆母□藺相如，趙臣也。奉璧於秦，范且右第一碑。伏戲倉精，初造王業，畫卦結繩，以理海内。祝誦氏無所造爲，未有耆欲，刑罰未施，□□□□□神農氏因宜教田，辟土種穀，以振萬民。□黄帝多所改造，兵□裳□宅□帝顓頊高陽者，黄帝之孫，而昌子。□帝佶高辛者，黄帝之曾孫也。□帝堯放勳，其仁如天，其知如神。就之如日，望之如雲。□帝舜名重華。夏禹長於地理，泉陰隨□退爲□刑。□曾子孝以通神，明貫感祇，著乎朱方【六】，後世凱式。□綱□閔子騫母居喪移寒御□老萊子，楚人也。事親至孝，衣服斑連，嬰兒之態，令親有驩。君子嘉之，孝道大焉。□丁蘭二親終後，立木爲父。鄰人假物，報乃借與。□管仲□齊桓公□曹子劫桓□魯莊公□侍郎。專諸炙魚，刺殺吴王。□荆軻□秦武陽□樊於其頭右第二碑。□使者□長婦兒□梁節姑女抹者□姑女其室失火，取兄子往，輒得其子。赴火如亡，示其誠也。□後母子□前母子□齊繼母□京師節女□怨家攻者□孝孫葬者□湯父□乞漿者□義漿羊公□豫讓殺身以報知己。□韓王□聶政□齊王□無鹽媿女，鍾離春處士。□縣功曹。右第三碑。

因古碑辨後漢建武中元四字年號及永憙年號以正史傳之誤

《雅安志》云：「雅州古碑塤有漢碑《蜀郡掾治道記》，其碑紀年號云建武中元二

【六】著乎朱方　「朱」，原作「來」，據《四庫》改。

年。」李巽喦先生壽。仁甫爲雅州郡從事日，跋其碑云：「《蜀郡掾治道》，自建武中元二年丁巳，距今紹興二十有一年辛未，凡千九十有三年。蓋光武時蜀抵邛筰徼外，途實由此。今已蕪廢弗治，野人樵蘇見之，始傳墨本，漢隸未有若此奇古也。按《後漢紀》，建武三十二年改爲中元，無建武字；又按《祭祀志》：改建武三十二年爲建武中元元年，此記與《志》合，《紀》失之矣。宋鄭公嘗輯《紀年通譜》，謂《紀》《志》俱出范氏，而所載不同，此必帝紀傳寫脱誤。蓋官書累經校定，學者失其精審，但見改元復有建武二字，輒妄以意删去，故先定著建武中元元年。又謂流俗以《帝紀》爲正，久而未悟，乃并列中元之號，疑以傳疑，鄭公之慎也。然《續漢志》實司馬彪所撰，鄭公謂俱出范氏則非矣。及司馬温公作《資治通鑑》，雖存鄭公説，頗從《帝紀》，止稱中元。蓋袁宏《後紀》亦止稱中元，不冠建武。事無明證，固宜從衆也。若使此記早出，其真僞立見，則鄭公必不并列兩元，温公必不承范、袁之誤矣。温、鄭皆大儒，於出入證據之學尤詳，偶未見此，頗有遺恨。歐陽永叔留意《集古録》，謂「可正史傳缺謬」，詎不信夫。惜此記又不使永叔見之也。又淳熙二年春，邛州蒲江縣上乘院僧治基增築大殿，闢地九仞，得古竁焉。其封石刻作兩闕狀，中有文二十九字，云：「永憙元年二月十二日，蜀郡臨邛漢安鄉安定里公乘校官掾王幽，字珍儒。」臨邛太守宇文紹奕。字衮臣，好古博雅士也。聞之，亟命輦致郡齋，龕之壁，以余大父勤齋先生子堅平生留意篆隸碑刻，俾原而釋之。勤齋爲考訂而跋之云：「此固漢隸無疑。其曰蜀郡臨邛，蓋兩漢因秦之舊而弗易也。其鄉里則沿革不常，不必深究。曰公乘云者，按《百官表》於爵之級爲第八，言其得乘公家之車，許氏子《進〈説文〉表》稱『長安槐里公乘』是也。其書爵於鄉里之下，則知古人所謂爵里刺先後如此。其稱校官掾，按《韓延壽傳》『令文學校官諸生皮弁執俎豆』，則知其人嘗爲學官之屬矣。官爵皆漢制也，惟永憙之號不見於史，世猶疑之。」某以宋鄭公《紀年通譜》攷之，自漢武以來以「永」名元者二十有七，以「熹」名元者三，顧未有以憙連永者。謹按：冲帝即位，所改之元，史傳相承以爲永嘉，與晉懷帝同號。按晉永嘉元年，是歲丁卯，李特據蜀改元建初已五年矣，特之子權自稱太武亦已三年，西晉正朔之所不及。此蜀刻也，又不作嘉，則其非晉固不待辨。然漢之永嘉止一年，質帝之立，乃更本初之號。憙之與嘉，文字易貿亂，一年而改，見於他文者幾希。矧魯魚帝虎，不啻三傳，寧無訛謬？宋鄭公謂「官書累經校讎，學者失於精審」，烏乎！非此刻出於今日，而文字初無少缺，孰知漢冲帝永嘉之爲永憙也。夫自古改元，不無所本，是年帝甫二歲，梁太后臨朝。按許子重《説文》：「憙者，悦也，從喜，從心。」故《劉寬碑》書河東聞憙皆爲聞喜，取悦喜以名元，而冠以長久之義，其太后之意歟？或一時省文，以「憙」從「喜」，如《劉寬碑》通借之類，而後乃「喜」訛爲「嘉」，特偏傍耳。其後和憙鄧太后，以謚法「有功安人曰憙」，故取以易名，恐亦必出此。宋鄭公於延熹之元，謂字説熹爲火熾，疑漢從火德，義若延其熹盛以冠元，幾矣。若施之熹平、光熹，則又跋疐，故其説又謂「兼取有功安人」之意，似亦未爲該洽。某謂「憙」之與「熹」，古蓋通用，如《廣漢屬國侯夫人碑》云：「神宓設兮萬姓熹」，與滋、時、期叶韻，其字從火，此其明證。安知熹平、光熹與夫和憙之「憙」，不皆通爲「憙」耶？歐陽文忠公好集古書，以爲可正史傳缺謬，信矣！曩紹興辛未，巽喦李公因青衣《蜀郡掾治道記》，始克正建武中元紀號之實，某今因臨邛校官之刻，乃克正漢永嘉名元之訛，是用巽喦故事。且建武距辛未千九十有三年，永憙距乙未千九十有一年，豈物之隱見，事之晦明，亦自有數焉。故不辟而書此。二篇之文皆見於巽喦及勤齋本集，刊行於世矣。余故表而出之，以資學者辨證之助。

古粧鏡銘

鳳州遁迹山有郭家崖，景德二年，軍人楊起忽入一洞穴，穴中有石臺鑑架一坐，鏡圍五寸，背鑄水族回環，有銘三十二字，曰：「煉形神冶，瑩質良工。當眉寫翠，對臉傳紅。如珠出匣，似月停空。綺窻繡幌，俱涵影中。」方取鏡，而聞後有風雨聲，既出穴，鏡存而匣已爛矣。詳其文，乃是粧鏡，不知何代之物，而文義甚佳。惜其不見於文集而獨見於郡志，故傳録之，以補款識之一云。

夷齊泰伯封謚

國朝天禧元年，封汾州介之推廟爲潔惠侯；　元符三年七月，封伯夷爲清惠侯，叔齊爲仁惠侯，吴泰伯爲至德侯，東方朔爲智辨侯，並行制。見於《國朝大詔令》中，而諸史往往不盡登載也。

改室人爲安人

政和初，定命婦八階，孺人次以室人，後改爲安人。亦見於《大詔令》。今《職源》等書亦不載也。

東箱字

《周昌傳》「吕令側耳東箱聽」，注：「師古曰：『王寢之東西室，皆曰箱。言似箱篋之形。』」余謂此説得之。今世誤作東廂、西廂，皆非是。

守令以愛民爲心

邑令乃字民之官，關係攸重。《魯論》一書，吾夫子獨丁寧於爲宰爲令之戒，而他職不與焉。寔以得百里之地而君之，乃斯民休戚之寄，故曰「可以寄百里之命」，然必在乎爲之牧守。充聖門之意，及聖主之心，申飭而勞勉之，且寛恤通情以待之。其不我從而厲民者，必汰斥之，則民勞可小康矣。余嘗觀《朱文公語録》所載一事云：「楊至説王十朋詹事守泉州，初到任，會七邑宰，勸酒，歷告以愛民之意，出一絶以示之曰：『九重天子愛民深，令尹宜懷惻隱心。今日黄堂一盃酒，使君端爲庶民斟！』邑宰皆爲感動。」余因歎王梅溪固自得聖門勉邑宰之遺意，而朱徽文公表而出之，以爲儒生作牧之式，民之幸也。其後真西山希元帥牧潭州，會長沙十二縣宰，有詩云：「從來守令與斯民，都是同胞一體親。豈有脂膏供爾禄，不思痛痒切吾身。此邦祇似唐時古，我輩當如漢吏循。今日湘春一巵酒，直須散作十分春。」及帥福唐，又有會三山十二宰，古風一長篇，甚惻怛。近年王實齋去非守平江，作《會兩倅六邑宰詩》曰：「守令張官本爲民，恫瘝無異切吾身。但令六縣皆朱邑，何必黄堂有信臣。田里要須興孝弟，閭閻謹勿致嚬呻。與君共舉一盃酒，化作人家點點春。」及移鎮宣城，又有《飲諸縣宰詩》。二賢同本於梅溪孅意，固一世名德，足以聳動貪酷之吏而褫其魄。然余嘗觀唐吕温知衡州送毛令絶句曰：「布帛精麤任土宜，疲人識信每先期。今朝臨別無他祝，雖是蒲鞭也莫施。」則知王梅溪又體此意而推廣之也。吕温在八司馬之流，何足道哉，而愛民之心乃能如此。則今之爲太守者，不恤縣令虐取厲民，於諸邑惟視其督課之多寡以爲殿最。烏乎！之人也，不寧爲孔聖及朱子之罪人也，而實梅溪、西山、實齋之罪人也，抑又可惜而爲三君子之罪人，乃吕司馬之罪人也！可不深嗟而甚疾之耶。余將指梓部六年，常跋「視民如傷」四字，每銓量本部知縣，即與一本。蓋推廣明道先生之語也。無問其知行之篤，然刊諸石以上者，獨江安馮宰、大足先宰、蓬溪吴宰三人而已。吴宰又爲一跋於其下，詞旨甚佳。予怪其右列，細訪之，乃其館客令狐叔子之作也。然吴宰之政，民甚安之，至有頌其德政而相率詣本臺借留者。又歎儒冠之反不鶡冠若也。

辨灰酒

陸放翁《筆記》又有云：唐人愛飲甜酒、灰酒，如杜子美詩：「不放春醪如蜜甜」，則引證切矣。如灰酒，又引陸龜蒙「酒滴灰香似去年」一句爲證，余又哂其不然。蓋龜蒙《初冬》絶句末聯云：「小爐低幌還遮掩，酒滴灰香似去年」，言初冬圍爐飲，酒盞瀝滴在灰中，而香仍似去年光景，不是酒似灰香耳。以上句觀之，其義昭然。此老精於詩而不善觀詩如此，何哉？

市井字出春秋井田記

今人常談「市井」字，莫考其證據。此蓋出於《後漢·循吏傳》中，云：「白首不入市井」，注引《春秋井田記》曰：「井田之義有五：一曰無泄天時地氣，二曰無費一家，三曰同風俗，四曰合巧拙，五曰通財貨。因井爲市，交易而退，故稱市井也。」余因愛市井之名義起於此，且《春秋井田記》不見於他書，獨此引用，故表而出之，以資博聞。

瓦卜

今之瓦卜，蓋有取於周太卜之瓦兆，注云：「瓦兆，帝堯之兆。」其象似瓦原之舋罅，是用名之。

校勘記

第四卷

天大於地而包地

張横渠書云：天下之數「當止於九，其言十者，九之耦也。揚雄亦曰：五復守於五。何者？蓋地數無過天數之理，孰有地大於天乎！故知數止於九，是陽極也，十者姑爲五之耦耳。」此横渠説也。近世淺學，徒知天大於地之説始於横渠。余嘗考《易》注疏坤卦象之《正義》云：「至哉坤元」，言至極也。但天亦至極，包籠於地，非但至極，又大於地，故乾言「大哉」坤言「至哉」。則知關洛先正之言皆本於經，非臆説也。陋儒以爲始於關洛，不曾明經耳。

天地節而四時成

余纂作《易菴記》，其中云：「《易》上經爲卦三十，下經爲卦三十有四者，乾配甲而起於子，故六十四卦。上經起於乾之甲子，歷泰之甲戌，噬嗑之甲申，至於離，凡三十卦而三甲盡矣。下經起於咸之甲午，歷損之甲辰，震之甲寅，至於節，亦三十卦，而三甲又盡。且自乾至節六十卦，凡三百六十爻，爻當一日，而盡一年之候矣。故曰天地節而四時成，是起於子而終於亥也。而中孚等四卦繼於節之後，是中孚復起甲子，而爲一陽來復之兆，故上元、太初以十一月甲子朔旦冬至爲起曆之數，本諸此也。」此記已爲蜀郡板行繆藁有年矣。洎至公安竹林書院，有來問曰：「公之《易菴記》中『天地節而四時成』之說，可謂發明至矣。然節之後，中孚四卦，於何施焉？諸生所疑也。」余應之曰：「余於七日來復説已詳之矣。余之此說，蓋爲序卦而言之也。孔子《序卦》，革何以居四十九，而《象》曰：『天地革而四時成』。蓋革之象，言君子以治曆明時，欲以大衍之數作曆，而大衍之數其用四十有九也。唐一行作《大衍曆》以爲古今不易之數，中黄之大寶是也。節卦又何以居六十？蓋節之彖言『天地節而四時成』，蓋一爻爲一日，六十卦有三百六十爻，所以節之卦居六十也。故《象》曰：『君子以制數』【一】，則於以數而推天度之說合矣。此蓋以《序卦》之爻數言之也。若夫以六十四卦而配一年之候，則其義又別。蓋曆之爲書，取《易》六十四卦，先以坎離震兌四卦，列子午卯酉爲冬夏春秋四時之正，每卦分內外兩之以爲八節，是爲分至啓閉也。四卦凡二十四爻，配二十四氣，每爻直十五日以應七十二候，而成三百六旬之朞。除此四卦之外，餘六十卦，以復、臨、泰、壯、夬、乾、姤、遯、否、觀、剥、坤十二月爲自子至亥十有二月君辟之卦。又以辟卦各統公卿大夫諸侯四卦凡五，而共爲六十卦，總成三百六十爻，爲一歲直日之爻；而每卦主六日七分，積餘乃成閏，以定

【一】君子以制數　「數」，《象》原文爲「數度」，疑後脱「度」字。

四時成歲。所謂君辟之卦，氣皆自前月中氣而起，故揚子雲作《太玄經》，以其初卦準中孚，故先儒言卦起中孚，此曆家以配坎之初六爲十一月中氣而爲筭曆之首。蓋《易》以卦起，乾坤至節凡六十卦，爲三百六十爻而天度盡，故曰『天地節而四時成』。而中孚繼於節卦之後，是陽氣復生於子，故以爲十一月之中氣，而七日來復，以復繼中孚，爲十有二月君辟之卦之首，以爲陰陽消長循環之候，皆自然之理也。大率乾、坤至節六十卦，凡三百六十爻者，此以《序卦》而言也。而節之後餘中孚四卦，則是已除起坎、離、震、兑四正卦以配春夏秋冬節氣，故以中孚等四卦雜揉於六十卦中，而爲辟統公卿大夫諸侯之爻，而中孚與乾同起於甲子，實同而異，異而同也。《易》具萬變而包萬用，若執一以求之，可謂固矣。」問者説，曰：「微公之詳辨，無以祛其惑也。」上手稱謝而去。

大過本末弱既濟六爻失位

余鼎奉祠歸里中，舟過叙州，易守乃江西人，同倅范以正率諸生請講，余爲復講瀘南《先天圖説》，衆皆稱聞所未聞，其中有一學《易》士友問曰：「大過本末弱也，注雖云初爲本而上爲末，然不究其所以爲弱之義，願詳聞之。」余曰：「此不難曉。古文篆體，木字皆無勾脚，本末兩字，皆當從木，以一陽畫藏於木之下，而根株回暖，故爲本；以一陽畫散於木之上，而枝葉向榮，故爲末。而大過巽下兑上，以四陽畫積於中，二陰畫處於初上，猶之木焉，上缺下短，本末弱也，故曰：「棟橈，凶。是以木之字義而爲言也。」問者曰：「諸儒之解未有如此説之詳也。」又有一老儒問曰：「伊川在成都講《易》，有一桶匠過之，指未濟卦曰：『此卦六爻皆失位』，未有明其失位之説。」余答曰：「大率每卦六爻，初三五爲陽位，二四六爲陰位。此卦坎下離上，初爻爲陽位，而六以陰居之，二爻爲陰位，而九以陽居之，餘四爻皆然，是六爻失位也。凡六十四卦，惟未濟爲然，亦猶二陰居初上，四陽居中，惟大過爲然也。」老儒曰：「此義亦未有如公此説之詳明也。願筆之以幸後學焉。」然余亦未敢自是其説爲盡也。

乾元用九天下治

余曩在瀘州講《先天圖》卦，及爲帥幹任文虎作《讀易堂記》，詳講天地之數止於九而已，是乃先天後天之同然。蓋先天之數九數也，後天之數，上下經序卦圖反而視，皆成十有八卦，始終亦不出九數也。故先天位乾於一，以對坤八，居兑於二，以直艮七，處離於三，以配坎六，列震於四，以當巽五，上下相合，數皆爲九。此自環圖内卦觀之也。自環圖外卦觀之，則乾、兑之間，泰之外卦爲坤，履之外卦爲乾，即九數矣。大畜之外卦爲艮，夬之外卦爲兑，亦九數矣。由大畜而上以至於乾，自兑而下以至於臨，乾兑對峙之卦，爲八箇九數，以至兑離之間，離震之間，及乎巽、坎、艮、坤之間，亦莫不皆然。蓋先天兩卦，上下相對而爲九，餘六十左右相對，亦爲九。以八經卦各生重卦八，是三十六而因爲六十四也，而爲《易》之體。後天震、兑兩卦，相對爲九，餘六卦左右相對，上下經皆爲二九十八，反覆變互爲六十四卦，而約爲互體三十六，以爲《易》之用。先天因《河圖》之九而分左右，皆疊二九而周乎六十四，後天衍《洛書》之九而分上下，亦各二九而總乎三十六義、文之《易》。先天後天，皆以乾爲首，以九爲用，若知乾之一卦可以該六十四卦，知九之爲數可以盡六七八之數。蓋以天之終數九，而乾爲天，是九者數之極，故曰九者究也，言究極也。是説已見之繆藁，誤爲蜀眉雅郡刊行於時矣。會余以君命召，舟抵公安，力上祠請，因寓焉。蜀士之寓於竹林，南士之仕於渚宫者，踵門求爲講切。或有問余曰：「公之高文中『乾元用九，乃見乎天』，則可謂精無軼遺，先賢之未盡及也。敢問『乾元用九，天下治也』，何以見其用及治乎？」余亟應之曰：「大哉問也。然遽數之不能終，悉數之更僕未可終也。今試爲子舉二帝三王之用九及治者而言之。大哉堯之爲君，其治也巍巍蕩蕩，無得而名，然帝典之首，不過曰『克明俊德，以親九族。九族既睦』，而『百姓昭明，協和萬邦【二】，黎民於變時雍。』至鯀之治水，亦俟其九載績用而成，而後咨岳巽位，是堯用九而天下治也。舜之受終文祖，亦首命九官，俾之欽時亮功，必三載考績，三考黜陟幽明，是通爲九載也。而後釐下土、設居方，又作《九共》九篇，注謂共者法也，是舜用九而天下治也。若夫三代則愈詳矣。夏禹之治水也，雖曰天錫九疇，而别九州，疏九江，播九河，迄

【二】協和萬邦　原作「萬邦協和」，據《尚書·堯典》乙。

至於九川滌源，九澤既陂，而六府三事允治，以叙九功而作九歌。不寧惟是，而又收九牧之貢金，以鑄九鼎，鼎有三足，九鼎共二十七足，以應三九二十七會之數。每鼎重八千一百斤，九鼎共七萬二千九百斤，以應七百二十九章之數，且應二朞之日，則是以九疇元會章之數寓於九鼎。以至田賦有上中下三等，三而三之爲九等，而九州攸同，四海會同，是禹之用九而天下治也。至商湯之《盤銘》，不過九字，曰「苟日新，日日新，又日新」，而誥命所言「德日新，萬邦惟懷；志自滿，九族乃離」，是必欲日新其德，以親九族，而懷萬邦也。故受天命而有九有之師，躋聖敬而式九圍之命，皆用九以治也。及成周定鼎郟鄏，訪箕子而叙九疇，以故三代之通制，如井田之制取諸井字，開方八維，與其中而爲九，蓋九夫爲井，三三而九也。四井爲邑三十六數，乾之策也；坤之數六，以四乘之爲二十四，坤之策也。以一井論之，則是一生三而三生九；以三井論之，則是二十有七；以九井論之，則是八十有一，應於九疇之數。故內而三妃九嬪二十七世婦八十一御妻，外而三公九卿二十七大夫八十一元士，以理內外之治，皆九數也。以至成周升三辰於旗，而定九章之服，取八卦之名物建大常於中，而定九旗之號，王制之定九畿。《周官》冢宰居六官之首，而以九職任萬民，以九賦歛財賄，以九式節財用，以九貢致邦用，以九兩繫國民，六典之中，以九爲目，不可概舉。非用九致治而何？匪獨以治天下也，如皋陶之陳亦行有九德，孔聖之言君子有九思；又三陳九卦之德於《大傳》，以爲切於人事之戒；三舉九經於

《中庸》以斷爲天下國家之要。聖賢之言，昭如日月；帝王之治，浩如乾坤；三代以下，因陋就寡，何足以知用九之事哉！其治少可知矣。」或者斂手曰：「富哉言乎！又昔賢之所未及也。吾乃言知學齋之所學矣。」因退而筆之，以俟博洽者而是正焉。

禹直鼎封

孔子《易大傳》謂：聖人制器，尚象以應形，而下者謂之器。故自包犧氏近身遠物，始作八卦，作結繩爲網罟，以佃以漁，蓋取諸離。神農氏爲耒耜之利以教天下，蓋取諸益。日中爲市，取諸噬嗑。黄帝、堯、舜垂衣裳而天下治，蓋取諸乾坤。以至舟楫、杵臼、弧矢、棟宇、棺槨、書契，於十三卦皆有取象。而五帝之後，三代之先，獨遺夏禹，其散在諸卦彖象之爻，或云「湯武革命」，或云「文王箕子」之明夷，或云「高宗伐鬼方」，或云「帝乙歸妹」、「三伐之令王」，皆取之直卦。禹乃令王之顯顯者，而不取之直卦或爻，甚可疑焉。余曏時在鶴山書院，會一老趙丈，今伯美中舍之族叔祖，明《易》有根據，鶴山亦敬之。余是時方從鶴山授《易》，一日，嘗以此質疑於老趙丈。趙丈云：「禹當以鼎直卦。」余問其詳，趙丈云：「余舉其要矣，子詳思而求其所以直卦之由，却見示可也。」余紬繹累日，而方得其義。蓋以制器尚象，莫大乎鼎，故鼎卦之《彖》曰：「鼎，象也。」注云：「法象也。」余乃悟禹之明德大功固非三王之可及。鼎之法象大器，又非諸卦之可比，因詳觀鼎之注疏，云：「鼎者，器之名也。自火化之後，鑄金而爲此器」，「一有烹飪之用，二有物象之法」【三】，則與《左傳》所云禹收九牧貢金，鑄鼎以象九州，使人知神姦而魑魅罔兩之莫逢，事固脗合。而鼎《大象》謂：「君子以正位凝命」，且鼎卦之下，即次以震卦，而孔子《大傳》謂「主器者莫若長子，故受之以震」。五帝皆相禪，至禹方傳之子焉，又合於《序卦》之義矣。且震卦之注疏云：長子則正體於上，「可以奉承宗廟彝器」，「守而不失」，又合於《大傳》主器之説矣。余以是復之老趙丈，趙云：「是余之所學也。子以思而得之，甚可喜也。」余因以是復之鶴山先生，先生云：「其義無以易此。」然《易》經三聖人矣，不明言之，必有其説矣。且識之以資博洽云。

昧谷柳穀

《尚書・堯典》「分命和仲，宅西，曰昧谷」。正經注疏云：「日所入處，名曰昧冥之谷。」《史記注》引孔安國云：「日入于谷而天下冥，故曰昧谷。」以爲羲仲宅暘谷之對，其義坦然明白矣。而《周禮》縫人「衣翣柳之材」注：「柳之言聚也，諸飾之所聚」，且引《書》曰：「分命和仲，宅西【四】，曰柳穀。」注疏遂云：「柳者，諸色所聚，日將没，其色赤，兼有餘色，故曰柳穀。」其云《書》曰者，是濟南伏生《書》。柳文見今《尚書》。云「宅西，曰昧谷」，此《周禮注》及《疏》之説也。然余攷漢隸古定《古文尚書》止云：「分命咊中，

【三】二有物象之法　「二」，原作「一」，據《周易注疏》卷八改。

【四】宅西　「宅」，原作「度」，據《尚書・堯典》改。

宅屆，曰昧谷。」昧乃古昧字，初無「柳谷」之文。及旁攷《史記·堯本紀》「申命和仲，居西土，曰昧谷」，徐廣注曰：「一作柳谷」，亦日入處地名。太史公《帝紀》務變易二《典》正文，先儒固已評之，徐廣因而以「柳谷」地名注之，亦已淺陋。至《周禮》之注又變爲「柳穀」，則併「谷」字而易其文。《周官》至劉歆時方奏立博士，胡康侯父子已枚數其失，而唐人《正義》又鑿説以諸色而易諸飾，以證「柳谷」之義，其視漢儒義益遠矣。至若改「谷」爲「穀」，又無其義，雖漢注唐疏，皆不容巧爲之説，益知訓詁傳注之傅會如此也。

莧陸夬夬稱人莧字甚新

《易》夬之九五「莧陸夬夬」，古注云：「莧陸，草之柔脆者也。決之至易，故曰夬夬。」則以莧陸爲一草。至馬、鄭云：「莧陸，商陸也」，則以莧陸爲一物。宋衷云：「莧，莧菜也；　陸，商陸也。」虞云：「莧，蕢也；　陸，商也。」然後別而爲二。至《注疏》、《正義》乃引《子夏傳》云：「莧陸，木根草莖，剛下柔上。」馬融、鄭玄、王肅皆云「莧陸一名商陸」，皆以莧陸爲一；　惟董遇云：「莧，人莧也；　陸，商陸也」，以莧陸爲二，終不訂其或一或二異名之説。余因謂釋經莫若《爾雅》爲正且祖。因證之《爾雅疏》草部云：「蕢，赤莧。」釋曰：「赤莧，一名蕢，今莧菜之赤莖者也。」又曰「蓫薚」。釋曰：「藥草蓫陸也。一名當陸。」初無「莧陸一名商陸」之説，則莧自莧，陸自陸，莧爲菜，陸爲草，其爲二物明甚。宋謂之菜，虞謂之蕢，董謂之人莧，二家之說得之矣。然余又特愛「人莧」二字甚新，可謂詩料，而前人未之有舉，意度世有稱馬齒莧者，故以人字别之，遂旁求於《本草》而方得之。蓋《本草》云：「莧實，一名馬莧。」《行義》曰：「苗又謂之人莧，紅色者謂之紅人莧」，後又别載「馬齒莧」，然後詳「人莧」、「馬莧」之别。因謂「君子耻一物之不知」，子又謂「學《詩》可以多識草木之名」，因謂讀經當併傳註而讀，傳註有疑則旁引百家之可證據者而攷訂，方爲有益。余平生愛食紅莧，或以爲笑。至是方知赤莧之見於注疏。且閱圖經，明州有赤莧山，土傳赤莧仙人所種，遂作小絶云：「《易》稱人莧美柔英，央決窮陰日旅辰。不以色紅爲貴尚，何因赤莧有仙人。」或者亦服其精贍也。

閏月無中氣

唐人作詩雖巧麗，然直有不曉義理而淺陋可笑者。如李賀《十二月詞》又有《閏月》一首，其中一句云：「天宫葭琯灰剩飛」，是以閏通爲十三箇月也，不知葭灰之飛，每月只是一次，而閏無中氣，雖置閏之年亦只是十二箇月。二十四氣節候無十三箇月氣候之理。今官曆自可見，灰琯豈有剩飛一月之理乎？姑舉其一，如是者甚多也。

九經所無之字

九經有筆墨字，如史載筆「公輸削墨」之類【五】，而無「硯」字，意是古人用墨以器和之。如《莊子》所云「舐筆和墨」是也。硯字雖見於《西京雜記》「天子以玉爲硯」及《異書》引「帝鴻氏之硯」，然字不見於經也。且唐人多只是以瓦爲硯，故昌黎《毛穎傳》止稱爲「陶泓」。及國初而硯以譜行，端、歙二石擅名天下矣。九經中有「燭」字，如「夜行以燭」、「隅坐執燭」、「燭不至跋」是也。而無「燈」字，至漢竹宫祠太一，自昏至曉然燈，故有七枝燈、百枝燈之類。然上林鐙字，却只從金旁，是以五金鑄之也。九經中無「麪」字。《周禮》所謂麷，只是如今炒麥，至王莽始有啖麪及鰒魚之文。九經無「茶」字，或言茶苦即是也，見於《爾雅》。謂之檟茗，則是今之茶，但經中只有「荼」字耳。九經中無「豉」字，至宋玉《九辯》「大苦鹹酸」，注：「大苦，豉也。」又《史記·貨殖傳》「鹽豉千答」、《前漢·食貨志》長安樊少翁賣豉，號「豉樊」是也。九經中無「醋」字，止有「醯」及和用酸而已，至漢方有此字。

體用字

先儒體用字，或以爲出於近世，非也。「乾，元亨利貞」，《注疏》云：「天者定體之名，

【五】公輸削墨　「公」，原作「工」，據《漢書》卷六十四下《王褒傳》改。

乾者體用之稱」，言天之體以健爲用。又「天行健」，《注疏》云：「天是體名，乾是用名，健是其訓，三者並見最爲詳悉。」余謂「體用」字當本諸此。

成王冠頌

《大戴記》一書，雖列之十四經，然其書大氏雜取《家語》之書，分析而爲篇目。又其間《勸學》一篇，全是《荀子》之辭，《保傅》一篇，全是賈誼疏，以子史雜之於經固可議矣，其《公冠篇》載成王冠祝曰【六】：成王冠，周公使祝雍祝王，注：雍，太祝。定左與王爲祝辭於冠告焉。曰：「達而勿多也。」辭多則史，少則不達。祝雍曰：「使王近於民，遠於年，嗇於時，惠於財，及時而施。親賢使能，陛下離顯先帝之光耀，離，明也。以承皇天嘉祿。欽順仲夏之吉日，古者冠以仲春。遵芄大道邠或。當爲芬或。秉集萬福之休靈，始加昭明之元服。推遠稚免之幼志，免猶弱也。崇積文武之寵德。肅勤高祖清廟，六合之内靡不息。陛下永永與天無極。」注凡一百字。然予考之於《家語·冠頌》，則《大戴》所取前後文皆同，惟《家語》云：「周公冠成王而朝于祖，命祝雍作頌曰：『祝王達而未幼。』祝雍辭曰：『使王近於民，遠於年，壽長也。嗇於時，愛時也。惠於財，親賢而任能。』其頌曰：『令月吉日，王始加元服。去王幼志，心衮職，盛服有禮文也。欽若昊天，六合是式。率爾祖考，永永無極。』此周公之制也。」《大戴》所載辭已冗長，視此典雅固不類矣。而祝辭内有「先帝」及「陛下」字，皆秦

【六】公冠篇　原作「公符篇」，據《大戴禮記》改。

始皇方定「皇帝」及「陛下」之稱，周初豈曾有此！可謂不經之甚。《家語》止稱「王」字，辭達而義明，當以《家語》爲正。其後張華《博物》亦載此頌，與《大戴》所記一同，但去「陛下」前後四字。華以「陛下」字出於秦，去之誠是矣，而不悟「先帝」字亦非周語也。其間又差「仲夏之吉」爲「仲壹之言」，曰「稚免」爲「童稚」數字。余繇刊先秦文章續集，已刊張華《博物志》，所紀偶因參攷《家語》及《大戴記》，因並載而詳辨，庶定《家語》之辭爲正，而不誤後學云。

王霸記

《周禮·大司寇》注引《王霸記》曰：「四面削其地」，又《王霸記》曰：「置之空墠之地」，又《王霸記》曰：「正之者殺之也」，又《王霸記》曰：「殘滅其爲惡」，又《王霸記》曰：「犯令者違命也，陵政者輕政法不循也」，又《王霸記》曰：「悖人倫內外，無以異於禽獸。不可親百姓，則誅滅去之。」凡六舉於《司寇》之注，而不見此篇於他書，意其刑章之事。及閱《西漢·藝文志》春秋二十三家無此記，又於刑法家亦無之。又考《大戴記》及《家語》，並無此篇名，不知漢儒何所本也。

詩史百家注淺陋

先儒謂韓昌黎文無一字無來處，柳子厚文無兩字來處。余謂杜子美詩史亦然。惟其字字有證據，故以史名。而近世所集注，雖曰百家，實則未詳。至於字稍淺近，遽云此蜀之俗語以槩之。何其淺陋歟！今試舉其至淺者數條言之。若云「斟酌姮娥寡」，蓋出於《易注疏》臨卦九二《正義》曰：「須斟酌事宜，有從與否。」若云「繁枝容易紛紛落，嫩葉商量細細開」，蓋出於東方朔《非有先生論》曰「談何容易」，及《易注疏》咸、臨《正義》曰「須商量事宜」，皆本諸經史也。劉禹錫以六經注有「餳」字而無「餻」字，故不敢用。孰謂杜陵而輕使俗語耶？可笑可笑。

騷雅只止字同義

屈原《小招》句句用「只」字，蓋當時語助。晦庵《辨證》已摘其中「陟降堂只」【七】，與《詩》「陟降庭止」同字義矣。然余又以《詩》「母也天只，不諒人只」，而又云「會言近止」，「征夫邇止」，則騷雅「只」「止」同一字義明矣。

【七】陟降堂只　據《楚辭·大招》當爲「登降堂只」。

西漢無兵志

班孟堅《西漢書》有《刑法志》，而無《兵志》。《兵制》列於《刑法志》之首，先儒謂「古者大刑用甲兵」，兵固刑之一也。然余嘗推其元，則帝典命臯陶曰：「蠻夷猾夏，寇賊姦宄。汝作士，明于五刑，以弼五教」，則是兵刑固合爲一矣。故司馬文正公作《潛虚》云：「唐虞時禮樂之官析爲二，兵刑之官合於一，詳略之間，意可見矣。」此説極高明。近有鼎科一士自鄂渚來，説本州催糴甚急，自訊而笞，笞而杖，杖而徒，並用也。余歎曰：「古者五刑以弼教，今也五刑反以督糴而虐民耶？」馮辛曰：「此論偉矣。然古者五刑以弼教，而未始施之理財。今郡縣以上至朝端，刑專以理財，而往往教之不明，未嘗問也。」余極歎其言，因哀叔末之世如此錯繆也。

容齋五筆論孟子記舜事多誤之言未審

洪文敏公景盧著《容齋》五筆，援引該洽，證據辯論極爲精詳，殆近世筆記之冠冕也。然余見其《三筆》第五卷有云：《孟子》記舜事多誤，故司馬公等皆有疑非之説，「其最大者，證萬章塗廩、浚井、象入舜宫之問以爲然也」；至「桃應有瞽叟殺人之問，雖曰設疑似而請，然亦可謂無稽之言。孟子拒而不答可也，顧再三爲之辭，宜其起後學之惑。」余謂洪公此言過矣。當七國之時，處士橫議，邪説殄行滋熾，當時弟子如萬章之徒，皆以一時所聞爲問，孟子以「正人心，息邪説」爲事，正恐後世有惑其説而疑以傳疑，故委曲開曉，以破其説，故云「余豈好辯哉，予不得已也。」而《孟子題辭》亦止云：其難疑答問之書。今洪之所疑，乃孟子因萬章而難疑，非記舜事也。因桃應而答問，非爲辭費也。洪公疑之過矣。且司馬温公《疑孟》，五峯胡子已著《釋疑》凡十四條而明之矣。至桃應一條，晦庵朱子又從而釋之曰：「龜山嘗言固無是事，此只是論舜心。」且愚謂執之而已，非洞見臯陶之心者不能言也。此一章之義，則聖賢所處無所不用其極【八】，所謂「止於至善」者也。余謂孟子深得臯陶之心，朱子深得孟子之心。談經固當師朱子之説，而破洪公之疑也。余深恐後學之惑也，故引胡五峯、朱考亭之言以訂之云。

繪事後素

《論語》夫子答子夏云：「繪事後素。」此句雖逸詩，然夫子以之喻禮，余已詳紀於前矣。後因讀諸經，若《周易・賁》以上九「白賁無咎」注謂：「處飾之終，飾終反素」，故《象》曰「得志」，《中庸》謂「衣錦尚絅，惡其文之著也」，《周官・考工》「凡畫繢之事，後素功」注云「白采後布」，皆「繪事後素」之義。《論語》，五經之管鎋，遽不信歟！

【八】則聖賢所處　「則」，《四庫》作「見」。

忠臣不私和之辨

《後漢·任延傳》帝謂延曰：「善事上官，無失名譽。」延對曰：「臣聞忠臣不私，私臣不忠。善事上官，臣不敢奉詔。」本傳只作「私」字，而温公《通鑑》乃作「忠臣不和，和臣不忠」【九】。而於《考異》曰：「高峻《小史》『私』字作『和』，義稍長，今從之。」以繩祖繆見，則「不和」字不長於「不私」字矣。和者，經傳聖賢所美之字；不和，聖賢所疾之字。如乾卦：「利者，義之和」，又曰「保合大和」，又咸謂「聖人感人心而天下和平」，《詩》謂「既和且平」，「穆穆厥聲」，至於《帝典》則曰「同寅協恭和衷哉」，《傳》謂九官相遜，「和之至也」，豈嘗以和爲不忠耶？莫極於夫子謂「君子和而不同，小人同而不和」之語，不和烏得爲忠耶？至於不私，則義却長矣。語謂事君之道無私，無私則至公，公則不阿諛，決無善事上官矣。於延之對光武，義乃長矣。當從本傳。

煎糖始於漢不始於唐

《老學庵筆記》，其中一條云：聞人茂德，博學士也，言「沙糖中國本無之。唐太宗時外國貢至，問其使人：『此何物？』云：『以甘蔗汁煎。』用其法煎成，與外國者等。自此中國方有沙糖。凡唐以前書傳及糖者，皆糟耳。」是未之深考也。聞人固不足責，老學庵

【九】此引《漢書·任延傳》語，有删節。

何至信其説而筆之？余按宋玉《大招》已有「柘漿」字，是取蔗汁已始於先秦也。《前漢》《郊祀歌》「柘漿析朝酲」，注謂「取甘蔗汁以爲飴也」。又孫亮「取交州所獻甘蔗餳」。而《二禮注》飴字俱云「煎米蘗也，一名餳」，則是煎蔗爲糖已見於漢時甚明。而《説文》及《集韻》並以糖爲蔗飴，曰飴，曰餳，皆是堅凝可含之物，非糟之謂。其曰糟字，止訓酒粕，不以訓糖，何可謂煎蔗始於太宗時，而前止是糟耶？余故引經注漢傳而證其誤云。

一字詩不始於東坡

坡公《詩集》中有和郭正輔一字詩云：「故居劒閣隔錦官，柑果姜桂交荆菅。奇孤甘掛汲古綆，僥覬敢揭鈎金竿【一〇】。已歸耕稼供藁秸，公貴幹蠱高巾冠【一一】。改更句格各蹇喫【一二】，姑因狡獪加間關」【一三】。又有郊居「江干堅關扃」【一四】一首及四言一首，亦名喫語詩，注家及《苕溪漁隱》俱以爲公出意以文爲戲。余嘗觀唐人姚合少監《詩集》中有《洞庭蒲萄架詩》云：「萄藤洞庭頭，引葉漾盈摇。皎潔鈎高掛，玲瓏影落寮。陰煙壓幽屋，濛密夢冥苗。清秋青且翠，冬到凍都凋。」則此體已具矣。坡公不過才高記博，造句傑特，有來處，因前人之體而爲戲耳。若直指爲坡，則寡見可笑矣。

【一〇】金竿　「金」，原作「今」，據《蘇轍集》卷二十六《戲和正甫一字韻》改。

【一一】公貴幹蠱　「蠱」，原作「國」，據《蘇轍集》卷二十六《戲和正甫一字韻》改。

【一二】蹇喫　「蹇」，原作「謇」，據《蘇轍集》卷二十六《戲和正甫一字韻》改。

【一三】姑因狡獪　「因」，原作「固」，據《蘇轍集》卷二十六《戲和正甫一字韻》改。

【一四】江干堅關扃　《蘇轍集》卷二十六《西山戲題武昌王居士》作「江干高居堅關扃」。

◎羅大經撰

鶴林玉露

王瑞來　整理

點校説明

《鶴林玉露》十八卷，羅大經撰。羅大經，字景綸，廬陵（今江西吉水縣）人。生平事跡不詳，據考證，大約生於宋寧宗慶元初年，卒於宋理宗淳祐末年。少年時曾就讀於太學，嘉定十五年（一二二二）鄉試中舉，寶慶二年（一二二六）登進士第。此後曾做過容州（今廣西容縣）司法參軍、撫州（今江西撫州市）軍事推官等幾任相當於縣令的從八品小官。官於撫州時，被劾罷官。從此以後直到去世。《鶴林玉露》的「玉露」，據撰者甲編自序稱，取自杜甫《贈虞十五司馬》詩中的「清談玉露繁」，而「鶴林」，則云「日與客清談鶴林之下」，或爲實指。

關於《鶴林玉露》的特點，《四庫全書簡明目録》扼要指出：「其體例在詩話、語録、小説之間；其宗旨亦在文士、道學、山人之間。大抵詳於議論而略於考證。」的確，《鶴林玉露》較之其他宋人筆記的顯著特點，就在於它是以議論爲主，而不是以記述或考證爲主。不過，羅大經身當南宋末葉，記事多系耳聞目睹，議論亦多關經國大事，因此，這些記載與議論本身就具有一定的史料價值。並且此書記載的宋代一些政治、軍事、禮儀制度以及朝野事實，還成爲後來《宋季三朝政要》等史書的引述來源。而書中記載了不少文人逸事，也可視爲重要的文學史料。書中許多見解精闢的詩話文論，亦向爲治古典文學者所重視。

《鶴林玉露》現存版本較多，但從一些官私目録和現存各種版本看，自明代以來，基本可以分爲兩個流傳系統：一爲十八卷本，分甲乙丙（或作「天地人」）三編；一爲十六卷本，不分編。十八卷本在中國較爲罕見，然而卻流行於日本，被多次翻刻。在中國，廣爲流傳的是十六卷本。經考證，十八卷本較爲接近原貌，而十六卷本當是十八卷本散亂之後的重編。十八卷本較之十六卷本多出四十條。考之今存《永樂大典》殘本中所引十九條《鶴林玉露》，均未超出現存十八卷本，可知至少自明初以來，《鶴林玉露》基本没有散佚。

此次整理，以十八卷本系統中刊行較早的日本慶安（一六四八至一六五二）本爲底本，主要對校以十八卷本系統的日本寬文（一六六一至一六七三）本、明活字本、明陸師道鈔本和十六卷本系統的明謝天瑞校本、王叔承校本、南京都察院刊本、小字本、稗海本、清進修書院本。由於十六卷本系統的版本較多，故對照底本，凡此系統諸本異文相同者，校記中不一一列出各本名稱，統稱之爲「諸本」。個别版本異文可取，仍具其名。此外，還參校以《説郛》、《永樂大典》等叢書、類書，並採用《宋史》等史書和有關宋人文集、筆記間作以他校。

甲編自序

余閒居無營，日與客清談鶴林之下。或欣然會心，或慨然興懷【一】，輒令童子筆之。久而成編，因曰鶴林玉露。蓋「清談玉露蕃」【二】，杜少陵之句云爾。時宋淳祐戊申正月望日，廬陵羅大經景綸。

校勘記

【一】慨然興懷　「慨」，原作「恍」。據明活字本、《説郛》本改。

【二】清談玉露蕃　「蕃」，《九家集注杜詩》卷三四《贈虞十五司馬》作「繁」。

校勘記

卷一

解經不爲煩辭

孟子釋《公劉》之詩曰：「故居者有積倉，行者有裹囊也，然後可以爰方啟行。」釋《烝民》之詩曰：「故有物必有則，民之秉彝也，故好是懿德。」只添三兩字，意義粲然。六經古註，亦皆簡潔，不爲煩辭。朱文公每病近世解經者推測太廣，議論太多，曰：「説得雖好，聖人從初卻元不曾有此意。雖以吕成公之《書解》，亦但言其熱鬧而已。」蓋不滿之辭也。後來文公作《易傳》、《詩傳》，其辭極簡。

手寫九經

唐張參爲國子司業，手寫九經，每言讀書不如寫書。高宗以萬乘之尊，萬幾之繁，乃亦親灑宸翰，遍寫九經，雲章爛然，終始如一，自古帝王所未有也。又嘗御書《漢·光武紀》賜執政徐俯，曰：「卿勸朕讀《光武紀》，朕思讀十遍不如寫一遍，今以賜卿。」聖學之勤如此。

倒句

《史記》張儀論韓地險惡曰：「民之食大抵飯菽藿羹。」此倒句也。昌黎文：「春與猿吟兮，秋鶴與飛。」「淮之水舒舒，楚山直叢叢。」亦此類。

如字訓而

《春秋》：「星隕如雨。」釋者曰：「如，而也。」歐陽公《集古録》載《後漢郭先生碑》云：「其長也，寬舒如好施，是以宗族歸懷【一】。」東坡得古鏡，背有銘云：「漢有善銅，出白楊【二】，取爲鏡，清如明。」皆訓「如」爲「而」也。

汴州詩

昌黎《汴州》詩云：「母從子走者爲誰？大夫夫人留後兒。昨日乘車騎大馬，坐者起趨乘者下。廟堂不肯用干戈，嗚呼奈汝母子何！」爲汴州之亂，留後陸長源遭殺作也。方董晉帥汴【三】，昌黎在幕中。晉專行姑息，知軍驕難制，變在旦夕。且死，遺戒喪車速發。及長源代之，繩以嚴急，軍果亂，官屬多死之。昌黎隨晉喪已去汴，獲免。夫長源固失矣，晉不能酌寬猛之中，潛消事變，乃以姑息偷免其身，使相激相形，産後來之禍，又不

【一】是以宗族歸懷　「宗族」，歐陽脩《集古録》卷五《後漢郭先生碑》作「宗親」。

【二】白楊　《説郛》本作「丹陽」。

【三】方董晉帥汴　「帥」，原作「師」，據《稗海》本改。

能先以一語忠告長源，烏得無罪？昌黎在幕中，蓋亦與有責矣。此詩末句，似有愧於中，而爲自解之辭。

丑父紀信

《左氏傳》：鞌之戰，邴夏御齊侯，逢丑父爲右。齊師敗績，丑父與公易位，爲晉韓厥所及，丑父使公下，如華泉取飲而逃。韓厥獻丑父，郤獻子將戮之，呼曰：「自今無有代其君任患者，有一於此，將爲戮乎！」郤子曰：「人不難以死免其君，我戮之不祥。赦之，以勸事君者。」此與紀信詐乘漢王之車，以免高祖者何異？晉宥丑父，而楚焚紀信【四】。項氏之不長也，宜哉！

因讒賜金

張魏公貶零陵，有書數笈自隨，讒者謂其中皆與蜀士往來謀據四蜀之書【五】。高宗命遣人盡録以來【六】。臨軒發視，乃皆書册，雖有尺牘，率皆憂國愛君之語。此外唯葛裘布衾，類多垢敝。上惻然曰：「張浚一貧如此哉！」乃遣使馳賜金三百兩。秦檜令宣言于外，謂賜浚死。門生從者聞之，垂泣告公。公曰：「浚罪固當死，若果如所傳，朝服拜命就戮，以謝國家可也，何以泣爲？」問使者爲誰，曰：「殿帥楊存中之子也。」公曰：「吾

【四】楚焚紀信　「焚」，原作「楚」，據《稗海》本改。

【五】皆與蜀士往來謀據四蜀之書　「四」，《稗海》本作「西」。

【六】高宗命遣人盡録以來　「遣人」，原作「遣之」，據《稗海》本改。

生矣。存中吾故部曲，朝廷誠欲誅浚，必不遣其子來。」已而使者拜於馬前，乃獲賜金之命。公之在秦也，開幕延賢，鑄銅爲印，形跡似稍專，故有以來讒者之口。然反因此得以自明，又賴賜金以自活，天果不佑忠賢乎？

世短意多

古詩云：「人生不滿百，常懷千歲憂。」而淵明以五字盡之，曰「世短意常多」是也。東坡云「意長日月促」，則倒轉陶句爾。

茲爲年

《吕氏春秋》云：「今茲美禾，來茲美麥。」註云：「茲，年也。」《公羊傳》云：「諸侯有疾曰負茲。」註云：「茲，新生草也。」一年草生一番，故以茲爲年。古詩云：「爲樂當及時，何能待來茲。」《左氏傳》「五稔」，杜詩「十暑岷山葛」，皆此意。

落帽

桓温雄猛蓋一時，賓僚相從燕賞，豈應有失禮於前者？孟嘉落帽，恐如禰正平褻服摻撾嫚侮曹瞞之意。陶淵明，嘉之甥也。爲嘉作傳，稱其在朝仗正順【七】，門無雜賓。則

【七】在朝仗正順　「仗」，原作「伏」，據逯欽立校注《陶淵明集》卷六改。

嘉亦一時之望，乃肯從温，何也？温嘗從容謂曰：「人不可無勢，我乃能駕馭卿。」亦頗有相靳之意。辛幼安《九日》詞云：「誰與老兵供一笑，落帽參軍華髮。莫倚忘懷，西風也解，點檢尊前客。淒涼今古，眼中三兩飛蝶。」意謂嘉不當從温，故西風落其帽以貶之，若免冠然。

四勝

周瑜赤壁、謝安淝水、寇萊公澶淵、陳魯公采石，四勝大略相似。杜牧云：「東風不與周郎便，銅雀春深鎖二喬。」意亦著矣。謝安圍棋別墅，真是矯情鎮物，喜出望外，宜其折屐。澶淵之役，畢士安有相公交取鶻崙官家之説，高瓊有好喚宰相來吟兩首詩之説，則當時策略，亦自可見。「天發一矢胡無酋」，荆公句意與杜牧同。采石之師，若非逆亮暴急嗜殺，自激三軍之變，亦未驅攘。是時亮雖遭戕，虜師北歸，紀律肅然，無一人叛亡，此豈易勝之師乎！朱文公曰：「謝安之於桓温，陳魯公之於完顏亮，幸而捱得他死爾。」要之吴、晉乃天幸，宋朝真天助也。

兵粟

張儀云：「兵不如者，勿與挑戰；粟不如者，勿與持久。」二語用兵者所當知。

守城

守城必劫寨。劉信叔守順昌,以數千人摧兀朮數十萬衆,是劫寨之力也。守城不劫寨,是守死爾。

三事相類【八】

楚公子微服過宋,門者難之。其僕操箠而駡曰:「隸也不力!」門者出之。晉王廞之敗,沙門曇永匿其幼子華【九】,使提衣囊自隨。津邏疑之,永訶曰:「奴子何不速行!」捶之數十,由是得免。宇文泰與侯景戰河上,馬逸墜地,李穆見之,以策抶泰背曰:「籠東軍士,汝曹主何在,而尚留此!」追者不疑其爲貴人。與之馬,與俱還【一〇】。三事相類,若郭子儀殺羊而裴諝劾之,李愬進馬而温造彈之【一一】,亦此意也。

范石湖使北

淳熙中【一二】,范至能使北【一三】,孝宗令口奏金主,謂河南乃宋朝陵寢所在,願反侵地。至能奏曰:「兹事至重,合與宰相商量,臣乞以聖意諭之,議定乃行。」上首肯,既而宰相力以爲未可,而聖意堅不回。至能遂自爲一書,述聖語。至虜庭,納之袖中。既跪進

【八】三事相類　諸本題作「籠東」。
【九】匿其幼子華　「幼」,原作「劫」,據諸本改。
【一〇】與之馬與俱還　按《周書》卷三〇《李穆傳》云:「敵人不疑是貴人,遂捨之而過。穆以馬授太祖,遂得俱免。」
【一一】李愬進馬而温造彈之　考新、舊《唐書·温造傳》,温造所劾當爲「李祐」。
【一二】淳熙中　原「淳熙」上有一「宋」字,蓋後人追加。書中類此者甚多,均依此例删去,不再出校。
【一三】范至能使北　按,考《宋史》卷三八六《范成大傳》,成大字致能,「使北」,原作「北使」,據諸本改。

國書，伏地不起。時金主乃葛王也，性寬慈，傳宣問使人何故不起。至能徐出袖中書，奏曰：「臣來時，大宋皇帝別有聖旨，難載國書，令臣口奏【一四】。臣今謹以書述，乞賜聖覽。」書既上，殿上觀者皆失色。至能猶伏地。再傳宣曰：「書詞已見，使人可就館。」至能再拜而退。虜中群臣咸不平，議羈留使人，而虜主不可。至能將回，又奏曰：「口奏之事，乞於國書中明報，仍先宣示，庶使臣不墮欺罔之罪。」虜主許之。報書云：「口奏之說，殊駭觀聽，事須審處，邦乃孚休。」既還，上甚嘉其不辱命。由是超擢，以至大用。至能在燕京會同館，守吏微言有羈留之議，乃賦詩曰：「萬里孤臣致命秋，此身何止一漚浮【一五】。提攜漢節同生死，休問羝羊解乳不？」

常調官

范文正公云：「常調官好做，家常飯好喫。」余謂人能甘於喫家常飯，然後甘於做常調官。

天象

鄭注召對浴堂門，彗長三尺；韓琦賜第集英殿，雲見五色。君子小人之進，天象昭昭如此。

【一四】令臣口奏　「令」，原作「今」，據諸本改。

【一五】此身何止一漚浮　「漚浮」，諸本作「浮漚」。

官省錢

《五代史》:漢王章爲三司使,征利剥下。緡錢出入,元以八十爲陌,章每出錢陌,必減其三,至今七十七爲官省錢者,自章始。然今官府於七十七之中,又除頭子錢五文有奇,則愈削於章矣。

民兵

唐初,蕭銑據荆襄,敗於李靖,諸郡皆降,而所召援兵至者猶十萬人。李煜據江南,其亡也,亦有援兵十數萬。本朝靖康之禍,勤王之師,至者絶少。縱有之,率皆望風奔潰,不敢向賊發一矢。蓋五代以前,兵寓於農,素習戰鬥,一呼即集。本朝兵費最多,兵力最弱,皆緣官自養兵。紹興中,張魏公在川陜,奏以王庶帥興元,制置利、夔兩路軍事。於興、洋、金、蓬、開、達諸州,令縣選彊壯。兩丁取一,三丁取二【一六】,户與免物力錢二百五十千。五十人爲一隊,置隊長。以知縣爲軍正,尉爲軍副。月閲於縣,春秋閲於郡。不半月【一七】,有兵二十萬。乾道初,宿亳之役,禁旅多出征,江上之備空虚。陳福公首獻民兵之策,及登庸,亟欲推行,會罷相,遂格。然兩淮已用其法,而荆襄尤有成規。開禧用兵,禁旅多敗,而兩淮山水寨萬弩手率有功,特爲官軍所嫉,無以慰其心盡其力耳。丙寅,虜

【一六】三丁取二　各本均作「五丁取二」。按,《宋史》卷三七二《王庶傳》作「三丁取二」,據改。

【一七】不半月　原本與諸本同。按,《宋史·王庶傳》作「不半年」。

大舉南牧，圍安、襄以撼荆、鄂。宣司檄召諸處兵，與湖北義勇俱往救。諸郡兵不待見敵而潰，所過鈔略，甚於戎寇。獨義勇隨其帥進退，不敢有秋毫犯，蓋顧其室家門户故也。張宣公帥荆州，與朱文公書云：「郭杲嘗獻緩急保江之策，某折之曰【一八】：『劉信叔、劉共父皆嘗有此論，真謬計也。縱賊入肝脾裏，何以爲國？上付公以北門，當盡力報國，要軍要糧【一九】，此間當應副，事苟不濟，守臣仗節而死爾。』郭聞之悚然。某之所恃者，有義勇二萬六千人也。」

文鑑

孝宗命吕成公詮擇國朝文章，成公盡繙三館之儲，踰年成編，賜名《文鑑》。周益公承制譔序云：「建隆、雍熙之際，其文偉；咸平、景德之際，其文博；天聖、明道之詞古；熙寧、元祐之詞達。雖體制互興，源流間出，而氣全理正，其歸則同。」成公爲此書，朱文公、張宣公殊不以爲然，謂伯恭無意思承當，此事便好截下，因以發明人主之學。昔温公作《資治通鑑》，可謂有補治道，識者尚惜其枉費一生精力，況《文鑑》乎？

辛幼安詞

辛幼安《晚春》詞【二〇】云：「更能消、幾番風雨，匆匆春又歸去。惜春長恨花開早，

【一八】某折之曰　「某」，原作「其」，據諸本改。
【一九】要軍要糧　「軍」，原作「共」，據諸本改。
【二〇】晚春詞　汲古閣景宋鈔本《稼軒詞》甲集及趙聞禮《陽春白雪》並題作「長恨」，黄昇《花菴詞選》題作「暮春」，《草堂詩餘》題作「春晚」。
【二一】何況亂紅無數　「亂紅」，鄧廣銘《稼軒詞編年箋注》卷一作「落紅」。

何況亂紅無數【二一】。春且住。見説道、天涯芳草迷歸路。怨春不語。算只有殷勤，畫簷蛛網，盡日惹飛絮。長門事，準擬佳期又誤。蛾眉曾有人妒。千金縱買相如賦，脈脈此情誰訴？君莫舞，君不見玉環、飛燕皆塵土！閑愁最苦。休去倚危欄，斜陽正在，煙柳斷腸處。」詞意殊怨。「斜陽」、「煙柳」之句，其與「未須愁日暮，天際乍輕陰」者異矣。使在漢、唐時，寧不賈種豆種桃之禍哉！愚聞壽皇見此詞，頗不悦。然終不加罪，可謂至德也已【二二】。其題《江西造口》詞云：「鬱孤臺下清江水，中間多少行人淚。西北是長安【二三】，可憐無數山。青山遮不住，畢竟東流去。江晚正愁予，山深聞鷓鴣。」蓋南渡之初，虜人追隆祐太后御舟至造口，不及而還。幼安因此起興。「聞鷓鴣」之句，謂恢復之事行不得也。又《寄丘宗卿》詞【二四】云：「千古江山，英雄無覓【二五】，孫仲謀處。舞榭歌臺，風流總被，雨打風吹去。斜陽草樹，尋常巷陌，人道寄奴曾住。想當年鐵馬【二六】，氣吞萬里如虎。元嘉草草【二七】，封狼居胥，贏得倉皇北顧。四十三年，望中燈火【二八】，猶記揚州路【二九】。可堪回首，佛貍祠下，一片神鴉社鼓。憑誰問：廉頗老矣，尚能飯不？」此詞集中不載，尤雋壯可喜。朱文公云：「辛幼安、陳同甫，若朝廷賞罰明，此等人皆可用。」

【二二】可謂至德也已　「至」，諸本作「盛」。

【二三】西北是長安　《稼軒詞編年箋注》作「西北望長安」。

【二四】寄丘宗卿詞　「丘」，原作「兵」，據諸本並《宋史》卷一五七《丘崈傳》改。又，《稼軒詞編年箋注》卷六此詞題作「京口北固亭懷古」。

【二五】英雄無覓　南都院本、謝校本無「英雄」二字。

【二六】想當年鐵馬　《稼軒詞編年箋注》「鐵馬」上有「金戈」二字。

【二七】元嘉草草　原本及諸本均作「元家子草草」，據《稼軒詞編年箋注》改。

【二八】望中燈火　《稼軒詞編年箋注》作「望中猶記」。

【二九】猶記揚州路　《稼軒詞編年箋注》作「烽火揚州路」。「揚州」，原作「楊州」，據諸本改。

【三〇】其義不一　「義」，原作「儀」，據諸本改。

【三一】子服昭子　考《左傳》惟見「子服子」、「子服昭伯」等，並無名「子服昭子」者。下引「夫必多有是説」之語，見於《左傳》昭公十八年，爲閔子馬所言。

大人

古今稱大人，其義不一【三〇】。《左氏傳》：子服昭子曰【三一】：「夫必多有是説，而後及其大人。」孟子曰：「有大人之事，有小人之事。」此以位言也。所謂王公，大人是也。孟子曰：「養其大者爲大人。」昌黎《王適墓誌》曰：「翁大人不疑。」此以德望言也。所謂大人，君子是也。若《易》之「利見大人」，則兼德位而言之。今人自稱其父曰「大人」。然疏受對疏廣曰：「從大人議。」則叔父亦可稱大人。范滂將就誅【三二】，與母訣曰：「大人割不忍之愛。」則母亦可稱大人。

利市

俗語稱利市，亦有所祖。《左氏傳》：鄭人盟商人之辭曰：「爾無我叛，我無强賈，爾有利市寶賄，我勿與知。」

誠齋謁紫巖

楊誠齋爲零陵丞，以弟子禮謁張魏公。時公以遷謫故，杜門謝客。南軒爲之介紹，數月乃得見。因跪請教，公曰：「元符貴人，腰金紆紫者何限，惟鄒至完【三三】、陳瑩中姓名與日月爭光。」誠齋得此語，終身厲清直之操【三四】。晚年退休，悵然曰：「吾平生志在批鱗請劍，以忠鯁南遷，幸遇時平主聖。老矣，不獲遂所願矣！」立朝時，論議挺挺【三五】。如乞用張浚配享，言朱熹不當與唐仲友同罷，論儲君監國，皆天下大事。孝宗嘗曰：「楊萬里直不中律。」光宗亦曰：「楊萬里也有性氣。」故其自贊云：「禹曰也有性氣，舜云直不中律。自有二聖玉音，不用千秋史筆。」

前輩勤學

胡澹庵見楊龜山，龜山擧兩肘示之曰：「吾此肘不離案三十年，然後於道有進。」張無垢謫橫浦，寓城西寶界寺。其寢室有短窗，每日昧爽，輒執書立窗下【三六】，就明而讀，如是者十四年。洎北歸，窗下石上雙趺之跡隱然，至今猶存。前輩爲學，勤苦如此。然龜山蓋少年事，無垢乃晚年，尤難也。

仕宦歸故鄉

歐陽公居永豐縣之沙溪，其考崇公葬焉【三七】，所謂瀧岡阡是也。厥後奉母鄭夫人之喪歸合葬，載青州石鐫阡表。石緑色，高丈餘，光可鑑。阡近沙山太守廟。襄事禱于廟，祝板猶存。曰：「大事有日，陰雲屢興，假以三日之晴，則拜神之賜，其敢忘報！」執政得

【三二】范滂將就誅　「范」字諸本脱。

【三三】鄒至完　考《宋史》卷三四五《鄒浩傳》，鄒浩字志完。

【三四】終身厲清直之操　「清直」，原作「直清」，據諸本改。

【三五】論議挺挺　「議」，諸本作「諫」。

【三六】輒執書立窗下　「執」，諸本作「抱」。

【三七】其考崇公葬焉　「崇公」，原作「宗公」。按，歐陽脩之父贈爲崇國公，據諸本改。

立功德寺，公素排佛教，雅不欲立寺。崇公諱觀，又不可立觀，乃立青陽宫。然公自葬鄭夫人之後，不復歸故鄉。其作《吉州學記》云：「幸餘他日，因得歸榮故鄉。將見吉之士【三八】，皆道德明秀，而可爲公卿。問於其俗，而婚喪飲食，皆中禮節。入於其里，而長幼相孝，慈於其家。行於其郊，而少者扶其羸老，壯者代其負荷於道路。然後樂學之道成，而得時從先生耆老，席于衆賓之後，聽鄉樂之歌，飲獻酬之酒，而以詩頌天子太平之功。周覽學舍【三九】，思詠李侯之遺愛，不亦美哉！」雖有此言，而迄不踐。樂潁昌山水，作思潁詩，退休竟卜居焉。前輩議其無回首敝廬、息閒喬木之意。近時周益公歸休，尹直卿以詩賀之云：「六一先生薄吉州，歸田去作潁昌游。我公不向螺江住，羞殺青原白鷺洲。」

鐵拄杖

壽皇在宫中，常携一漆拄杖，宦官宫妾莫得睨視。嘗游後苑，偶忘攜焉，特命小黄門取之。二人竭力曳以來，蓋精鐵也。上方有意中原，故陰自習勞苦如此。

蘇黄遺文

東坡贊文與可梅竹石云：「梅寒而秀，竹瘦而壽，石醜而文，是爲三益之友。」席子擇

【三八】將見吉之士　歐陽脩《居士集》卷三九《吉州學記》於此句上有「而謁於學門」一句。

【三九】周覽學舍　「周」，原作「固」，據諸本改。

遭喪，山谷憐其貧，糾合同志者助之，其辭云：「富者不仁，理難共語，仁者不富，執難獨成。百足之蟲，至死不僵，以扶之者衆也。願與諸君同力振之。」二帖余皆見其真跡，坡、谷集所不載。

池鷗

太學蘊道齋有小池，忽一鷗飛來，容與甚久。一同舍生題詩云：「朝來池上有斯事，火急報教同舍知。昨夜雨餘春水滿，白鷗飛下立多時。」讀者賞其醞藉。

卷二

大承氣湯

周益公參大政，朱文公與劉子澄書云：「如今是大承氣證，渠却下四君子湯，雖不爲害，恐無益於病爾。」嗚呼！以乾、淳之盛，文公猶恨當國者不用大承氣湯，況下於乾、淳者乎！然歷考往聖，如孔子相魯，而下大承氣湯，固是對證。大舜繼堯，亦不免下大承氣湯。信矣，文公之爲名言也。益公初在後省，龍大淵、曾覿除閤門，格其制不下，奉祠而去【一】，十年不用，天下高之。後入直翰林，覿以使事還，除節鉞，人謂公必不草制，而公竟草之。其詞云：「八統馭民，敬故在尊賢之上。」宜其不敢用大承氣湯也。

魯隱公攝

歐陽子曰：「隱公非攝也，使隱果攝，則《春秋》不稱公。《春秋》稱公，則隱公非攝，無疑也。」此論未然，《春秋》雖不書隱公居攝，而於兩書仲子之事，自隱然可見。夫母以子貴，世俗之情也。使桓不將立，則仲子特一生公子之妾耳，周王何爲而歸其賵，魯國何

校勘記

【一】奉祠而去　「祠」，原作「詞」，據諸本改。

爲而考其官？今也歸賵而不嫌瀆亂之譏，考官而加嚴事之禮，徒以桓之將爲君也。桓將爲君，則隱之攝著矣。或曰，隱攝則何以稱公？東坡曰：「周公攝而克復子者也，故不稱王。隱公攝而不克復子者也，故稱公。史有謚，國有廟，《春秋》獨得不稱公乎？」此論亦未然，周公之攝也，誥命之際曰「周公曰」、「王若曰」，曷嘗自稱王乎？竊意魯史舊文，必著隱公攝位之實，去攝而書公，乃仲尼之特筆，一以著隱之不當遜，一以著桓之不當立，二者皆非也【二】。歐公論隱公、趙盾、許止事，皆未明《春秋》之旨。《春秋》之所以爲《春秋》者，正當顯微闡幽，若但直書其事，則夫人能之矣，何爲游、夏不能措一辭哉！

姦富

本富爲上，末富次之，姦富爲下。今之富者，大抵皆姦富也，而務本之農，皆爲僕妾於姦富之家矣。嗚呼，悲夫！

貨色

一顧傾城，再顧傾國，色也。大者傾城，下者傾鄉，富也。貨色之不祥如此哉！

【二】二者皆非也　「非」，原作「罪」，據諸本改。

孫吴

《吴子》之正，《孫子》之奇，兵法盡在是矣。《吴子》似《論語》，《孫子》似《孟子》。

子弟爲幹官

朱文公《與慶國卓夫人書》云：「五哥嶽廟，聞尊意欲爲五哥經營幹官差遣，某切以爲不可【三】。人家子弟多因此壞卻心性，蓋其生長富貴，本不知艱難，一旦仕宦，便爲此官，逐司只有使長一人可相拘轄，又多寬厚長者，不欲以法度見繩。上無職事了辦之責，下無吏民竊伺之憂【四】。而州縣守令，執反出己下，可以陵轢，故後生子弟爲此官者，無不傲慢縱恣，觸事懵然。愚意以爲可且爲營一稍在人下職事、喫人打駡差遣【五】，乃所以成就之。若必欲與求幹官，乃是置之有過之地，誤其終身。」前輩愛人以德，至於如此。卓夫人乃少傅劉公子羽之妃，樞密共父之母，五哥即平甫，朱與劉蓋姻婭。初，文公之父韋齋疾革，手自爲書，以家事屬少傅。韋齋殁，文公年十四，少傅爲築室於其里，俾奉母居焉。少傅手書與白水劉致中云：「於緋溪得屋五間，器用完備，又於七倉前得地，可以樹，有圃可蔬，有池可魚，朱家人口不多，可以居。」文公視卓夫人猶母云。

【三】某切以爲不可　「切」，《晦庵先生朱文公文集》卷三七作「竊」，似是。

【四】下無吏民竊伺之憂　「竊伺」，諸本作「繫縶」，朱集作「窺伺」。

【五】稍在人下職事喫人打駡差遣　朱集於「職事」上有一「有」字，於義較勝。

筭子

《五代史》：漢王章不喜文士，嘗語人曰：「此輩與一把筭子，未知顛倒，何益於國！」筭子，本俗語，歐公據其言書之，殊有古意。温公《通鑑》改作「授之握筭，不知縱横」，不如歐史矣。

農圃漁樵

農圃家風，漁樵樂事，唐人絶句模寫精矣。余摘十首題壁間，每菜羹豆飯飽後，啜苦茗一盃，偃卧松窗竹榻間，令兒童吟誦數過，自謂勝如吹竹彈絲。今記於此：韓偓云：「聞説經旬不啟關，藥窗誰伴醉開顔。夜來雪壓村前竹，剩看溪南幾尺山【六】。」又云：「萬里清江萬里天，一村桑柘一村煙。漁翁醉著無人唤，過午醒來雪滿船。」長孫佐輔云：「獨訪山家歇還涉，茅屋斜連隔松葉。主人聞語未開門，繞籬野菜飛黄蝶。」薛能云：「邵平瓜地接吾廬，穀雨乾時偶自鋤【七】。昨日春風欺不在【八】，就床吹落讀殘書。」韋莊云：「南鄰酒熟愛相招，蘸甲傾來緑滿瓢，一醉不知三日事，任他童稚作漁樵。」杜荀鶴云：「山雨溪風捲釣絲，瓦甌蓬底獨斟時。醉來睡著無人唤，流下前灘也不知。」陸龜蒙云：「雨後沙虚古岸崩，漁梁移入亂雲層。歸時月落汀洲暗【九】，認得妻兒結網

【六】剩看溪南幾尺山　「看」，《全唐詩》卷六八一此詩作「見」。

【七】穀雨乾時偶自鋤　「乾」，原作「晴」，據諸本並《全唐詩》卷五六一改。

【八】昨日春風欺不在　「日」，諸本作「夜」。

【九】歸時月落汀洲暗　「落」，《全唐詩》卷六二八作「墮」。

燈【一〇】。」鄭谷云：「白頭波上白頭翁，家逐船移浦浦風。一尺鱸魚新釣得，兒孫吹火荻花中。」李商隱云：「城郭休過識者稀，哀猿啼處有柴扉。滄江白石漁樵路，薄暮歸來雨濕衣【一一】。」張演云：「鵝湖山下稻粱肥，豚柵雞栖對掩扉。桑柘影斜春社散，家家扶得醉人歸。」

柳詩

唐人柳詩云：「水邊楊柳緑煙絲，立馬煩君折一枝。惟有春風最相惜，殷勤更向手中吹。」朱文公每喜誦之，取其興也。

進青魚

宋文帝時，司徒義康顓總朝權，四方饋遺，皆以上品薦義康，而以次品供御。上嘗冬月啖柑，嘆其形味並劣，義康曰：「今年柑殊有佳者。」遣人還東府取柑，大供御者三寸。上寖不能平，義康旋以罪廢。唐代宗謂李泌曰：「路嗣恭獻琉璃盤九寸，乃以徑尺者遺元載，須其至議之。」賴泌一言，嗣恭免罪，而元載竟誅。吕許公不肯多進淮白魚，蓋懲此也。秦檜之夫人，常入禁中。顯仁太后言近日子魚大者絶少。夫人對曰：「妾家有之，當以百尾進。」歸告檜，檜咎其失言，與其館客謀，進青魚百尾。顯仁拊掌笑曰：「我道這

【一〇】認得妻兒結網燈　「妻兒」，諸本作「山妻」。

【一一】薄暮歸來雨濕衣　《玉谿生詩集箋注》卷三《訪隱者不遇成二絶》作「日暮歸來雨滿衣」。

婆子村,果然!」蓋青魚似子魚而非,特差大耳。觀此,賊檜之姦可見【一二】。

郎當曲

魏鶴山《天寶遺事》詩云:「紅錦繃盛河北賊,紫金盞酌壽王妃。弄成晚歲郎當曲,正是三郎快活時。」俗所謂「快活三郎」者,即明皇也。小説載,明皇自蜀還京,以駝馬載珍玩自隨,明皇聞駝馬所帶鈴聲,謂黄幡綽曰:「鈴聲頗似人言語。」幡綽對曰:「似言三郎郎當,三郎郎當也。」明皇愧且笑。

劉錡贈官制

逆亮窺江,劉錡已病【一三】,亦同扞禦。未幾,亮殲,錡亦殂,特贈太尉。周益公行詞云:「岑彭殞而公孫亡,諸葛死而仲達走。雖成功有命,皆莫究於生前;而遺烈在人,可徐觀於身後。」讀者服其的切。益公常舉似謂楊伯子曰:「起頭兩句,須要下四句議論承貼,四六特拘對耳,其立意措詞,貴於渾融有味,與散文同。」

廬州之變

紹興中,劉光世在淮西,軍無紀律。張魏公爲都督,奏罷之,命參謀吕祉住廬州節

【一二】觀此賊檜之姦可見 原無此句,據諸本補。

【一三】劉錡 原作「劉錡」,據下文並據諸本改。

制【一四】。光世頗得軍心，祉，儒者，不知變，繩束頓嚴，諸軍忿怨。統制酈瓊率衆縛祉，渡淮歸劉豫。魏公方宴僚佐，報忽至，滿座失色。公色不變，徐曰：「此有説，第恐虜覺耳。」因樂飲至夜分，乃爲蠟書，遣死士持遺瓊，言「事可成，成之，不可，速全軍以歸」。虜得書，疑瓊，分隸其衆【一五】，困苦之，邊賴以安。南軒言：「符離之役，諸軍皆潰，唯存帳下千人。某終夕徬徨，而先公方熟寢，鼻息如雷。先公心法，如何可學！」

無極太極

游誠之，南軒高弟。嘗言：「《易》有太極，而周子加以無極，何也？試即吾心驗之，方其寂然無思，萬善未發，是無極也。雖云未發，而此心昭然，靈源不昧，是太極也。」聞者服其簡明。其詩亦可愛，如「春風未肯催桃李，留得疏籬淺淡香」，「平生意思春風裏，信手題詩不用工」，「閒處漫憂當世事【一六】，靜中方識古人心」，皆有味。

薛客

齊封田嬰於薛，號靖郭君，專齊之權。嘗欲城薛，客謂曰：「君不聞海大魚乎？網不能止，鉤不能牽，碭而失水，則螻蟻制焉。今齊亦君之水也，君長有齊，奚以薛爲？苟有失齊【一七】，雖隆薛之城至於天，庸足恃乎！」乃不果城。董卓積金帛於郿塢，曰：「事

【一四】命參謀呂祉往廬州節制　「往」，諸本作「往」。

【一五】分隸其衆　「分」，原作「公」，據諸本改。

【一六】閒處漫憂當世事　「憂」，諸本作「游」。

【一七】苟有失齊　「有」，原作「爲」，據諸本改。

成，雄據天下，事不成，守此塢足矣。」人之智愚相遠乃如此。

能言鸚鵡

上蔡先生云：「透得名利關，方是小歇處。今之士大夫何足道，真能言之鸚鵡也。」朱文公曰：「今時秀才【一八】，教他説廉，直是會説廉，教他説義，直是會説義，及到做來，只是不廉不義。」此即所謂能言鸚鵡也。夫下以言語爲學，上以言語爲治，世道之所以日降也，而或者見能言之鸚鵡，乃指爲鳳凰鸑鷟，惟恐其不在靈臺靈囿間，不亦異乎？

賀雪表

黄伯庸代宰相賀雪表云：「招來衆彦，無畫卧洛陽之人；激勵三軍，有夜入蔡州之志。」詞意壯切，真宰相事也。李公甫表云：「漢使嚙氈，未必得匈奴之要領；楚軍挾纊，惟當堅祈父之爪牙。」語雖巧，頗牽彊。

漢宫詩

唐李商隱《漢宫》詩云：「青雀西飛竟未回，君王猶在集靈臺【一九】。侍臣最有相如渴，不賜金莖露一杯。」譏武帝求仙也。言青雀杳然不回，神仙無可致之理必矣，而君王

【一八】今時秀才　「今時」，原作「時文」，據諸本並寬文本改。

【一九】君王猶在集靈臺　「猶」，《玉谿生詩集箋注》作「長」。

未悟，猶徘徊臺上，庶幾見之，且胡不以一物驗其真妄乎？金盤盛露，和以玉屑，服之可以長生，此方士之説也。今侍臣相如正苦消渴，何不以一盃賜之，若服之而愈，則方士之説猶可信也，不然，則其妄明矣。二十八字之間，委蛇曲折，含不盡之意。

夜績

《漢·食貨志》云：「冬，民既入，婦人相從夜績【二〇】，女工一月得四十五日。」注謂每日又得半夜，爲四十五日也。然則農之宵爾索綯，儒之短檠夜誦，豈可少哉！胡澹庵書遺從子維寧曰：「古之君子，學欲其日益，善欲其日加，德欲其日起，身欲其日省，體欲其日彊，行欲其日見，心欲其日休，道欲其日章。以爲未也。又曰日知其所亡【二一】，日見其所不見，一日不使其窮俛焉【二二】。其愛日如是足矣，猶以爲未也，必時習焉，無一時不習也。必時敏焉，無一時不敏也。必時術焉，無一時不術也【二三】。必時中焉，無一時不中也。其競時如是，可以已矣，猶以爲未也，則曰夜者日之餘也，吾必繼晷焉，燈必親，薪必然，膏必焚，燭必秉，蠟必濡，螢必照，月必帶，雪必映，光必隙，明必借，暗則記。嗚呼！如此極矣，然而君子人曰，終夜不寢，必如孔子，雞鳴而起，必如大舜，坐以待旦，必如周公，然則何時而已耶？范寧曰：『君子之爲學也，没身而已矣。』」

【二〇】婦人相從夜績　檢《漢書·食貨志》，「婦人」下當有「同巷」二字。

【二一】又曰日知其所亡　胡銓《澹菴文集》卷六《遺從子維寧書》並明人孫緒《沙溪集》卷一二所引皆無「曰」字。

【二二】一日不使其窮俛焉　「窮俛」，諸本並《澹菴文集》作「躬怠」。

【二三】必時術焉無一時不術也　《澹菴文集》並《沙溪集》所引，二「術」字均作「述」。

狐裘障泥

晏子一狐裘三十年，長孫道生一熊皮障泥數十年，蓋貴而能儉。若淵明「十年著一冠」，則言其貧也。

心脈

敖器之善察脈，嘗言心脈要細、緊、洪，備此三者，大貴大賢也。趙季仁舉似謂余曰：「此非論脈，乃是論學。」余曰：「『小心翼翼』，細也。『務時敏』，緊也。『有容乃大』，洪也。」季仁曰：「正是如此。」

吾翁若翁

漢高祖謂項羽曰：「吾翁即若翁」，此語理意甚長。《左氏傳》：齊敗于鞍，晉人欲以蕭同叔子爲質，齊人曰：「蕭同叔子者，非他，寡君之母也。若以匹敵，則亦晉君之母也。」孟子曰：「殺人之父者，人亦殺其父。然則非自殺之，一間耳。」高祖之語與此暗合。史謂不修文學，而性明達【二四】，此類是也。項羽迄不殺太公，有感於斯言矣。乃知鷙猛之人，胸中未嘗無天理，特在於有以發之耳。

【二四】性明達　「明」，諸本作「特」。

吕惠卿表

「九金聚粹，共圖魑魅之形；孤劍埋光，尚負斗牛之氣。」此吕惠卿表也。邪人指正人爲邪如此，人主于何以辨之？

世事翻覆

衛青少服役平陽公主家，後爲大將軍，貴顯震天下。公主仳離擇配，左右以爲無如大將軍。公主曰：「此我家馬前奴也，不可。」已而遍擇群臣，貴顯無踰大將軍者，迄歸大將軍。丁晉公起甲第，鉅麗無比。軍卒楊杲宗躬負土之役，勞苦萬狀。後杲宗以外戚起家，晉公得罪貶海上，朝廷以其第賜杲宗，居之三十年。世事翻覆，何所不有！楊誠齋詩云：「君不見河陽花，今如泥土昔如霞。又不見武昌柳，春作金絲秋作帚。人生馬耳射東風，柳色桃花卻長久。秦時東陵千户侯，華蟲被體腰蒼璆。漢初沛邑刀筆吏，折腰如磬頭搶地。蕭相厥初謁邵平，中庭百拜百不應。邵平後來謁蕭相，故侯一拜一惆悵。萬事反覆何所無，二子豈是大丈夫！窮通流坎皆偶爾，摶扶未必賢搶榆【二五】。華胥别是一天地，醉鄉何嘗有生死，儂欲與君歸去來，千愁萬恨付一盃。」

【二五】摶扶未必賢搶榆　「榆」，原作「揄」。據莊子《逍遥遊》「我決起而飛，搶榆枋」改。

二蘇

朱文公云:「二蘇以精深敏妙之文,煽傾危變幻之習。」又云:「早拾蘇、張之緒餘,晚醉佛老之糟粕。」余謂此文公二十八字彈文也。自程、蘇相攻,其徒各右其師。孝宗最重大蘇之文,御製序贊,特贈太師,學者翕然誦讀。所謂人傳元祐之學,家有眉山之書,蓋紀實也。文公每與其徒言,蘇氏之學,壞人心術,學校尤宜禁絶。編《楚辭後語》,坡公諸賦皆不取,惟收《胡麻賦》【二六】,以其文類《橘頌》。編《名臣言行録》,於坡公議論,所取甚少。

了翁孫女

陳了翁日與家人會食,男女各爲一席,食已,必舉一話頭,令家人答。一日問曰:「並坐不横肱,何也?」其孫女方七歲,答曰:「恐妨同坐者。」

達賢録

魏鶴山云:「某嘗以吕文穆《夾袋册》,韓忠獻《甲乙丙丁集》,吕正獻《掌記》,曾宣靖《雎黄公議》,司馬公《薦士編》,陳密學《章稿》,范文獻《手記》,近世虞忠肅《翹材館

【二六】胡麻賦　《經進東坡文集事略》卷一題作「服胡麻賦」。

録》之類，粹爲一編，名《達賢録》，亦使士大夫識得行己用世規模，須是推誠心，布公道，集謀慮，廣忠益，不惟資人輔己，濟一旦之用。往往居德養才，流風所被，薰習演迤，逮乎數世，乃是先知先覺職分當然。」鶴山此論可謂任重道遠。然薦士非難，識士爲難。卞和之識玉，九方皋之識馬，此豈有法之可傳哉！若識鑒未至，徒以偏駁錮滯之意見，稱量摸索，其不爲王荆公者幾希！荆公嘗曰：「當今可望者，惟吕惠卿一人。」又曰：「章子厚才極高，但爲流俗所毁耳。」嗚呼！翹材之所延，夾袋之所載，使盡如荆公之選掄，則是蛇虺之淵，虎狼之藪也，其流毒可勝道哉！故量足以容君子，識足以辨小人，可以爲大臣矣。

大算數

有日者謁黄直卿，云善算星數，知人禍福。直卿曰：「吾亦有個大算數，《書》曰：『惠迪吉，從逆凶。作善，降之百祥，作不善，降之百殃。』《大學》曰：『言悖而出者，亦悖而入。貨悖而入者，亦悖而出。』此箇數亘古今不差，豈不優於子之算數乎？」

論菜

真西山論菜云：「百姓不可一日有此色，士大夫不可一日不知此味。」余謂百姓之有此色，正緣士大夫不知此味。若自一命以上至於公卿，皆是咬得菜根之人，則當必知其職分之所在矣，百姓何愁無飯喫【二七】。

晚學

高適五十始爲詩，爲少陵所推。老蘇三十始讀書，爲歐公所許。功深力到，無早晚也。聖賢之學亦然，東坡詩云：「貧家淨掃地，貧女巧梳頭。下士晚聞道，聊以拙自修。」朱文公每借此句作話頭，接引窮鄉晚學之士。

九日詩

徐淵子《九日》詩云：「衰容不似秋容好，坐上誰憐老孟嘉？牢裹烏紗莫吹卻，免教白髮見黄花。」時一朝士和云：「呼兒爲我整烏紗，不是無心學孟嘉，要摘金英滿頭插【二八】，明朝還是過時花。」二詩興致皆佳，未易優劣。

好人好事

豫章旅邸，有題十二字云：「願天常生好人，願人常做好事。」鄒景孟表而出之，以爲奇語。吾鄉前輩彭執中云：「住世一日，則做一日好人；居官一日，則做一日好事。」亦

【二七】百姓何愁無飯喫　「飯」，原作「飲」，據諸本改。

【二八】要摘金英滿頭插　「頭」，原作「朝」，據諸本並《永樂大典》卷八二一引改。

名言也。

盜賊脱身

自古盜賊，如黄巢、儂智高，敗績之後，皆能脱身自免。巢髡髮爲僧，題詩自贊，有「鐵衣著盡著僧衣」之句，智高敗後，惟金龍衣在，或謂入海，或謂奔大理國。淳熙間，江湖茶商相挺爲盜，推荆南茶駔賴文政爲首。文政多智，年已六十，不從，曰：「天子無失德，天下無他釁，將以何爲【二九】？」群兇不聽，以刃脅之，黽勉而從。文政知事必不集，陰求貌類己者一人曰劉四，以煎油糍爲業，使執役左右。辛幼安爲江西憲，親提死士與之角。困屈請降，文政先與渠魁數人來見，約日束兵。既退，謂其徒曰：「辛提刑瞻視不常，必將殺我。」欲遁去，其徒不可。則曰：「寧斷吾首以降，死先後不過數日耳。」其徒又不忍，乃斬劉四之首，使僞爲己首以出，而文政竟遁去，官軍迄不知其首級之僞也。

制詞失體

嘉定間【三〇】，加史丞相實封，制云：「天欲治，舍我誰也，負孟軻濟世之才；民不被，若己推之，挺伊尹佐王之略。」用經句而帖妥，然過諛失體。勳德如韓魏公，荆公草加

【二九】將以何爲　「以」，諸本作「欲」。

【三〇】嘉定　原作「喜定」，據《宋史》卷四一四《史彌遠傳》改。

官制不過曰：「保兹天子，進無浮實之名；　正是國人，退有顧言之行。」或謂荆公素不滿於魏公，故無甚褒之詞，非也，王言之體當然耳。

卷三

慶元侍講

慶元初，趙子直當國，召朱文公爲侍講。文公欣然而至，積誠感悟，且編次講義以進。寧宗喜，令點句以來。他日文公請問【一】，上曰：「宫中常讀之，大要在求放心耳【二】。」公因益推明其説曰：「陛下既知學問之要，願勉彊而力行之。」退謂其徒曰：「上可與爲善，若常得賢者輔導，天下有望矣。」然是時，韓侂胄自謂有夾日之功，已居中用事。公因進對面諫，又約吏部侍郎彭子壽請對，白發其姦。且以書白趙丞相，云當以厚賞酬其勞，勿使干預朝政。侂胄於是謀逐公。忽一日御批云：「朕閔卿耆老，當此隆冬，難立講，已除卿宫觀。」内侍王德謙徑遺付下，宰相執奏，臺諫給舍爭留【三】，皆不從。時子壽出護使客，回則公已去矣，即上章攻侂胄云：「昔元符間，向宗良兄弟止緣交通賓客【四】，漏泄機密，陳瓘抗章劾之。謂自古戚里侵權，便爲衰世之象，外家干政，即是亡國之本。亦如州縣之政，只要權出守令，若子弟親戚交通關節，則姦人鼓舞，良民怨咨。如瓘此言，不可不察。今侂胄所爲，不止如宗良，而朝無陳瓘，莫能出力排之。在太上皇朝，始用姜特立，大

校勘記

【一】他日文公請問　「文公」二字原無，據《稗海》本補。

【二】大要在求放心耳　「求」，原作「來」，據諸本改。

【三】臺諫給舍爭留　「留」，諸本作「疏」。

【四】止緣交通賓客　「止」，原作「上」，據諸本改。

臣尚能逐之使去。後用袁佐，諫官尚能論之使懼。不謂陛下初政清明，有臣如此，乃無一人敢出一語，則其聲埶可知矣。」上甚嘉納，謂宰相曰：「侂胄是朕親戚，龜年是朕舊學，極是難處。」宰相進兩留之説，且謂龜年性剛，乞宣諭留之。上曰：「此人質直，兼是隨龍舊僚四人，兩人罷，一人憂去，只有龜年，有事肯來説，如此區處甚好。」其晚忽降省劄，直批彭龜年予郡，宰相亦不知也，自是衆君子皆逐矣。上始初雖爲侂胄所誤，然三十一年敬仁勤儉如一日。天文示變，齋心露禱。禁中酒器，以錫代銀。上元夜嘗熒燭清坐，小黄門奏曰：「官家何不開燕？」上愀然曰：「爾何知，外間百姓無飯喫，朕飲酒何安？」嘗幸聚景園，晚歸，都人觀者爭入門，蹂踐有死者。上聞之深悔，自是不復出。文公格心之效，終不可泯。陳正甫草保安赦文云：「朕寅畏以保邦，嚴恭而事帝。雖不明不敏，有慚四海望治之心；然無怠無荒，未始縱一毫從己之欲。」真能寫出寧宗心事，天下誦之。

生成吹噓

杜陵詩云：「桑麻深雨露，燕雀半生成。」後山詩云：「輟耕扶日月，起廢極吹噓。」或謂虚實不類。殊不知生爲造，成爲化，吹爲陰，噓爲陽，氣勢力量，與日月字正相配也。

齊秦客

觀李斯逐客之書，則秦固以客興【五】；觀齊人松柏之歌，則齊又以客亡。客何所不有哉？在吾所擇耳。子思、孟軻、荀卿、子順，亦當時之客也，如時君之不用何？用之，則秦之客又何足道！

畏説

先君竹谷老人，早登慶元諸老之門，晚年以其所自得者，著《畏説》一篇。其詞曰：「大凡人心不可不知所畏，畏心之存亡，善惡之所由分，君子小人之所由判也。是以古之君子，内則畏父母，畏尊長，《詩》云『豈敢愛之，畏我父母』，又曰『豈敢愛之，畏我諸兄』是也。外則畏師友，古語云『凛乎若嚴師之在側』，逸詩曰『豈不欲往，畏我友朋』是也。仰則畏天，俯則畏人，《詩》曰『胡不相畏，不畏于天』，又曰『豈敢愛之，畏人之多言』是也。夫惟心有所畏，故非禮不敢爲，非義不敢動。一念有愧，則心爲之震悼【六】；一事有差，則顔爲之忸怩。戰兢自持，日寡其過，而不自知其入於君子之域矣。苟惟内不畏父母尊長之嚴，外不畏朋儕師友之議，仰不畏天，俯不畏人，猖狂妄行，恣其所欲，吾懼其不日而爲小人之歸也。由是而之，習以成性，居官則不畏三尺，任職則不畏簡書，攫金則不

【五】則秦固以客興　「客」，原作「容」，依文義改。

【六】則心爲之震悼　「震悼」，原作「震掉」，據《楚辭·九章》之《抽思》「心震悼而不敢」改。

畏市人。吁！士而至此，不可以爲士矣，仲尼所謂小人之無忌憚者矣。夫人之所以必畏乎彼者【七】，非爲彼計也，蓋將以防吾心之縱，而自律乎吾身也。是故以天子之尊，且有所畏，《詩》曰『我其夙夜，畏天之威』，《書》曰『成王畏相【八】』，孰謂士大夫而可不知所畏乎！以聖賢之聰明，且有所畏，《魯論》曰：『君子有三畏：畏天命，畏大人，畏聖人之言。』孰謂學者而可不知所畏乎！然則畏之時義大矣哉！余每以此自警，且以效切磋於朋友云。」先君此説出，一時流輩潛心理學者，咸以爲不可易。余同年歐陽景顔跋云：「造道必有門，伊洛先覺，以持敬爲造道之門，至矣，盡矣。蓋敬，德之聚也。此心纔敬，萬理森列。此身纔敬，四體端固。繇勉强至成熟，此心此身，斂然法度中，可以爲人矣。然世之作僞假真者，往往竊持敬之名，蓋不肖之實，内雖荏，而色若厲焉，行無防檢，而步趨若安徐焉。識者病之，至有效前輩打破敬字以爲訕侮者，又有以高視闊步，幅巾大袖，而乞加懲絶者。一世傑立之士【九】，欲哀救之而志不能遂。近世葉水心作《敬亭後記》【一〇】，至不以張思叔之言爲然，謂敬爲學者之終事。僕深疑焉。近因校文至澧陽，謁竹谷羅先生，以所著《畏説》見教，僕醒然若有所悟。嗚呼！畏即敬也，使人知畏父母，畏尊長，畏天命，畏師友，畏公論，一如先生所言，欲不敬，得乎？每事有所持循而畏，則其敬也，莫非體察在己實事，見面盎背，臨淵履冰。以僞自蓋者，能之乎？高視闊步，幅巾大袖，假聲音笑貌以爲敬，求之於父母兄長師友之間，多可憾焉，人其以敬許之乎！蓋

【七】必畏乎彼者　「必」，原作「心」，據諸本改。

【八】成王畏相　「相」，原作「天」，據諸本並《尚書・酒誥》改。

【九】一世傑立之士　「傑」，諸本作「特」。

【一〇】敬亭後記　今本《葉適集》收此文，然無以下羅氏敘及之語意。

先生以實而求敬，故其敬不可僞。世人以虛而求敬，故其敬或可假。是説也，羽翼吾道，其功豈淺淺哉！至此，則敬不可僞爲，而攻持敬者，當自息矣【一一】。」

勸行樂表

紹熙甲寅，太學諸生擬《勸行樂表》云：「周公欺我，願焚《酒誥》於通衢；孔子空言，請束《孝經》於高閣。」以勸爲諷，字字有來歷。

秀州刺客

苗、劉之亂，張魏公在秀州，議舉勤王之師。一夕獨坐，從者皆寢，忽一人持刃立燭後。公知爲刺客，徐問曰：「豈非苗傅、劉正彦遣汝來殺我乎？」曰：「然。」公曰：「若是，則取吾首以去可也。」曰：「我亦知書，寧肯爲賊用？況公忠義如此，豈忍加害【一二】！恐公防閑不嚴，有繼至者，故來相告爾。」公問：「欲金帛乎？」笑曰：「殺公何患無財！」「然則留事我乎？」曰：「我有老母在河北，未可留也。」問其姓名，俛而不答，攝衣躍而登屋，屋瓦無聲。時方月明，去如飛。明日，公命取死囚斬之，曰：「夜來獲姦細。」公後嘗於河北物色之，不可得。此又賢於鉏麑矣。孰謂世間無奇男子乎？殆是唐劍客之流也。

【一一】當自息矣　「息」，諸本並寬文本均作「思」。

【一二】豈忍加害　「加害」，諸本作「害公」。

南軒六詩

張宣公《題南城》云：「坡頭望西山，秋意已如許。雲影度江來，霏霏半空雨。」《東渚》云：「團團淩風桂，宛在水之東。月色穿林影，卻下碧波中。」《麗澤》云：「長哦《伐木》詩，佇立以望子。日暮飛鳥歸，門前長春水。」《濯清》云：「芙蓉豈不好，濯濯清漣漪。采去不盈把，惆悵暮忘饑【一三】。」《西嶼》云：「繫舟西岸邊，幅巾自來去。島嶼花木深，蟬鳴不知處。」《采菱舟》云：「散策下亭舸，水清魚可數。卻上采菱舟，乘風過南浦。」六詩閑澹簡遠，德人之言也。

族譜引

陶淵明《贈長沙公族祖》云：「同源分派【一四】，人易世疏。慨然寤歎，念兹厥初。」老蘇《族譜引》云：「服始乎衰，而至於緦，而至於無服。無服則親盡，親盡則情盡。情盡則喜不慶，憂不弔。喜不慶，憂不弔，則塗人也。吾所與相視如塗人者【一五】，其初兄弟也。兄弟其初，一人之身也。悲夫！」正淵明詩意，詩字少意多，尤可涵泳。

【一三】惆悵暮忘饑 「忘」，原作「愁」，據諸本、《永樂大典》卷八二一改。

【一四】同源分派 「派」，逯欽立校注《陶淵明集》卷一作「流」。

【一五】吾所與相視如塗人者 「與」，諸本作「以」。

幸不幸

胡澹庵乞斬秦檜得貶，盧溪先生王廷珪，字民瞻，以詩送之曰：「癡兒不了公家事，男子要爲天下奇。」亦貶辰陽。太府寺丞陳剛中，字彦柔，以啟賀之云：「屈膝請和，知廟堂禦侮之無策；張膽論事，喜樞庭經遠之有人。身爲南海之行，名若泰山之重。」又云：「誰能屈大丈夫之志，寧忍爲小朝廷之謀。知無不言，願請尚方之劍；不遇故去，聊乘下澤之車。」亦貶安遠宰。盧溪晚年，孝宗召赴闕，除直秘閣，一子扶掖上殿，亦予官，壽踰九十。寺丞竟死安遠，無子，其妻削髮爲尼。幸不幸之不同如此。吉州吉水縣江濱有石材廟，隆祐太后避虜，御舟泊廟下。一夕，夢神告曰：「速行，虜至矣！」太后驚寤，即命發舟指章貢。虜果躡其後，追至造口，不及而還。事定，特封廟神剛應侯。寺丞南行，題詩廟柱云：「疏爵新剛應，論功舊石材。能形文母夢，還訝倭人來【一六】。海市爲誰出，衡雲豈自開。乞靈如見告，逐客幾時回？」卒不如其願，悲夫！

德行科

楊誠齋初欲習宏詞科，南軒曰：「此何足習，盍相與趨聖門德行科乎？」誠齋大悟，不復習，作《千慮策》，論詞科可罷曰：「孟獻子有友五人，孟子已忘其三。周室去班爵之

【一六】還訝倭人來　原此下有夾注云：「《左氏傳》『倭人來矣』，正謂逐客，事見《六一集》。」

籍，孟子已不能道其詳，孟子亦安能中今之詞科哉！」晚年作詩示兒云：「素王開國道無臣，一牓春風放十人。莫羨牓頭年十八，舊春過了有新春。」

記夢詩

昌黎《記夢》詩末句云：「我寧屈曲自世間，安能從汝巢神山。」朱文公定「寧」字作「能」字，謂神仙亦且護短憑愚，則與凡人意態不殊矣。我若能屈曲諂媚，自在世間可也，安用巢神山以從汝哉！正柳下惠「枉道而事人，何必去父母之邦」之意。只一字之差，意味天淵夐别。

忍事

張耳、陳餘，魏之名士。秦聞此兩人名，購求張耳千金，陳餘五百金。二人變名姓之陳，爲里監門。里吏嘗笞餘，餘欲起，耳躡之，使受笞。吏去，耳引餘之桑下數之曰：「始吾與公言何如？今見小辱而欲死一吏乎？」耳之見，過餘遠矣。餘卒敗死泜水上【一七】，而耳事漢，富貴壽考，福流子孫，非偶然也。大智大勇，必能忍小恥小忿。彼其雲蒸龍變，欲有所會，豈與瑣瑣者校乎？東坡論子房，潁濱論劉、項，專説一「忍」字，張公藝九世同居，亦只是得此一字之力，杜牧之云「包羞忍恥是男兒」。

【一七】餘卒敗死泜水上　「泜水」，原作「低水」，據諸本並《史記》卷八九《張耳陳餘列傳》改。

五教三綱

舜命契敷五教，孟子以爲君臣、父子、夫婦、兄弟、朋友是也。《左氏傳》：晏子曰：「君令臣共，父慈子孝，兄愛弟敬，夫和妻柔，姑慈婦聽。」去朋友而言婦姑。又曰：「君令而不違，臣共而不貳，父慈而教，子孝而箴，兄愛而友，弟敬而順，夫和而義，妻柔而正，姑慈而從，婦聽而婉。」五者之中，唯兄弟婦姑專主於和順。至於君，雖得以令臣，而不可違於理而妄作，臣雖所以共君，而不可貳於道而曲從。父慈其子，必教以義方。子孝其父，必箴其闕失。夫以和倡婦，尤當制之以義。妻以柔從夫，尤當自守以正。蓋三者乃三綱也，所繫尤重，故於睦雍敬愛之中，必有檢方規正之道，庶幾各盡其分，而三綱立矣。

二罪人

國家一統之業，其合而遂裂者，王安石之罪也。其裂而不復合者，秦檜之罪也。渡江以前，王安石之説，浸漬士大夫之肺腸，不可得而洗滌。渡江以後，秦檜之説，淪浹士大夫之骨髓，不可得而針砭。

利害

朝廷一有計較利害之心，便非王道。士大夫一有計較利害之心，便非儒學。紹興間，張登爲尤溪宰。視事之日，請邑之耆老人士相見，首問「天」字以何字對，皆曰「地」。又問「日」字以何字對，皆曰「月」。又問「利」字以何字對，皆曰「害」。張曰：「誤矣，人只知以利對害【一八】，便只管要尋利去，人人尋利，其間多少事！『利』字，只當以『義』字對。」因詳言義利之辯，一揖而退。

物無小

豺能殺虎，鼠可害象，一夫足以勝禹，三户可以亡秦。

范睢蔡澤

范睢、蔡澤皆辯士，太史公以之連傳。然睢傾危，澤明坦。睢幽險詭秘，危人骨肉，全是小人意態。澤方入關，便宣言欲代睢。至其所以告睢者，皆消息盈虚之正理，睢必俟澤反覆以禍福曉之，乃肯釋位。澤爲秦相數月，即告老，爲客卿以終。進退雍容，過睢遠甚。雖然，後之君子固權吝寵，如狡兔之專窟，如猩猩之嗜酒，老死而不知止，受禍而不之覺

【一八】人只知以利對害　「人」，諸本作「今」。

者，是又在范睢下矣。

江月句

孟浩然詩云「江清月近人」【一九】，杜陵云「江月去人只數尺」，子美視浩然爲前輩，豈祖述而敷衍之耶！浩然之句渾涵，子美之句精工。

建茶

陸羽《茶經》，裴汶《茶述》，皆不載建品。唐末，然後北苑出焉。本朝開寶間，始命造龍團，以别庶品。厥後丁晉公漕閩，乃載之《茶録》。蔡忠惠又造小龍團以進。東坡詩云：「武夷溪邊粟粒芽，前丁後蔡相籠加，吾君所乏豈此物，致養口體何陋耶！」茶之爲物，滌昏雪滯，於務學勤政，未必無助。其與進荔枝桃花者不同，然充類至義，則亦宦官宫妾之愛君也。忠惠直道高名，與范、歐相亞，而進茶一事，乃儕晉公，君子之舉措，可不謹哉！

救荒

皇祐間，吴中大饑。范文正公領浙西，乃縱民競渡，與僚佐日出燕湖上，諭諸寺以荒

【一九】江清月近人　「清」，原作「晴」，據諸本並《全唐詩》卷一六〇孟浩然《宿建德江》改。

歲價廉，可大興土木。於是，諸寺工作鼎新。又新倉廒吏舍，日役千夫。監司劾奏杭州不卹荒政，游宴興作，傷財勞民。公乃條奏所以如此，正欲發有餘之財以惠貧者，使工技傭力之人，皆得仰食於公私，不至轉徙填壑。荒政之施，莫此爲大。是歲，惟杭饑而不害。近時莆陽一寺，規建大塔，工費鉅萬。或告侍郎陳正仲曰：「當此荒歲，寺僧剥斂民財，興無益之土木，公爲此邦之望，盍白郡禁止之？」正仲笑曰：「子過矣，建塔之役，寺僧能自爲之乎？莫非傭此邦之人爲之也。斂之於富厚之家，散之於貧窶之輩，是小民藉此以得食，而贏得一塔耳。當此荒歲，惟恐僧之不爲塔也，子迺欲禁之乎？」

蘇白

東坡希慕樂天，其詩云：「應似香山老居士，世緣終淺道根深。」然樂天醞藉，東坡超邁，正自不同。魏鶴山詩云：「溢浦猿啼杜宇悲，琵琶彈淚送人歸。誰言蘇白名相似【二〇】，試看風騷赤壁磯。」此論得之矣。

干寶

楊誠齋在館中，與同舍談及晉于寶【二一】，一吏進曰：「乃干寶，非于也。」問何以知之，吏取韻書以呈，「干」字下注云：「晉有干寶。」誠齋大喜曰：「汝乃吾一字之師。」

【二〇】誰言蘇白名相似　「名」，諸本作「能」。

【二一】與同舍談及晉于寶　「及」，原作「乃」，據諸本改。

帷帳

紹興省試《高祖能用三傑賦》，一卷文甚奇，而第四韻押「運籌帷帳」，考官以《漢書》乃「帷幄」，非「帳」字，不敢取。出院以語周益公，公曰：「有司誤，非作賦者誤也，《史記》正是『帷帳』，《漢書》乃作『幄』。」

字義

壽皇問王季海曰：「『聾』字何以從『龍耳』？」對曰：「《山海經》云：『龍聽以角，不以耳。』」荊公解「蔗」字，不得其義。一日行圃，見畦丁蒔蔗橫瘞之，曰：「它時節節皆生。」公悟曰：「蔗，草之庶生者也【一二二】。」字義固有可得而解者，如一而大謂之天，是誠妙矣，然不可强通者甚多。世傳東坡問荊公：「何以謂之波？」曰：「波者，水之皮。」坡曰：「然則滑者，水之骨也？」荊公《字説》成，以爲可亞六經。作詩云：「鼎湖龍去字書存，開闢神機有聖孫。湖海老臣無四目，漫將糟粕汙脩門。」正名百物自軒轅，野老何知强討論。但可與人漫醬瓿，豈能令鬼哭黄昏。」蓋蒼頡四目，其制字成，天雨粟，鬼夜哭。漫瓿之句，言知者少也。

【一二二】蔗草之庶生者也　諸本作「蔗切之夜，庶生是也」。

前輩志節

胡忠簡公爲舉子時，值建炎之亂，團結丁壯，以保鄉井。隆祐太后幸章貢，虜兵追至，廬陵太守楊淵棄城走。公所居曰薌城，距城四十里，乃自領民兵入城固守。市井惡少乘間欲攘亂【一三】，斬數人乃定。張髈責楊淵棄城之罪，募人收捕。淵懼，自歸隆祐，隆祐赦之，降敕書諭胡銓。事定，新太守來，疑公有他志，不敢入城。公笑曰：「吾保鄉井耳，豈有他哉！」即散遣民兵，徒步歸薌城。楊忠襄公少處郡庠，足不涉茶坊酒肆。同舍欲壞其守，拉之出飲，託言朋友家，實娼館也。公初不疑，酒數行，娼豔粧而出。公愕然，疾趨而歸，解其衣冠焚之，流涕自責。人徒見忠簡以一編脩官乞斬秦檜，甘心流竄，忠襄以金陵一倅唾罵兀朮，視死如歸，豈知其自爲布衣時，所立已卓然矣。

詩勉邑宰

王梅溪守泉，會邑宰，勉以詩云：「九重天子愛民深，令尹宜懷惻隱心。今日黄堂一杯酒，使君端爲庶民斟。」邑宰皆感動。真西山帥長沙，宴十二邑宰於湘江亭，作詩曰：「從來官吏與斯民，本是同胞一體親。既以脂膏供爾禄，須知痛癢切吾身。此邦素號唐朝古，我輩當如漢吏循。今日湘亭一杯酒，便煩散作十分春。」蓋祖述梅溪而敷衍之。

【一三】市井惡少乘間欲攘亂　「亂」，原脱，據諸本補。

常平

惠民之法，莫善於常平。司馬温公云：「此三代聖人之法，非李悝、耿壽昌所能爲也。」陳止齋曰：「《周禮》以年之上下出斂法，蓋年下則出，恐穀貴傷民也，年上則斂，恐穀賤傷農也，即常平之法矣。」《孟子》曰：「狗彘食人食而不知檢，塗有餓殍而不知發。」「檢」字，一本作「斂」，蓋狗彘食人食，粒米狼戾之歲也，法當斂之。塗有餓殍，凶歲也，法當發之。由此而言，三代之時，無常平之名，而有常平之政，特廢於衰周耳，真非耿、李所能爲也。

簡易

郭沖晦謂劉信叔曰：「處事當以簡易，何則？簡以制繁，易以制難，便不費力。乾坤之大，所以使萬物由其宰制者，不過此二字，況於人乎！」沖晦此論，可謂洞見天地萬物之理。且以用兵言之，韓信多多益辦，只是一簡字。狄武襄夜半破崑崙關，只是一易字。

大乾夢

廖德明，字子晦，朱文公高弟也。少時夢謁大乾【二四】，夢懷刺候謁廟廡下，謁者索刺，出諸袖，視其題字云「宣教郎廖某」，遂覺。後登第，改秩，以宣教郎宰閩。請迓者及門【二五】，思前夢，恐官止此，不欲行。親朋交相勉，乃質之文公。公曰：「待徐思之。」一夕，忽叩門曰：「得之矣。」因指案上物曰：「人與器物不同，如筆止能爲筆，不能爲硯；劍止能爲劍，不能爲琴；故其成毁久速，有一定不易之數。惟人則不然，虚靈知覺，萬理兼該，固有朝爲跖而暮爲舜者，故其吉凶禍福，亦隨之而變，難以一定言。今子赴官，但當充廣德性，力行好事，前夢不足芥蔕。」子晦拜而受教。後把麾持節，官至正郎。

【二四】少時夢謁大乾　「夢謁」，原作「謁夢」，據諸本改。

【二五】請迓者及門　「請」，原作「清」，據諸本改。

卷四

詞科

嘉定間，當國者憚真西山剛正，遂謂詞科人每挾文章科目以輕朝廷，自後詞科不取人。雖以徐子儀之文，亦以巫咸一字之誤而黜之，由是無復習者。内外制唯稍能四六者即入選。殊不知制誥詔令，貴於典重温雅，深厚惻怛，與尋常四六不同。今以尋常四六手爲之，往往褒稱過實，或似啟事諛詞，雕刻求工，又如賓筵樂語，失王言之體矣。胡衛、盧祖皋在翰苑【一】，草明堂赦文云「江淮盡掃於胡塵」。太學諸生嘲之曰：「胡塵已被江淮掃，卻道江淮盡掃於。」又曰：「傳語胡、盧兩學士，不如依樣畫胡盧。」端平初，患代言乏人，乃略更其制，出題明注出何書，乃許上請【二】，中選者堂除教官。然名實既輕，習者亦少。昔孝宗朝，議者欲科舉取士，以論策共爲一場，制詔表章爲一場，上欣然欲行之，而周益公等不主其説，遂不果行。余謂若行此法，則舉子無不習王言者。習者既多，自有精工者出於其間，他時選拔而用之，何患絲綸之不雅正乎【三】！

校勘記

【一】盧祖皋　諸本作「盧祖舉」，盧祖皋，字申之，見《南宋館閣續録》卷八。

【二】乃許上請　「乃」，原作「仍」，據諸本改。

【三】何患絲綸之不雅正乎　「不」字原脱，據諸本補。

透脱

楊誠齋丞零陵日,有《春日絶句》云【四】:「梅子留酸軟齒牙,芭蕉分緑與窗紗【五】。日長睡起無情思,閑看兒童捉柳花。」張紫巖見之曰:「廷秀胸襟透脱矣!」

對壘

與敵對壘,必分兵以擾之,設詐以疑之。擾之,則其力不給;疑之,則其心不安。力不給,則敗;心不安,則遁。

李勣

李勣臨終,謂其弟德曰【六】:「吾子孫若有志氣不倫,交游非類者,必先撾殺之而後以聞。」其言嚴厲如此。《酉陽雜俎》載,勣孫敬業,年十許歲,勇悍異甚。勣心患之,伺其入林獵獸,縱火焚林,敬業見火至,刳所乘馬,入其腹中。火過,浴血而出,迄不能害。臨終之戒,爲敬業發也。厥後則天之禍,敬業起兵,所謂「一抔之土未乾,六尺之孤何在」者,名義固正,亦狂率矣,卒殲其宗。然武氏之立,大臣力争之,以勣家事一語而定。唐之子孫半爲血肉,殲宗之禍,非天報耶?

【四】春日絶句　楊萬里《江湖集》此詩題作「閑居初夏午睡起」。

【五】芭蕉分緑與窗紗　「與」,諸本作「上」。按,《江湖集》亦作「上」。

【六】謂其弟德曰　按,考《舊唐書》卷六七《李勣傳》,其弟名弼,《新唐書》本傳同,此處蓋誤。

買硯詩

徐淵子詩云：「俸餘擬辦買山錢，卻買端州古硯磚。依舊被渠驅使在，買山之事定何年？」劉改之賀其除直院啟云：「以載鶴之船載書，入覲之清標如此；移買山之錢買硯，平生之雅好可知。」淵子詞清雅，余尤愛其《夜泊廬山》詞云：「風緊浪淘生【七】，蛟吼鼉鳴，家人睡著怕人驚。只有一翁捫虱坐，依約三更。雪又打殘燈，欲暗還明。有誰知我此時情？獨對梅花傾一盞，還又詩成。」

孤雁獨鶴

杜陵詩云：「孤雁不飲啄，飛鳴聲念群。誰憐一片影，相失萬重雲。望斷似猶見，哀多如更聞。野鴉無意緒，鳴噪自紛紛。」又云：「獨鶴歸何晚，昏鴉已滿林。」以興君子寡而小人多，君子淒涼零落，小人噂沓喧競。其形容精矣。

朱文公詞

世傳《滿江紅》詞云：「膠擾勞生，待足後何時是足？據見定隨家豐儉，便堪龜縮。得意濃時休進步，須知世事多翻覆。漫教人白了少年頭，徒碌碌。誰不愛，黄金屋；誰

【七】風緊浪淘生　「淘」，諸本作「花」。按，《永樂大典》引同原本。

不羨，千鍾禄。奈五行不是、這般題目。枉費心神空計較，兒孫自有兒孫福。也不須採藥訪神仙，惟寡欲。」以爲朱文公所作。余讀而疑之，以爲此特安分無求者之詞耳，決非文公口中語。後官于容南，節推翁謂爲余言，其所居與文公鄰，嘗舉此詞問公。公曰，非某作也，乃一僧作，其僧亦自號「晦庵」云。又《水調歌頭》云：「富貴有餘樂，貧賤不堪憂。那知天路幽險【八】，倚伏互相酬。請看東門黄犬，更聽華亭清唳，千古恨難收。何似鴟夷子，散髮弄扁舟。鴟夷子，成霸業，有餘謀。收身千乘卿相，歸把釣魚鉤。春晝五湖煙浪，秋夜一天雲月，此外儘悠悠。永棄人間事，吾道付滄洲。」此詞乃文公作，然特敷衍檃括李、杜之詩耳【九】。

鄧友龍使虜

嘉泰中，鄧友龍使金【一〇】，有賂驛吏夜半求見者，具言虜爲韃之所困，饑饉連年，民不聊生，王師若來，勢如拉朽。友龍大喜，厚賂遣之。歸告韓侂胄，且上倡兵之書，北伐之議遂決。其後王師失利，侂胄誅，友龍竄。或疑夜半求見之人，誑誕誤我。然觀金虜《南遷録》，其言皆不誣。此必中原義士，不忘國家涵濡之澤，幸虜之亂，潛告我使。惜乎將相非人，無謀浪戰，竟孤其望，是可歎也。

【八】那知天路幽險　「那」，《晦庵先生朱文公文集》卷十此詞作「誰」。

【九】然特敷衍檃括李杜之詩耳　「特」，原作「持」，據諸本改。

【一〇】鄧友龍使金　「金」，諸本作「虜」，此蓋後人回改之異，以下類此者，俱逕改不出校。

誠齋退休

楊誠齋自祕書監將漕江東，年未七十，退休南溪之上。老屋一區，僅庇風雨。長鬚赤脚，纔三四人。徐靈暉贈公詩云：「清得門如水，貧唯帶有金。」蓋紀實也。聰明强健，享清閒之福十有六年。寧皇初元，與朱文公同召。文公出，公獨不出【一一】。文公與公書云：「更能不以樂天知命之樂，而忘與人同憂之憂，毋過於優游，毋決於遁思，則區區者，猶有望於斯世也。」然公高蹈之志，已不可回矣。嘗自贊云：「江風索我吟，山月喚我飲，醉倒落花前，天地爲衾枕。」又云：「青白不形眼底，雌黄不出口中。只有一罪不赦，唐突明月清風。」

紹熙内禪

紹熙甲寅，壽皇不豫，光宗以疾不能過宫，然猶日臨内朝，宰相率百官固請，不從。嘗降出一草茅書，言建儲事，宰相袖進取旨，上變色曰：「儲不豫建，建即代矣。朕第欲卿知其妄耳。」越數日，宰執再以請，御批有「歷事歲久，念欲廢閑」之語。壽皇升遐，上不能喪，群臣相率攀上衣裾泣曰：「壽皇死也，陛下合上輦一出。」隨至福寧殿，不退。上亦泣曰：「此非卿等行處也。」急還内【一二】，褌絨爲裂。時中外訛言洶洶，或言某將輒奔赴，

【一一】公獨不出　「出」，諸本作「起」。

【一二】急還内　諸本作「可急還」。

或言某輩私聚哭。朝士有潛遁者，近倖富人競匿重器，都人皇皇。趙忠定在西府，密謀内禪，念莫可達意於壽聖者。韓侂胄，壽聖甥也，乃令閤門蔡必勝潛告之。侂胄遂因知省關禮白壽聖，議始定。忠定令工部尚書趙彦逾戒殿帥郭杲、敕宿衛起居舍人彭龜年告嘉邸備進發。七月甲寅，禫祭，壽聖引宰執至簾下，諭曰：「皇帝疾，至今未能執喪，自欲退閑，此御筆也。嘉王可即皇帝位於重華宫，躬行喪禮。」嘉王卻避再三，侂胄、必勝扶抱登御榻，流涕被面。命泰安宫提舉楊舜卿往南内請八寶，初猶靳予，舜卿傳奏云：「官家兒子做了。」乃得寶出。事定，侂胄意望節鉞，忠定不與。知閤劉弼乘間言曰：「此事侂胄頗有功，亦合分些官職與他。」忠定曰：「渠亦有何大功！」弼語侂胄，侂胄未信，謁忠定以探其意，忠定岸然不交一談。侂胄退而歎曰：「劉知閤不吾欺。」於是邪心始萌，謀逐忠定矣。

竹夫人制

李公甫謁真西山，丐詞科文字，西山留之，小飲書房。指竹夫人爲題曰：「蘄春縣君祝氏，可封衛國夫人。」公甫援筆立成，末聯云：「於戲！保抱携持，朕不忘兩夜之寢【一三】；展轉反側，爾尚形四方之風。」西山擊節。蓋八字用詩書全語，皆婦人事，而形四方之風，又見竹夫人玲瓏之意。其中頌德云：「常居大廈之間【一四】，多爲涼德之助。

【一三】朕不忘兩夜之寢　「兩」，原作「丙」，據諸本改。

【一四】常居大廈之間　「廈」，原作「憂」，據諸本改。

剖心析肝【一五】，陳數條之風刺；自頂至踵，無一節之瑕疵。」

罵尸蟲文

柳子厚文章精麗，而心術不掩焉，故理意多舛駁【一六】。余嘗書其《罵尸蟲文》後云：尸蟲伏人骸竅間，狙伺隱慝，上訴之帝，意求飲食，人以是多羅咎讁【一七】，柳子憎而罵之。余謂尸蟲未果有也，果有之，疑帝借以爲耳目，未可罵也。世之人唯不知有尸蟲，世之人而知有尸蟲，則豈特摩牙奮距，昂昂然以凶毒自名者削跡於世哉？色厲内荏，聲善實狠，若共、兜、少正卯輩當亦少衰矣。故余謂尸蟲之有裨於世教甚大，帝之福善禍淫，有藉於尸蟲甚切。帝之飲以飲食也，初非賞讒；尸蟲之嘵嘵上訴也，亦非以讒。故仁人君子謂宜彰尸蟲之功於天下，俾警焉可矣，罵者何也？且柳子何畏乎尸蟲？謹修而身，宅而心，七情所動，不違其則，雖有尸蟲，將焉攸訴？彼若鼓其讒頰，咀毒銜鋒，謂巢、由污，龍逢、比干佞，謂周、孔不仁，則帝之聰明，將怒殛之矣，奚聽信以降割于我民！設或循其首以至踵，未能無面熱汗下，徒憎其不爲己隱，申之以罵焉，余恐祇益其訴帝之説而已。

【一五】剖心析肝　「剖」，原作「割」，據諸本改。
【一六】理意多舛駁　「舛」，原作「升」，據諸本改。
【一七】人以是多罹咎讁　「罹」，原作「羅」，據諸本改。

舉劉郡守

張宣公帥江陵，道經澧，澧之士子十數輩，執文書郊迎。公喜見鬚眉，就馬上長揖，索其文觀之，乃舉劉郡守政績。公擲其文于地曰：「諸公之來，某意其相與講切義理之是非，啟告閭閻之利病，有以見教。今乃不然，是特被十隻冷饅頭使耳！」躍馬徑去，澧守上謁，亦不請見【一八】。

制置用武臣

嘉定間，山東忠義李全，跋扈日甚。朝廷擇人帥山陽，見大夫無可使，遂用許國。國，武人也，特換文資，除大府卿以重其行。國至山陽，偃然自大，受全庭參，全軍忿怒，因而殺之。幕客杜子埜，詩人也，亦死焉。初，國之換文資【一九】，喬壽朋以書抵史丞相曰：「祖宗朝，制置使多用名將。紹興間，不獨張、韓、劉、岳嘗爲之，楊沂中、吳玠、吳珙、劉錡、王燮、成閔、李顯中諸人亦爲之。不特制置使可爲，樞密、處置、宣撫等使亦可爲也，豈必盡文臣哉！至於文臣任邊事，固有反以觀察使授之者，如韓忠獻、范文正、陳堯咨是也。今若就加本等之官，以重制帥之選，初無不可；乃使之處非其地，遽易以清班，彼必修飾邊幅，强自標置，求以稱此。人心固未易服，恐反使人有輕視不平之心，此不可不慮

【一八】亦不請見　「請」，諸本作「容」。

【一九】國之换文資　「資」，原作「也」，據諸本改。

也。」廟堂不能從，未幾，果敗。李全自此遂叛。嘗曰：「吾不患兵不精，唯患財不贍。」有士人教之以依朝廷樣式造楮券，全從之，所造不勝計，持過江南市物，人莫能辨。其用頓饒，而江南之楮益賤，上下共以全爲憂。辛卯上元夜，酒酣，自提兵攻維揚，忽陷於城外淖中而死。

男子婦人拜

朱文公云，古者男子拜，兩膝齊屈，如今之道拜。杜子春注《周禮》奇拜，以爲先屈一膝，如今之雅拜，即今拜也。古者婦女以肅拜爲正，謂兩膝齊跪，手至地，而頭不下也，拜手亦然。南北朝有樂府詩説婦人曰：「伸腰再拜跪，問客今安否。」伸腰亦是頭不下也。周宣帝令命婦相見皆跪，如男子之儀。不知婦人膝不跪地，而變爲今之拜者，起於何時？程泰之以爲始於武后，不知是否？余觀王建宫詞云：「射生宫女盡紅粧，請得新弓各自張。臨上馬時齊賜酒，男兒跪拜謝君王。」則唐時婦女拜不跪可證矣。

馬謖

諸葛孔明征蠻，馬謖曰：「攻心爲上，攻城爲下，心戰爲上，兵戰爲下。」其論高矣。街亭之敗，用秦穆宥孟明故事可也。蜀執日傾，蜀才日少，而乃流涕斬謖，過矣。夫法立誅必，而不權以古人八議之仁，此申、韓之所爲也。前輩謂子房之學出於黄、老，孔明之學出於申、韓，信矣。近世張魏公之斬曲端、趙哲，乃效孔明所爲，尤非也。

唐子西詩

唐子西立朝，賦梅花詩云：「桃花能紅李能白，春深無處無顔色。不意尚有數枝梅【二〇】，可是東君苦留客？」「向來開處是嚴冬，桃李未在交遊中。只今已是丈人行，勿與年少爭春風。」執政者惡其自尊，一斥不復。後以黨禍謫羅浮，作詩云：「説與門前白鷺群，也須從此斷知聞。諸公有意除鉤黨，甲乙推求恐到君。」殊有意味。又云：「鶴歸遼海悲人世，猿入巴山叫月明。唯有蟲沙今好在，往來休傍水邊行。」《抱朴子》云，周穆王南征，一軍皆化，君子化爲猿鶴，小人化爲蟲沙。詩意言君子或死或貶，唯小人得志，深畏其含沙射影也。

清廉

士大夫若愛一文，不直一文。陳簡齋詩云：「從來有名士，不用無名錢。」楊伯子嘗爲余言：「士大夫清廉，便是七分人了。蓋公忠仁明，皆自此生。」伯子，誠齋冢嗣，號東山先生，清節高文，趾美克肖。其帥番禺【二一】，將受代，有俸錢七千緡，盡以代下户輸租。

【二〇】不意尚有數枝梅　「意」，寬文本作「應」。按，《永樂大典》卷八二一引亦作「應」。

【二一】其帥番禺　「其」，原作「某」，據諸本改。

有詩云：「兩年枉了鬢霜華，照管南人没一些。七百萬錢都不要，脂膏留放小民家。」又《别石門》詩云：「石門得得泊歸舟，江水依依别故侯。擬把片香投贈汝，這回欲帶忘來休。」蓋晉吴隱之守五羊，不市南物，歸舟有香一片，舉而投諸石門江中，用此事也。其帥三山，不請供給錢，以忤豪貴劾去。作詩貽先君云【二二】：「與世長多忤，持身轉覺孤。貧緣新齒舌，收拾老頭顱。我已訶瀧吏，君誰誦子虚。同歸燈火讀，家裏石渠書。」時先君與之同入閩故也。陳膚仲作《玉壺冰》、《朱絲絃》二詩送之。林自知《送行》詩云【二三】：「公來無琴鶴，公去有芒鞋。」又一幕官詩云：「從渠腰下有金帶，何處山中無菜羹？」真西山入對，主上問當今廉吏，西山既以趙政夫爲對，翌日又奏曰：「臣昨所舉廉吏未盡，如崔與之之出蜀，唯載歸艎之圖籍，楊長孺之守閩，靡侵公帑之毫釐，皆當今之廉吏也。」

西湖長

東坡守杭守潁，皆有西湖，故《潁川謝表》云【二四】：「入參兩禁，每玷北扉之榮；出典二州，輒爲西湖之長。」秦少章詩云：「十里薰風菡萏初【二五】，我公所至有西湖。欲將公事湖中了，見説官閑事亦無。」後謫惠州，亦有西湖。楊誠齋詩云：「三處西湖一色秋，錢塘汝潁及羅浮【二六】。東坡元是西湖長，不到羅浮便得休。」

【二二】作詩貽先君云　「云」，原作「詩」，據諸本改。
【二三】林自知　諸本作「林自和」，未詳孰是。
【二四】潁川謝表　《經進東坡文集事略》卷二六作「潁州謝表」。
【二五】十里薰風菡萏初　「薰」，原作「董」，據諸本改。
【二六】錢塘汝潁及羅浮　楊萬里《南海集·惠州豐湖亦名西湖之二》作「錢塘潁水更羅浮」。

春秋書國滅

胡文定《春秋傳》，作於渡江之初。其論國滅也，曰：「《春秋》滅人之國，其罪則一，而見滅之君，其例有三：以歸者，既無死難之節，又無克復之志，貪生畏死，甘就執辱，其罪爲重，許斯、頓牂之類是也；出奔者，雖不死於社稷，有興復之望焉，託於諸侯，猶得寓禮，其罪爲輕，弦子、温子之類是也；若夫國滅死於其位，是得正而斃焉者矣，於禮爲合，於時爲不幸，若江、黄二國是也。」其旨嚴矣，如劉禪、愍、懷，皆《春秋》之罪人也。近時韃虜入蔡，殘金之主守緒，乃能聚薪自焚，義不受辱，庶幾於江、黄。

陸放翁

陸務觀，農師之孫，有詩名。壽皇嘗謂周益公曰：「今世詩人亦有如李太白者乎？」益公因薦務觀，由是擢用，賜出身爲南宫舍人。嘗從范石湖辟入蜀，故其詩號《劍南集》，多豪麗語，言征伐恢復事。其《題俠客圖》云：「趙魏胡塵十丈黄，遺民膏血飽豺狼。功名不遣斯人了，無奈和戎白面郎。」壽皇讀之，爲之太息。臺評劾其恃酒頹放，因自號「放翁」。作詞云：「橋如虹，水如空，一葉飄然煙雨中，天教稱放翁。」晚年爲韓平原作《南園記》，除從官。楊誠齋寄詩云：「君居東浙我江西，鏡裏新添幾縷絲。花落六回疏信息，月明千里兩相思。不應李杜翻鯨海，更羨夔龍集鳳池。道是樊川輕薄殺，猶將萬户比千詩。」蓋切磋之也。然《南園記》唯勉以忠獻之事業，無諛辭。晚年詩和平粹美，有中原承平時氣象，朱文公喜稱之。

席地

古人席地而坐，登席則去履襪。《左氏傳》：褚師聲子襪而登席，衛侯怒其無禮。如簠簋豆籩【二七】，高不踰尺，便於取食。今世夫子廟塑像【二八】，巍然高坐，而祭器乃陳於地，殊覺未安。朱文公云：「先君嘗過鄭國列子廟，見其塑像，以石爲席，而坐於地，先聖像設亦宜倣此。」

蝶粉蜂黄

楊東山言：《道藏》經云，蝶交則粉退，蜂交則黄退。周美成詞云「蝶粉蜂黄渾退了」，正用此也。而説者以爲宫粧，且以「退」爲「褪」，誤矣。余因歎曰，區區小詞，讀書不博者，尚不得其旨，況古人之文章，而可臆見妄解乎！

【二七】簠簋豆籩　「豆籩」，諸本作「籩豆」。

【二八】今世夫子廟塑像　「塑」，原作「望」，據諸本改。

戒色

唐司空圖詩云:「昨日流鶯今日蟬,起來又是夕陽天。六龍飛轡長相窘,更忍乘危自著鞭。」戒好色自戕者也。楊誠齋善謔,嘗謂好色者曰:「閻羅王未曾相喚,子乃自求押到,何也?」即此詩之意。

小官對移

廖子晦爲小官,遭長官以非理對移,殊不能堪。朱文公以書曉之云:「吾人所學,正要此處呈驗,已展不縮,已進不退,只得硬脊梁與他廝捱【二九】,看如何【三〇】? 自家決定不肯開口告他,若到任滿,便作對移,批書離任,則他許多威風都無使處矣,豈不快哉! 此間有吳伯起者,不聞講學,後聞陸子靜説話,自謂有所得。及作令,被對移他邑主簿,卻不肯行,百方求免。某嘗笑之,以爲何至如此。若對移作指使,即逐日執杖子去知府廳前唱喏。若對移作押録,即逐日抱文書去知縣廳前呈覆。更做耆長壯丁,亦未妨與他去做,況主簿乎?」文公之意,蓋謂心無愧怍,則無入而不自得; 心無貪戀,則無往而不自安。此不在於臨事遇變之時,而在於平居講學之際。講之素精,見之素定,真知夫進退得喪死生禍福之不足以累吾心,則雖鼎鑊刀鋸,視之如寢飯之安矣,況於一升黜予奪之間者哉!

【二九】只得硬脊梁與他廝捱　《朱文公文集》同上卷「硬」下有一「著」字。

【三〇】看如何　《朱文公文集》同上卷作「看他如何」。

韓昌黎云：「夫儒者之於患難，苟非其自取之，其拒而不受於懷也，若築河堤而障屋霤；其容而消之也，若水之於海、冰之於夏日；其翫而忘之以文辭也，若奏金石以破蟋蟀之鳴、蟲飛之聲。況一不缺於考功盛山一出入息之間哉！」此最善形容處【三一】。

試進士見燭

唐人詩云：「三條燭盡鐘初動，九轉丹成鼎未開。明月漸低人擾擾【三二】，不知誰是謫仙才。」此唐試進士見燭之驗也。白樂天奏狀云：「禮部試進士例，許用書册，兼得通宵。」蓋亦不禁懷挾矣。

【三一】此最善形容處　《稗海》本於此下有夾注云：「考功，官銜；盛山，地名也。」

【三二】明月漸低人擾擾　《唐摭言》卷一五、《詩話總龜》前集卷一〇引此詩「明月」均作「殘月」，似於義爲長。

卷五

相字音廝

白樂天詩云：「爲問長安月，誰教不相離。」「相」字下自注云：「思必切【一】。」乃知今俗作「廝」字者，非也。

格天閣

秦檜少遊太學，博記工文，善幹鄙事，同舍號爲「秦長脚」。每出遊飲，必委之辦集。既登第，又中詞科。靖康初，爲御史中丞。金人陷京師，議立張邦昌。檜陳議狀，大略謂：「趙氏傳緒百七十年，號令一統，綿地萬里，子孫蕃衍，布在四海，德澤深長，百姓歸心。只緣姦臣誤國，遂至喪師失守，豈可以一城而決廢立哉！若必欲舍趙氏而立邦昌，則京師之民可服，而天下之民不可服；京師之宗子可滅，而天下之宗子不可滅。望稽古揆今，復君之位，以安天下。」虜雖不從，心嘉其忠，與之俱歸。檜天資狡險，始陳此議，特激於一朝之諒。既至虜廷，情態遂變，諂事撻辣，傾心爲之用。兀朮用事，侵擾江淮，韓世

校勘記

【一】思必切　原作「思移切」，按，陸游《老學庵筆記》卷一〇云：「世多言白樂天用『相』字，多從俗語作思必切，如『爲問長安月，如何不相離』是也。」今據改。

忠邀之於黄天蕩，幾爲我擒。一夕鑿河，始得遁去。再寇西蜀，又爲吴玠敗之於和尚原，至自髡其鬚髮而遁。知南軍日强，懼不能當，乃陰與檜約，縱之南歸，使主和議。檜至行都，紿言殺虜之監己者，奔舟得脱。見高宗，首進「南自南，北自北」之説，時上頗厭兵，入其言。會諸將稍恣肆，各以其姓爲軍號，曰「張家軍」、「韓家軍」。檜乘間密奏，以爲諸軍但知有將軍，不知有天子，跋扈有萌，不可不慮。上爲之動，遂決意和戎，而檜專執國命矣。方虜之以七事邀我也，有毋易首相之説，正爲檜設。洪忠宣自虜回，戲謂檜曰：「撻辣郎君致意。」檜大恨之。厥後金人徙汴，其臣張師顔者作《南遷録》，載孫大鼎疏，備言遣檜聞我，以就和好。於是檜之姦賊不臣，其跡始彰彰矣。方其在相位也，建一德格天之閣，有朝士賀以啟云：「我聞在昔，惟伊尹格于皇天；民到于今，微管仲吾其左衽。」檜大喜，超擢之【二】。又有選人投詩云：「多少儒生新及第，高燒銀燭照娥眉【三】。格天閣上三更雨，猶誦《車攻》復古詩。」檜益喜，即與改秩。蓋其胸中有慊，故特喜此諛語，以爲掩覆之計，真猾夏之賊也。余觀唐則天追貶隋臣楊素詔曰【四】：「朕上嘉賢佐，下惡賊臣【五】，嘗欲從容於萬機之暇，褒貶於千載之外。矧年代未遠，耳目尚存者乎！」夫楊素異代之姦臣，則天一女主，尚知惡而貶之。矧如檜者，密奉虜謀，脅君誤國，罪大惡極，上通於天，其可赦乎！　開禧用兵，雖嘗追削，嘉定和戎，旋即牽復，是可嘆也。

【二】超擢之　「超」，原作「起」，據諸本改。

【三】高燒銀燭照娥眉　「銀」，原作「録」，據諸本改。

【四】唐則天追貶隋臣楊素詔　「貶」，原作「敗」，據諸本改。

【五】下惡賊臣　「賊」，原作「賦」，據諸本改。

易六卦

洪容齋云：「《易》乾坤之下，六卦皆有坎，此聖人防患備險之意也。」余謂屯、蒙，未出險者也，訟、師，方履險者也，戒之宜矣。若夫需者，燕樂之象；比者，親附之象，乃亦有險焉。蓋斧斤鴆毒，每在於衽席盃觴之間，而詡詡笑語，未必非彎弓下石者也。於此二卦，其戒尤不可不嚴焉。

放魚詩

王荆公新法煩苛，毒流寰宇，晚歲歸鍾山，作《放魚》詩云：「物我皆畏苦，捨之寧啖茹。」其與梁武帝窮兵嗜殺，而以麵代犧牲者何殊？余嘗有詩云：「錯認蒼姬六典書【六】，中原從此變蕭疏。幅巾投老鍾山日，辛苦區區活數魚。」

杜悰范文正

唐宣宗遺詔立夔王，而中尉王宗實等迎鄆王立之【七】，是爲懿宗。上嘗出宦官請鄆王監國奏，令宣徽使楊公慶持示宰相杜悰曰：「當時宰相無名者，皆以反法處之。」悰謂公慶及兩樞密曰：「主上新踐阼，當以仁愛爲先，豈得遽贊成殺宰相事！若習與性成，

【六】錯認蒼姬六典書　「蒼姬」，許慎《説文解字序》作「倉頡」，此似誤。

【七】中尉王宗實等迎鄆王立之　「王宗實」，原作「王宗貫」，據《新唐書》卷九《懿宗紀》所記改。

則中尉、樞密，豈得不自憂乎？」公慶色沮而去，帝怒亦釋。慶曆中，劫盜張海過高郵，知軍晁仲約令百姓斂金帛牛酒勞之。海悦，徑去，不爲暴。事聞，富鄭公欲誅仲約，范文正不可。富公愠曰：「方今患法不舉，欲舉法而多方沮之，何以整衆？」范公曰：「祖宗以來，未嘗輕殺臣下，此盛德事，奈何欲輕壞之？他日主上手滑，吾輩亦未敢自保也。」富公終不以爲然。其後自河北還朝，不許入國門，未測朝廷意，終夜徬徨不能寐，思范公語，繞床歎曰：「范六丈，聖人也。」文正之言，與杜悰略同，皆至言也。李斯勸胡亥以煩刑，而身具五刑以死，爲人臣者可以監矣。建炎初【八】，維揚之禍，諫官袁植乞誅黄潛善等九人，高宗不可，曰：「朕方責己，豈可歸罪股肱？」宰相吕頤浩曰：「我朝輔弼大臣，縱有大罪，止從貶竄，故盛德足以祈天永命。植發此言，虧陛下好生之德。」乃出植知池州。大哉！高宗之德。至哉！頤浩之論。當時若從植言，潛善等固死有餘罪，然此門既開，厥後秦檜專國，必借此藉口，以鉏善類，其産禍寧有極乎！

【八】建炎初　「初」字原無，考下文「維揚之禍」，爲建炎元年事，故據諸本補。

詩詠蟋蟀

張文潛云：「《詩》三百篇，雖云婦人女子、小夫賤隸所爲，要之非深於文章者不能作。如『七月在野』以下皆不道破，至『十月入我床下』，方言是蟋蟀，非深於文章者能之乎？」然是詩乃周公作，其超妙宜矣。荆公絶句云：「昏黑投林曉更驚，背人相唤百般鳴。柴門長閉春風暖，事外還能見鳥情。」蓋祖此法。

人事天命

王景文云：「有心於避禍，不若無心於任運。」斯言固達矣，然必自反無愧，自盡無憾，乃可安之於命。伊川曰：「人之於患難，只有一個處置，盡人謀之後，却須泰然處之。」東坡曰：「知命者必盡人事，然後理足而無憾。物之有成必有壞，譬如人之有生必有死，而國之有興必有亡也。雖知其然，而君子之養身也，凡可以久生而緩死者，無不用；其治國也，凡可以存存而救亡者，無不爲；至於不可奈何而後已，此之謂知命。」

涪陵樵夫

伊川謫涪，渡江風浪大作，舟中之人皆失色。伊川正襟端坐，神色泰然。既及岸，有樵夫問曰：「公是達後如此，是捨後如此？」伊川登岸，欲與之言，已去不可追矣。余謂惟達故捨，惟捨故達，達是智，捨是勇。夫子曰：「朝聞道夕死可矣。」使未聞道，必有貪生怖死之心，安能夕死而可哉！可者，委順而無貪怖之心也。「朝聞道」是達，「夕死可矣」是捨，達須是平時做工夫，捨則臨事自然如此。

胡忠簡碑

周益公作胡忠簡神道碑云：「武王一戎衣而天下定，義士猶或非之，孔子奚取焉，爲萬世計也。」蓋忠簡力詆和議，乞斬秦檜，而紹興終於和戎，故以忠簡比夷、齊，以高宗比武王，可謂回護得體。

秦誓

康節邵子云：「夫子定《書》，以《秦誓》綴《周》、《魯》之後，知周之必爲秦也。」前輩頗不然其說。余嘗思之，亦自有理。蓋說者皆謂取穆公悔過一念，故特録其書。然作誓之後，彭衙、令狐、汾曲之師，貪忿愈甚，烏在其爲真悔過【九】！夫子奚取焉？況二百餘年，千八百國之諸侯，豈無一君之賢、一言之幾於道，奚獨於西戎之君有取哉？蓋當是時，周已不可爲，而列國又皆不自振，惟秦駸駸始大。夫子知周之亡也，諸侯必折而入於秦，故定《書》之末，特收此篇，以微見其意。或曰，聖賢言理不言數，若爾，則夫子亦言數乎？曰，此非數也，勢也。夫子嘗曰：「如有用我者，吾其爲東周乎？」乎者，疑詞也，謂吾道若獲用，則西周之美可尋，不止乎東周而遂已也。此正欲以理而回其勢也。及歷聘無逢，自衛反魯，則道不獲行，而勢之所趨，有不可挽者矣，安得不憫然寓意於定《書》之

【九】烏在其爲真悔過　「真」，原作「其」，據諸本改。

末乎！考秦之强，實自穆公始，秦以割地斃列國，非特戰國時爲然，在春秋時已然矣。《左氏傳》曰：「賂秦伯以河外列城五【一〇】。」又曰：「秦始征晉河東，置官司馬。」此皆薪不盡、火不滅之兆也。周亡而秦興，已粲然在目中矣，孰謂夫子而不知乎！且非特定《書》爲然也，其删《詩》亦然。十五國風，莫非中國之詩也，吴、楚流而入於夷狄，則削而不録。秦與吴、楚等也，獨存其詩。今觀列國之風，大抵流蕩昏淫，有日趨於亡之勢，惟秦始有車馬禮樂，其詩奮厲猛起，已有招八州、畢六王之氣象，夫子存而不删，豈無意乎？

荆公見濂溪

王荆公少年，不可一世士，獨懷刺候濂溪，三及門而三辭焉。荆公恚曰：「吾獨不可自求之六經乎！」乃不復見。余謂濂溪知荆公自信太篤，自處太高，故欲少摧其鋭，而不料其不可回也。然再辭可矣，三則已甚。使荆公得從濂溪，沐浴於光風霽月之中，以消釋其偏蔽，則他日得君行道，必無新法之煩苛，必不斥衆君子爲流俗，而社稷蒼生將有賴焉。嗚呼！豈非天哉？

吕秦牛晉

秦虎視山東，蠶食六國，不知六國未滅，而秦先滅矣。何也？始皇乃吕不韋之子，則

【一〇】賂秦伯以河外列城五　「河外」，原作「河内」，據《左傳》魯僖公十五年記改。

是嬴氏爲吕氏所滅也。司馬氏欺人孤寡，而奪之位，不知魏滅未幾，而晉亦滅矣。何也？元帝乃牛金之子【一一】，則是司馬氏爲牛氏所滅也。《春秋》書莒氏滅鄫，義正如此。胡致堂欲用《春秋》法，於《始皇紀》便明書吕氏，《元帝紀》便明書牛氏，以從其實。

景公顔子

景公千駟，不及夷、齊。顔子一瓢，乃同禹、稷。孔、孟垂教，深切著明，而後世利欲之私，至於包括天地，蔽遮日月。太史公曰：「天下攘攘，皆爲利往，天下嘻嘻，皆爲利來【一二】。」吁！可哀也哉。

誅綦寡【一三】

舜誅四，周公誅二，趙廣漢誅一原褚而潁川服【一四】，尹翁歸誅一許仲孫而東海服。趙、尹固不足道，而所以用刑者，則舜與周公之術也。彼渭水盡赤，血流波道者【一五】，獨何爲哉？

學仕

學不必博，要之有用；仕不必達，要之無愧。學而無用，塗車芻靈也；仕而有愧，

【一一】元帝乃牛金之子　《晉書》卷六《元帝紀》：「初，《玄石圖》有『牛繼馬後』，故宣帝深忌牛氏，遂爲二榼，共一口，以貯酒焉，帝先飲佳者，而以毒酒鴆其將牛金。而恭王妃夏侯氏通小吏牛氏而生元帝，亦有符云。」依《晉書》所記，元帝係「小吏牛氏」之私生子，非牛金之子明矣。

【一二】皆爲利來　「來」下原有夾注云：「音離。」

【一三】誅綦寡　寬文本並諸本均作「誅罪」。

鶴軒虎冠也。

寶臣

楚不以白珩爲寶，而觀射父之作訓辭，左史倚相之道訓典，乃楚之至寶也。齊不以徑寸之珠爲寶，而檀子之守南城，肦子之守高唐，黔夫之守徐州，種首之備盜賊，乃齊之至寶也。故忠賢才識之士，謂之寶臣。若無寶而不之求，得寶而不之識，有寶而不之重，棄荆玉而喜燕石，賤周璞而藏鄭鼠，國之不亡者，幸也。

飢寒

楊誠齋云：「人皆以飢寒爲患，不知所患者，正在於不飢不寒爾。」此語殊有味。乞食於野人，晉重耳之所以霸。燎衣破竈而啜豆粥，漢光武之所以興。況下此者，其可不知飢寒之味哉！

無垢廷對

張子韶對策，至晡未畢，貂璫促之。子韶曰：「未也，方談及公等。」故其策曰：「閹寺聞名，國之不祥也。堯、舜閹寺不聞於典謨，三王閹寺不聞於誓誥。豎刁聞於齊而齊

【一四】趙廣漢誅一原褚而潁川服　《漢書·趙廣漢傳》：「郡大姓原、褚宗族橫恣……廣漢既至數月，誅原、褚首惡，郡中震栗。」羅氏誤二姓爲一人。

【一五】渭水盡赤血流波道　諸本作「臨渭論囚，渭水盡赤」。

亂，伊戾聞於宋而宋危。」

浦鷗

杜陵《詠鷗》云：「江浦寒鷗戲，無它亦自饒。卻思翻玉羽，隨意點春苗。雪暗還須落，風生一任飄。幾群滄海上，清影日蕭蕭。」言浦鷗閒戲，使無他事，亦自饒美，奈何不免口腹之累，故閒戲未足，已思翻玉羽而點春苗，爲謀食之計，雖風雪凌厲，有所不暇顧。末言海鷗之曠逸，清影翛然不爲泥滓所點染，非浦鷗所能及。以興士當高舉遠引，歸潔其身如海鷗，不當逐逐於聲利之場，以自取賤辱若浦鷗也。

蘇後湖

蘇養直之父伯固，從東坡遊，「我夢扁舟浮震澤」之詞，爲伯固作也。養直「屬玉雙飛水滿塘」之句，亦見賞於坡，稱爲吾家養直作此詩時，年甚少【一六】，而格律已老蒼如此。紹興間，與徐師川同召，師川赴，養直辭。師川造朝，便道過養直，留飲甚歡。二公平日對弈，徐高於蘇，是日養直拈一子，笑視師川曰：「今日須還老夫下此一著。」師川有愧色。游誠之跋養直墨蹟云：「後湖胸中本無軒冕，是以風神筆墨，皆自蕭散，非慕名隱居者比也。士生斯世，苟無功利及人，區區奔走，老死塵埃，不如學蘇養直。」

【一六】年甚少　「甚」，原作「其」，據諸本改。

僂儸【一七】

《五代史》：漢劉銖惡史弘肇、楊邠【一八】，於是李業譖二人於帝而殺之。銖喜，謂業曰：「君可謂僂儸兒矣。」僂儸，俗言狡猾也。歐史間書俗語，甚奇。

釋豉

韻書釋豉云：「配鹽幽菽。」四字甚工。

讀書

北魏主珪問博士李先曰：「天下何物最益人神智？」先曰：「莫若書。」王荊公詩曰：「物變有萬殊，心思纔一曲【一九】。讀書謂已多，撫事知不足。」言非讀書不足以應事也。然新法之害，豈不讀書之過哉！其過正在於讀書也。夫書不可不讀，尤貴於善讀。方荊公與諸君子爭新法也，作色於政事堂曰：「安石不能讀書，賢輩乃能讀書耶！」夫著一能讀書之心，橫於胸中，則錮滯有我，其心已與古人天淵懸隔矣，何自而得其活法妙用哉！呂東萊解《尚書》云：「《書》者，堯、舜、禹、湯、文、武、周公之精神心術盡寓其中，觀《書》者不求其心之所在，夫何益！然欲求古人之心，必先求吾心【二〇】乃可見古人之

【一七】僂儸　題下原有夾注云：「僂儸，上郎侯反，下良何反，方言，猶黠慧也。」

【一八】漢劉銖惡史弘肇楊邠　「史弘肇」，原作「史肇弘」，據《新五代史》卷三〇、《舊五代史》卷一〇七《史弘肇傳》改。

【一九】心思纔一曲　「思」，原作「曲」，據諸本改。

【二〇】必先求吾心　「求」，原作「晝」，據諸本改。

心。」此論最好，真讀書之法也。當時趙清獻公之折荆公曰：「皋、夔、稷、契，有何書可讀？」此亦忿激求勝之辭，未足以服荆公。夫自文籍既生以來，便有書。皋、夔之前，三墳亦書也；伏羲所畫之卦，亦書也；太公所稱黄帝、顓帝之丹書，亦書也；孟子所稱放勳曰，亦書也；豈得謂無書哉？特皋、夔、稷、契之所以讀書者，當必與荆公不同耳。當時答荆公之辭，只當曰：「公若錮於有我之私，不能虚心觀理，稽衆從人，是乃不能讀書也。」嗚呼！荆公往矣，後之君子，窮而講道明理，達而撫世酬物，謹無著一能讀書之心，横在胸中也哉！

松石

秦朝松封大夫，陳朝石封三品。李誠之《詠松》云：「半依巖岫倚雲端，獨立亭亭耐歲寒。一事頗爲清節累，秦時曾作大夫官。」荆公《三品石》云：「草没苔侵棄道周，誤恩三品竟何酬？國亡今日頑無耻，似爲當年不與謀。」夫松石無知之物，一爲二朝名寵所點染，猶不免萬世之包彈，矧士大夫其於進退辭受之際，可苟乎哉！

取守

吴孫秀曰：「討逆弱冠以一校尉創業，今後主舉江南而棄之。」唐李翺曰：「神堯以一旅取天下，後世子孫不能以天下取河北。」忠臣志士之嘆，古今一也。

鷗雁

吾郡陳國材詩曰：「紅日晚天三四雁，碧波春水一雙鷗。」周益公、楊誠齋盛稱之。

石牛洞詩

荆公《題舒州山谷寺石牛洞泉穴》云：「水泠泠而北出，山靡靡以旁圍，欲窮源而不得，竟悵望以空歸。」晁無咎編《續楚詞》，謂此詩具六藝群書之餘味，故與其經學典策之文俱傳。朱文公編《楚詞後語》，亦收此篇。

扈載

五代時，扈載有文名，嘗遊相國寺，見庭竹可愛，作《碧鮮賦》題壁間。周世宗命小黄門録進，覽之稱善。王朴尤重之，薦之宰相李穀。穀曰：「非不知其才【二二】，然薄命恐不能勝。」朴曰：「公爲宰相，以進賢退不肖爲職，何言命耶？」乃拜知制誥，爲學士。居歲餘，果卒。余謂穀言陋矣，不幸而中。若朴者，真宰相之言也。近時周益公長身瘦面，狀若野鶴，在翰苑多年。壽皇一日燕居，歎曰：「好一箇宰相，但恐福薄耳。」蓋疑其相也。

【二二】非不知其才　「其才」，原作「扈載」，據諸本及《新五代史》卷三一《扈載傳》改。

一老璫在傍徐奏曰：「官家所嘆豈非周必大乎？」上曰：「爾何知？」曰：「臣見所畫司馬光像，亦如必大清癯。」上爲之一笑。未幾，遂登庸，爲太平宰相，與聞揖遜之盛。出鎮長沙，退休享清閑之福十有餘年。

神形影

陶淵明《神釋形影》詩曰：「大鈞無私力，萬理自森著。人爲三才中，豈不以我故。」我，神自謂也。人與天地並立，而爲三才，以此心之神也。若塊然血肉，豈足以並天地哉！末云：「縱浪大化中，不喜亦不懼，應盡便須盡，無復獨多慮。」乃是不以死生禍福動其心，泰然委順養神之道也。淵明可謂知道之士矣。

李方叔

元祐中，東坡知貢舉，李方叔就試。將鎖院，坡緘封一簡，令叔黨持與方叔，值方叔出，其僕受簡置几上。有頃，章子厚二子曰持曰援者來，取簡竊觀，乃「揚雄優於劉向論」一篇。二章驚喜，携之以去。方叔歸，求簡不得，知爲二章所竊，悵惋不敢言。已而果出此題，二章皆模倣坡作，方叔幾於閣筆。及折號，坡意魁必方叔也，乃章援。第十名文意與魁相似，乃章持。坡失色。二十名間，一卷頗奇，坡謂同列曰：「此必李方叔。」視之，乃葛敏修。時山谷亦預校文,曰:「可賀内翰得人,此乃僕宰太和時,一學子相從者也。」而方叔竟下第。坡出院,聞其故,大歎恨,作詩送其歸,所謂「平生漫説古戰場,過眼空迷日五色」者是也【二二】。其母嘆曰:「蘇學士知貢舉,而汝不成名,復何望哉!」抑鬱而卒。余謂坡拳拳於方叔如此,真盛德事。然卒不能增益其命之所無,反使二章得竊之以發身,而子厚小人,將以坡爲有私有黨,而無以大服其心,豈不重可惜哉!

韓柳歐蘇

韓、柳文多相似,韓有《平淮碑》,柳有《平淮雅》。韓有《進學解》,柳有《起廢答》。韓有《送窮文》,柳有《乞巧文》。韓有《與李翊論文書》,柳有《與韋中立論文書》。韓有《張中丞傳敘》,柳有《段太尉逸事》。至若韓之《原道》、《佛骨疏》、《毛穎傳》,則柳有所不能爲。柳之《封建論》、《梓人傳》、《晉問》,則韓有所不能作。韓如美玉,柳如精金;韓如静女,柳如名姝; 韓如德驥,柳如天馬。歐似韓,蘇似柳。歐公在漢東,於破筐中得韓文數册,讀之始悟作文法。東坡雖遷海外,亦惟以陶、柳二集自隨。各有所悟入,各有所酷嗜也。然韓、柳猶用奇字重字,歐、蘇唯用平常輕虚字,而妙麗古雅,自不可及,此又韓、柳所無也。

【二二】過眼空迷日五色者是也 「空」,諸本作「終」。按,《詩話總龜》前集卷二七引此句作「過目還迷日五色」。

使虜辭樂

光堯之喪，金虜來弔祭，京仲遠以檢正假禮部尚書爲報謝使，康元弼館伴【一三】。虜錫燕汴京，仲遠與郊勞使康元弼言，請免燕，不許。請撤樂，如告哀遺留使，亦不許。至期，虜促入席，傳呼不絶。仲遠曰：「若不撤樂，有死而已，不敢即席。」元弼等知不可奪，乃傳言曰：「請先拜酒果之賜，徐議撤樂。」仲遠方率其屬拜受。北典籤者連呼曰：「北朝燕南使，敢不即席！」聲甚厲，仲遠趨退復位，甲士露刃閉門，仲遠命左右叱曰：「南使執禮，何物卒徒，乃敢無禮！」排闥而出，元弼等以聞其主。仲遠留館俟命，賦詩曰：「鼎湖龍馭去無蹤，三遣行人意則同。凶禮强更爲吉禮，夷風終未變華風。設令耳與笙鏞末，只願身糜鼎鑊中。已辦淹留期得請，不辭築館汴江東。」越七日，竟獲免樂之命。既還，孝宗勞之曰：「卿能執禮，爲朕增氣，何以賞卿？」對曰：「虜畏陛下威德，非畏臣也。正使臣死於虜，亦常分也，敢覬賞乎！」上喜，謂宰相曰：「京鏜，今之毛遂也。」除權侍郎，以至大用。

賀和戎表

嘉定和戎，湖南帥曹彦約賀表云：「過也更也，何傷日月之明；赦之宥之，式彰天

【一三】康元弼館伴　五字原脱，據諸本並文義補。

地之大。」一時傳誦。吾郡羅蓬伯之詞也。

士卒畏愛

士卒畏將者勝，畏敵者敗；愛將者勝，愛身者敗。畏將則不畏敵，畏敵則不畏將。愛將則不愛身，愛身則不愛將。畏將在將之威，愛將在將之恩。有李光弼斬張用濟之威，則三軍股慄矣，何患其不畏將？有吳起吮士疽之恩，則赴死如歸矣，何患其不愛將？雖然，戮一不用命，誅一不循律，則威振矣，不必數數然也。至若撫循之恩，則終始有所不可廢。《東山》之詩，昵昵兒女語，此周之所以長。潼關之敗，唐幾亡矣，而僕射如父兄，識者以是占中興焉。謀帥擇將者，則何以哉？

卷六

玉山詞章

汪聖錫代言温雅，朱文公推許之，有《玉山詞章》。如《賜四川宣撫虞允文辭召命不允詔》云：「惟汝一德，既咨裴度而往釐；于今三年，復念周公之久外。」《賜知紹興府史浩乞宮觀養親不允詔》云：「尹兹東夏，非徒畫錦之榮【一】；循彼南陔，蓋便晨羞之養。」《賜陳俊卿辭左相不允詔》云【二】：「應事幾之糾紛，大車以載；閲世俗之變化，直道而行。民具爾瞻，已公論之胥慶；帝賚予弼，豈寵章之敢私。」《賜虞允文辭右相不允詔》云：「以夢營求，孰若驗事功之已試；以言寤合，孰若察志節之所安。」《賜大將成閔復節鉞詔》云：「不以一眚掩大德【三】，既當念功；安得壯士守四方，豈若求舊。」《除郭振節度使制》云：「不顯亦世，尚繼汾陽之休；無競維人，孰云充國之老。」皆可喜也。

作文遲速

李太白一斗百篇，援筆立成。杜子美改罷長吟，一字不苟。二公蓋亦互相譏嘲，太白

校勘記

【一】非徒畫錦之榮　「畫」，原作「書」，據諸本改。

【二】賜陳俊卿辭左相不允詔云　「陳」，原作「東」，據諸本並《宋史》卷三八三《陳俊卿傳》改。

【三】不以一眚掩大德　「眚」，原作「青」，據文義改。

贈子美云：「借問因何太瘦生，只爲從前作詩苦。」苦之一辭，譏其困瑀鎸也。子美寄太白云：「何時一樽酒，重與細論文。」細之一字，譏其欠縝密也。昌黎誌孟東野云：「劌目鉥心，刃迎縷解，鉤章棘句，掐擢胃腎【四】。」言其得之艱難。贈崔立之云：「朝爲百賦猶鬱怒，暮作千詩轉遒緊【五】。」言其得之容易。余謂文章要在理意深長，辭語明粹，足以傳世覺後，豈但誇多鬥速於一時哉！山谷云：「閉門覓句陳無已，對客揮毫秦少遊。」世傳無已每有詩興，擁被卧床，呻吟累日，乃能成章。少遊則盃觴流行，篇詠錯出，略不經意。然少遊特流連光景之詞，而無已意高詞古，直欲追蹤騷雅，正自不可同年語也。

象郡送行詩

吾郡胡季昭，寶慶初元爲大理評事，應詔上書言濟邸事，竄象郡。建人翁定送行詩云：「應詔書聞便遠行，廬陵不獨詫邦衡。寸心只恐孤天地【六】，百口何期累弟兄。世態浮雲多變換，公朝初日盍清明。危言在國爲元氣，君子從來豈願名【七】！」盱江杜來詩云：「廬陵一小郡，百歲兩胡公。論事雖小異，處心應略同。有書莫焚稿，無恨豈傷弓。病愧不遠別，寫詩霜月中。」太學生胡炎詩云：「一封朝奏大明宫，嘘起廬陵古直風。言路從來天樣闊【八】，蠻荒誰使徑旁通。朝中競送長沙傅，嶺表爭迎小澹翁。學館諸生空

【四】掐擢胃腎　「掐」，原作「陷」，據諸本改。

【五】暮作千詩轉遒緊　「遒」，原作「道」，據諸本改。

【六】寸心只恐孤天地　「孤」字原脱，據諸本補。

【七】君子從來豈願名　「願」，疑爲「顧」之誤。

【八】言路從來天樣闊　「闊」，原作「闘」，據諸本改。

飽飯，臨分憂國意何窮。」先君竹谷老人詩云：「好讀床頭《易》一編，盈虛消息總天然。崢嶸齒頰皆冰雪，肯怕炎方有瘴煙。」「頻寄書回洗我愁，莫言無雁到南州。長相思外加餐飯，計取承君舊話頭。」季昭之兄子建，弟國賓，皆博學能文，懷奇負氣。兄弟友愛最隆，不蓄私財，有無盡費於朋友。得罪之日，囊無一錢，子建挈家歸，賣文以活。國賓奮然徒步，從其兄於貶所。國賓先没，季昭繼之。端平更化，詔許歸葬，贈朝奉郎，官其一子【九】。洪舜俞草贈官制詞云：「朕訪落伊始，首下詔求讜直，蓋與諫鼓謗木同意。以直言求人，而以直言罪之，豈朕心哉！爾風裁峭潔，志概激壯，繇尉廷平，上書公車，言人之所難言。方嘉貫日之忠，已墮偃月之計。問塗胥口，訪事瀧頭，曾無幾微見於顏面，何氣節之烈也。仁祖能全介於遠謫之餘，孝祖能拔銓於投荒之後。撫今懷往，魂不可招，潦霧墮鳶，悲悔何及。陟階員外，仍官厥子。用旌折檻之直，且識投杼之過。爾雖死，可不朽矣。」

廉賈

《史·貨殖傳》曰【一〇】：「貪賈三之，廉賈五之。」夫貪賈所得宜多，而反少，廉賈所得宜少，而反多，何也？廉賈知取予，貪賈知取而不知予也。夫以予爲取，則其獲利也大。富商豪賈，若惡販夫販婦之分其利，而靳靳自守，則亦無大利之獲矣。巨賈吕不韋見

【九】官其一子　「官」字原脱，據諸本補。

【一〇】史貨殖傳　「貨殖」，原作「殖貨」，據《史記》卷一二九《貨殖列傳》改。

秦子異人質於趙，曰：「此奇貨可居。」遂不吝千金，爲之經營於秦，異人卒有秦國，而不韋爲相。此其事固不足道，而其以予爲取，則亦商賈之雄也【一一】。漢高帝捐四萬斤金與陳平，不問其出入，裂數千里地封韓、彭，無愛惜心，遂能滅項氏有天下。劉晏造船，合費五百緡者，給千緡，使吏胥工匠皆有贏餘，由是舟船堅好，漕運無虧，足以佐唐之中興。是皆得廉賈之術者也。東坡曰：「天下之事，成於大度之士，而敗於寒陋之小人。」

容南遷客

高登，字彦先，漳浦名儒，志節高亮。少游太學，值靖康之亂，與陳東上書陳六賊之罪，且言金虜不可和狀。紹興間，對策鯁直，有司擬降文學，高宗不可，調靜江府古縣令。時秦檜當國，檜父嘗宰是邑，帥胡舜陟欲立祠逢迎【一二】，彦先毅然不從。舜陟欲以危法中之，逮繫訊掠，迄無罪狀可指。校文潮陽，出「則將焉用彼相賦」、「直言不聞深可畏論」，策問水災。檜聞之大怒，謂其陰附趙鼎，削籍流容州，死焉。檜没，諸賢遭誣陷者皆昭雪，彦先以遠人下士，無爲言者。乾道間，梁克家始爲之請。傅伯壽、朱文公守漳，又連爲之請，皆格不下。余爲容法曹掾，容士猶能言其風猷，傳其文墨。偶攝校官，遂爲立祠於學宫。同時有吴元美者，三山文士，作《夏二子賦》，譏切秦檜。其家立潛光亭、商隱堂，其怨家摘以告檜曰：「亭號潛光，蓋有心於黨李；堂名商隱，本無意於事秦。」李，謂

【一一】則亦商賈之雄　「雄」，諸本作「權」。

【一二】帥胡舜陟欲立祠逢迎　「帥」字諸本無。按，《宋史》卷三九九《高登傳》作「帥胡舜陟」，故當以有「帥」爲是。

泰發也。亦削籍流容州，死焉，因併祠之。彦先有《修學門庭》傳於世，元美有《遊勾漏洞天記》，載《容州志》。

宰相罷

陳應求嘗告孝宗曰：「近時宰相罷去，則所用之人，不問賢否，一切屏棄。此鉤黨之漸，非國家之福。」趙温叔爲相，多引蜀士，及罷相，有爲飛語以撼蜀士者，王季海言：「一宰相去，所用者皆去，此唐季黨禍之胎也，豈聖世所宜有哉！」蜀士乃安。二公之論善矣，然此爲平時宰相善罷者言也，若權姦之去，則正當洗腸滌胃。若借温太真之事，爲小人開一線之路，借范堯夫之言，爲君子憂後來之禍，則失之矣。

紫敗素

《戰國策》：蘇代曰：「齊，紫敗素也，而賈十倍。」言外美而中腐，如以敗素染紫也，與蠟鞭之説正相似。

王梅溪

王龜齡年四十七魁天下，以書報其弟夢齡、昌齡曰：「今日唱名，蒙恩賜進士及第，惜二親不見，痛不可言。嫂及聞詩、聞禮可以此示之。」詩、禮，其二子也。於十數字之間，上念二親，而不以科名爲喜，專報二弟，而不以妻子爲先，孝友之意皆在焉。爲御史，首彈史丞相浩，乞專用張浚。上爲出浩帥紹興。龜齡又上疏，言舜去四凶，未聞使之爲十二牧。與胡邦衡並爲左右史，相得最歡。奏補先弟而後子。嘗賦《不欺》詩云：「室明室暗兩奚疑，方寸常存不可欺。莫問天高鬼神惡，要須先畏自家知。」其自吏部侍郎出帥夔門也，有臨安録事參軍祝懷抗疏銀臺，謂：「王十朋忠義謇諤，借令不容於朝，亦合置之近藩，緩急呼來，無倉卒乏使之憂。今遣往萬里外，非計之得也。」雖不報，時論韙之。

太子參決

孝宗之末，詔皇太子參決庶務。楊誠齋時爲宮僚，上書太子曰：「民無二主，國不堪二【一三】，今陛下在上，而又置參決，是國有二也。自古未有國貳而不危者，蓋國有貳，則天下嚮背之心生；嚮背之心生，則彼此之黨立；彼此之黨立，則讒間之言啟；讒間之言啟，則父子之隙開。開者不可復合，隙者不可復全。昔趙武靈王命其子何聽朝，而從傍觀之，魏太武命其子晃監國，而自將于外，間隙一開，四父子皆及於禍。唐太宗使太子承乾監國，旋以罪廢。國朝天禧亦嘗行之，若非寇準、王曾，幾生大變。蓋君父在上而太子監國【一四】，此古人不幸之事，非令典也。」當時諸公皆甚其言。至紹熙甲寅，始服其先見。

【一三】國不堪二　諸本作「國無二君」。按，檢楊萬里《誠齋集》卷六二《上壽皇論東宮參決書上太子書》正作「國不堪二」。

【一四】蓋君父在上而太子監國　「君父」，原作「君子」，據諸本及《上壽皇論東宮參決書上太子書》改。

師友制服

胡澹庵爲清節先生制師之服，張魏公爲張無垢制友之服。

斬檜書

胡澹庵上書乞斬秦檜，金虜聞之，以千金求其書。三日得之，君臣失色曰：「南朝有人。」蓋足以破其陰遣檜歸之謀也。乾道初，虜使來，猶問胡銓今安在。張魏公曰：「秦太師專柄二十年，只成就得一胡邦衡。」

簡齋詩

自陳、黄之後，詩人無逾陳簡齋。其詩蹊簡古而發穠纖。值靖康之亂，崎嶇流落，感時恨別，頗有一飯不忘君之意。如「涼風又落宫南木，老雁孤鳴漢北洲」，「乾坤萬事集雙鬢，臣子一謫今五年」，「天翻地覆傷春色，齒豁頭童祝聖時」，「近得會稽消息不？稍傳荆渚路岐寬」，「東南鬼火成何事，終藉胡鋒作爭臣」，「龍沙此日西風冷，誰折黄花壽兩宫」，皆可味也。

伯夷傳赤壁賦

太史公《伯夷傳》，蘇東坡《赤壁賦》，文章絶唱也。其機軸略同，《伯夷傳》以「求仁得仁，又何怨」之語設問，謂夫子稱其不怨，而《采薇》之詩猶若未免於怨，何也？蓋天道無親，常與善人，而達觀古今，操行不軌者多富樂，公正發憤者每遇禍，是以不免於怨也。雖然，富貴何足求，節操爲可尚，其重在此，則其輕在彼。況君子疾没世而名不稱，伯夷、顔子得夫子而名益彰，則所得亦已多矣，又何怨之有！《赤壁賦》因客吹簫而有怨慕之聲，以此設問，謂舉酒相屬，凌萬頃之茫然，可謂至樂，而簫聲乃若哀怨，何也？蓋此乃周郎破曹公之地，以曹公之雄豪，亦終歸於安在？況吾與子寄蜉蝣於天地，哀吾生之須臾，宜其託遺響而悲怨也。雖然，自其變者而觀之，雖天地曾不能以一瞬；自其不變者而觀之，則物與我皆無盡也，又何必羨長江而哀吾生哉！矧江風山月，用之無盡【一五】，此天下之至樂，於是洗盞更酌，而向之感慨風休冰釋矣。東坡步驟太史公者也。

留後門

紹興壬子冬，劉豫入寇，趙元鎮當國，請高宗親征。行次姑蘇，喻子才謂元鎮曰：「相公此舉，有萬全之策乎？亦賭彩一擲也？」元鎮曰：「利鈍亦安能必？事成則幸，

【一五】用之無盡　「用」，原作「食」，據諸本改。

不成則死之爾。」子才曰：「今若直前，萬一蹉跌，退將安託？要須留後門，則庶幾進退有據。」元鎮曰：「誠有之，則甚善，計將安出？」子才曰：「張樞密在福唐，若除閩浙江淮宣撫使，則命到之日，便有官府軍旅錢穀，彼之來路，即我之後門也。」元鎮大以爲然，於是魏公復用。余謂鑾輅親征，事大體重，固宜進退有據。若論兵法，則置之死地而後生矣，豈預留後門哉？留後門，則士不死戰矣。項羽救趙，既渡，沉船破甑，持三日糧，示士必死無還心，故能破秦。

十銘

光宗即位，謝艮齋爲文昌，進十銘云【一六】：「業成而難，其敗或易。兢兢保之，常恐失墜。道甚簡易，在尊所聞。帝王之學，匪藝匪文。畏天之威，主德爲最。水旱雷風，天之仁愛。存心公正，治之所起。毫釐之私，患及千里。妄賞不勸，妄罰不畏，賞罰大權，以妄爲忌。貪吏虐民，戒石莫聽。獎廉以激，捷於號令。民之疾苦，幽遠難知，日訪日問，猶恐或遺。財在天下，理之以義，未聞刻斂，其罪在吏。亂之所生，非止夷狄，姦回諛説，尤害于國。自治十全，乃可理外。重乃馭輕，輕動爲戒。」辭簡理明，時人以比李衛公《丹扆箴》。又作《勸農》詩云：「莫入州衙與縣衙，勸君勤理舊生涯。池塘多放聊添税，田地深耕足養家。教子教孫須教義，栽桑栽柘勝栽花。閑非閑是都休管，渴飲清泉困飲茶。」又

【一六】進十銘　「十銘」，《宋史》卷三八九《謝諤傳》，語云：「光宗登極，獻《十箴》。」按，《永樂大典》卷八二六九引同原本。

云:「仕宦之人,南州北縣。商賈之人,天涯海岸。爭如農夫,六親對面。夏絹新衣,秋米白飯。鵝鴨成群,豬羊滿圈。官税早輸,逍遥散誕。似此之人,直千直萬【一七】。」詞旨平易,足以諭俗,然其言農夫之樂,想乾淳間有之,今則甚於聶夷中之詩矣,寧復有此氣象哉!

詩用字

作詩要健字撑拄,要活字斡旋,如「紅入桃花嫩,青歸柳葉新」,「弟子貧原憲,諸生老伏虔」。「入」與「歸」字,「貧」與「老」字,乃撑拄也。「生理何顏面,憂端且歲時」,「名豈文章著,官應老病休」。「何」與「且」字,「豈」與「應」字,乃斡旋也。撑拄如屋之有柱,斡旋如車之有軸,文亦然。詩以字,文以句。

付與天地

荆公詩云:「豈無他憂能老我,付與天地從今始。」朱文公每喜誦之。

讀易亭

魏鶴山詩云:「遠鐘入枕報新晴,衾鐵衣稜夢不成。起傍梅花讀《周易》,一窗明月

【一七】直千直萬　諸本作「直金千萬」。

四簷聲。」後貶渠陽，於古梅下立讀易亭，作詩云：「向來未識梅生時，繞谿問訊巡簷索。絶憐玉雪倚横參，又愛清黄弄煙日。中年《易》裏逢梅生，便向根心見華實。候蟲奮地桃李妍，野火燒原葭菼出。方從陽壯爭出門，直待陰窮排闥入。隨時作計何太癡，爭似此君藏用密。」推究精微，前此詠梅者未之及。

漂母

韓信未遇時，識之者惟蕭何及淮陰漂母爾。何之英傑，固足以識信，漂母一市媪，乃亦識之，異哉！故嘗謂子房狙擊祖龍，意氣過於輕鋭，故圯上老人抑之。韓信俛出市胯，意氣鄰於消沮，故淮陰漂母揚之。一翁一媪，皆異人也。唐子西作淮陰賢母墓銘曰：「項王喑嗚，范增謀謨，信來不呼，信去不追。坐視信逋，反噬其躬【一八】。匹婦區區，而知信乎？吁！」

猴馬

唐明皇時，教坊舞馬百匹，天寶之亂，流落人間。魏博田承嗣得之，初不識也，嘗燕賓僚，酒行樂作，馬忽起舞，承嗣以爲妖，殺之。昭宗養一猴，衣以俳優服，謂之「侯部頭」。朱温既篡，引至坐側，猴忽號擲，自裂其衣，温叱令殺之。嗚呼！明皇之馬，有愧於昭宗

【一八】反噬其躬　「躬」，諸本作「軀」。

之猴矣。

經界

朱文公守漳，將行經界，王子合疑其擾。公答書曰：「經界一事，固知不能無小擾，但以爲不若此，則貧民受害無有了時。故忍而爲之，庶幾一勞永逸耳。若一一顧恤，必待人人情願而後行之，則無時可行矣。紹興間，正施行時，人人嗟怨，如在湯火中，但訖事後【一九】，田税均齊，田里安靜，公私皆享其利。凡事亦要其久遠如何耳。少時見所在所立土封，皆爲人題作李椿年墓，豈不知人之常情，惡勞喜逸，顧以爲利害之實，有不得而避者耳。禹治水，益焚山，周公驅猛獸，豈能不役人徒而坐致成功？想見當時亦須有不樂者，但有見識人，須自見得利害之實，知其勞我者乃所以逸我，自不怨耳。子合議漢事甚熟，曾看高祖初定天下，蕭何大治宮室，又從婁敬策，徙齊楚大姓十數萬於長安，不知當時是幾箇土封底工夫【二〇】，而不聞天下之不安，何也？」文公此論，可謂明確。蓋自商鞅有成大事者不和於衆之説，卒以滅宗，故後之爲政者每畏拂人情。不知人情固不可拂，亦不可徇，唯當論理之是非，事之當否爾。商之遷亳，周之遷洛，何嘗不拂人情？及其事久論定，然後知拂之者，乃所以愛之也。司馬相如曰：「世必有非常之人，然後有非常之事；有非常之事，然後有非常之功。夫非常者，固常人之所異也。故曰非常之元，黎民懼焉；

【一九】但訖事後　「訖」，原作「説」，據諸本改。

【二〇】不知當時是幾箇土封底工夫　《朱文公文集》卷四九於「幾箇」上有一「費」字。

及臻厥成，天下晏如也。」亦見得此理。東坡嘉祐間作《思治論》曰：「所謂從衆者，非從衆多之口也，從其不言而同然者耳。」其説最好。然厥後荆公行新法，公上書爭之，乃曰：「爲國者未論行事之是非，先觀衆心之向背。」其説卻有病，天下豈有悖理傷道之事，可以衆心之所向而姑爲之乎！宜其不足以服荆公，而指爲戰國縱横之學也。

南軒諫虞丞相

南軒質責虞丞相并甫不當用張説【二一】，至以京、黼面斥并甫，并甫曰：「先丞相亦有隱忍就功名處，何相非之深也。」南軒曰：「先公固有隱忍處，何嘗用此等狎邪小人？」并甫拱手曰：「某服矣，某服矣。」語録中載諫并甫事，無此數語。南軒親與誠齋言之。

朱文公論詩

胡澹庵上章，薦詩人十人，朱文公與焉。文公不樂，誓不復作詩，迄不能不作也。嘗同張宣公遊南嶽，唱酬至百餘篇。忽瞿然曰：「吾二人得無荒於詩乎？」楊宋卿以詩集求品題，公答之曰：「詩者，志之所之，豈有工拙哉！亦觀其志之高下如何耳【二二】。是以古之君子，德足以求其志，必出於高明純一之地，其於詩固不學而能之。至於格律之精粗，用韻屬對比事遣詞之善否，今以魏、晉以來諸賢之作考之【二三】，蓋未有用意於其間

【二一】虞丞相并甫不當用張説　「并甫」，《宋史》卷三八三《虞允文傳》虞允文字彬甫。

【二二】亦觀其志之高下如何耳　《朱文公文集》卷三九《答楊宋卿》作「亦視其志之所向者高下如何耳」。

【二三】魏晉以來　「來」，《朱文公文集》作「前」。

者，而況於古詩之流乎！近世作者，乃始留情於此，故詩有工拙之論，葩藻之詞勝，言志之功隱矣。」又曰：「古今之詩凡三變。蓋自書傳所載，虞、夏以來，及漢、魏，自爲一等。自晉、宋間顔、謝以後，下及唐初，自爲一等。自沈、宋以後，定著律詩，下及今日，又爲一等。然自唐初以前，其爲詩者，固有高下，而法猶未變。至律詩出，而後詩之與法始皆大變，以至今日，益巧益密，而無復古人之風矣。故嘗妄欲抄取經史諸書所載韻語，下及《文選》漢、魏古詞，以盡乎郭景純、陶淵明之所作，自爲一編，而附於《三百篇》、《楚辭》之後，以爲詩之根本準則。又於其下二等之中，擇其近於古者，各爲一編，以爲之羽翼輿衛【一四】。其不合者，則悉去之，不使其接於吾之耳目，而入於吾之胸次。要使方寸之中，無一字世俗言語意態，則其詩不期於高遠而自高遠矣。」又曰：「來喻欲漱六藝之芳潤，以求真澹，此誠極至之論。然亦須先識得古今體製，雅俗鄉背，仍更洗滌得盡腸胃間夙生葷血脂膏，然後此語方有所措。如其未然，竊恐穢濁爲主，芳潤入不得也。近世詩人，只緣不曾透得此關，而規規於近局，故其所就，皆不滿人意，無足深論。」又曰：「作詩須從陶、柳門庭中來乃佳，不如是，無以發蕭散冲澹之趣，無由到古人佳處。」又曰：「作詩不學六朝，又不學李、杜，只學那嶢崺底，便學得十分好後，把作什麽用！」公之論詩，可謂本末兼該矣。公嘗題廣成子像云：「陳光澤見示此像，偶記李太白詩云：『世道日交喪，澆風變淳源，不求桂樹枝，反棲惡木根，所以桃李樹，吐花竟不言。大運有興没，群動若飛

【一四】以爲之羽翼輿衛　下原有夾注云：「且以李、杜言之，如李之《古風》五十首，杜之《秦蜀紀行》、《遣興》、《出塞》、《潼關》、《石濠》、《夏日》、《夏夜》諸篇，律詩則如王維、韋應物輩，亦自有蕭散之趣，未至如今日之細碎卑冗無餘味也。」

奔，歸來廣成子，去入無窮門。』因寫以示之。今人捨命作詩，開口便説李、杜，以此觀之，何曾夢見他脚板耶？」又言：「余平生愛王摩詰詩云：『漆園非傲吏，自缺經世具，偶寄一微官，婆娑數株樹。』以爲不可及，而舉以語人，領解者少。」觀此，則公之所取，概可見矣。公嘗舉似所作絶句示學者云：「半畝方塘一鑑開，天光雲影共徘徊。問渠那得清如許，爲有源頭活水來。」蓋借物以明道也。又嘗誦其詩示學者云：「孤燈耿寒燄，照此一窗幽。卧聽簷前雨，浪浪殊未休。」曰：「此雖眼前語，然非心源澄靜者不能道。」觀此，則公之所作，又可概見矣。

税沙田

孝宗時，近習梁俊彦請税兩淮沙田，以助軍餉。上大喜，付外施行。葉子昂爲相，奏曰：「沙田者，乃江濱出没之地，水激於東，則沙漲於西；水激於西，則沙復漲於東。百姓隨沙漲之東西而田焉，是未可以爲常也。且辛巳兵興，兩淮之田租並復。至今未征，況沙田乎？」上大悟，即詔罷之。子昂退至中書，令人逮俊彦至，叱責之曰：「汝言利求進，萬一淮民怨咨，爲國生事，雖斬汝萬段，豈足塞責！」俊彦皇汗免冠謝，久乃釋之。子昂此舉，頗有申屠嘉困辱鄧通，韓魏公以頭子勾任守忠之遺意。大率近習畏宰相，則爲盛世，宰相畏近習，則爲衰世。

乙編自序【一】

或曰:「子記事述言,斷以己意【二】,懼賈僭妄之譏奈何?」余曰:「樵夫談王,童子知國,余烏乎僭? 若以爲妄,則疑以傳疑,《春秋》許之。」時宋淳祐辛亥四月,廬陵羅大經景綸。

校勘記

【一】此序原本無,據寬文本、明活字本及王叔承校本補。又,標題係整理者所加。

【二】斷以己意　「斷」,寬文本作「類」。

卷一

高宗配享

高廟配享，洪容齋在翰苑，以吕頤浩、趙鼎、韓世忠、張俊四人爲請。蓋文武各用兩人，出於孝宗聖意也，遂令侍從議。時宇文子英等十二人以爲宜如明詔【一】，而識者多謂吕元直不厭人望，張魏公不應獨遺。楊誠齋時爲祕書少監，上書爭之【二】，以欺、專、私三罪斥容齋，且言魏公有社稷大功五：建復辟之勳【三】，一也。發儲嗣之議【四】，二也。誅范瓊以正朝綱，三也。用吴玠以保全蜀，四也。卻劉麟以定江左，五也。於是有旨再令詳議。越數日，上忽諭大臣曰：「吕頤浩等配享，正合公論，更不須議。」洪邁固是輕率，楊萬里亦未免浮薄。」於是二人皆求去，容齋守南徐，誠齋守高安，而魏公迄不得配食。誠齋詩云：「出卻金宫入梵宫，翠微緑霧染衣濃。三年不識西湖月，一夜初聞南澗鐘。藏室蓬山真昨戲，園翁溪友得今從。若非朝士追相送，何處冥鴻更有蹤。」又云：「新晴在在野花香，過雨迢迢沙路長。兩度立朝今結局【五】，一生行客老還鄉。猶嫌數騎傳書札，賸喜千峰入肺腸。到得前頭上船處，莫將白髮照滄浪。」此去國時詩也，可謂無幾微見於

校勘記

【一】時宇文子英等十二人以爲宜如明詔　「十二」，諸本作「十一」；「宜」，明活字本作「且」。

【二】上書爭之　「上」，諸本作「以」。

【三】建復辟之勳　「勳」，原作「動」，據明活字本及諸本改。

【四】發儲嗣之議　「發」，明活字本作「復」。

【五】兩度立朝今結局　「度」，原作「朝」，據諸本並楊萬里《江西道院集·明發南屏》改。

顔面矣。其家嗣東山先生伯子跋其論配享書稿云：「覆虀真得皂囊書【六】，錦水元來勝石渠。但賫銀鉤并鐵畫，何須玉帶與金魚。」蓋苗、劉作亂時，矯隆祐詔貶竄魏公，高宗在昇暘宫方啜虀，左右來告，驚懼，虀覆于手，手爲之傷。既復辟【七】，見魏公，泣數行下，舉手示公【八】，痕跡猶存。左次魏和伯子詩云：「鑾坡蓬監兩封書，道院東西各付渠。乾道聖人無固必，是非付與直哉魚。」詞意亦佳，但當塗乃江東道院，容齋守南徐，非當塗也。

紫窄衫

渡江以來，士大夫始衣紫窄衫，上下如一。紹興九年，詔公卿長吏毋得以戎服臨民，復用冠帶。論者以爲擾，於是士大夫皆服涼衫。乾道中，李獻之上言：「會聚之際，顔色可憎，今陛下上承兩宫，宜服紫衫爲便。」上從之。蓋人情樂簡便久矣。昔節孝先生徐仲車事母至孝【九】，一日，竦然自省曰：「吾以襴幞謁貴人，而不以見母，是敬母不如敬貴人也，不可。」乃日具襴幞揖母，人皆笑之。節孝行之終身。近時靜春先生劉子澄，朱文公高弟也，守衡陽，日以冠裳莅事。憲使趙民則嘗紫衫來見，子澄不脱冠裳見之【一〇】。民則請免冠裳，子澄端笏肅容曰：「戒石在前，小臣豈敢！」民則皇恐，退具冠裳以見，然由是不相樂。夫襴幞揖母，冠裳臨民，常事也，而世俗且笑之，且難之。至於紫窄袖衫，乃戎服也，出於兵興一時權宜，而相承至今不能改，然則古道何時而可復乎？

【六】覆虀真得皂囊書　「真」，明活字本作「直」。

【七】既復辟　「辟」，原作「群」，據諸本改。

【八】舉手示公　「示」，原作「云」，據諸本改。

【九】昔節孝先生徐仲車事母至孝　「節孝先生徐仲車」，原作「孝節先生徐仲積」，《宋史》卷四五九《卓行傳》「徐積字仲車……事母至孝，朝夕冠帶定省。……賜謚節孝先生」，據改。

【一〇】不脱冠裳見之　明活字本作「不脱冠肅之裳」。

非孟

李泰伯著《常語》非孟子，後舉茂材，論題出「經正則庶民興」，不知出處，曰：「吾無書不讀，此必《孟子》中語也。」擲筆而出。晁説之亦著論非孟子，建炎中，宰相進擬除官，高宗曰：「孟子發揮王道，説之何人，乃敢非之！」勒令致仕。鄭叔友著《崇正論》，亦非孟子曰：「軻，忍人也，辨士也，儀、秦之流也。戰國縱横捭闔之士，皆發冢之人，而軻能以詩禮者也。」余謂孟子以儀、秦之齒舌，明周、孔之肺腸，的切痛快，蘇醒萬世，此何可非！泰伯所以非之者，謂其不當勸齊、梁之君以王耳。昔武王伐紂【一一】，舉世不以爲非，而伯夷、叔齊獨非之。東萊吕先生曰：「武王憂當世之無君者也，伯夷憂萬世之無君者也。」余亦謂孟子憂當世之無君者也，泰伯憂萬世之無君者也。此其特見卓論，真可與夷、齊同科，至於説之、叔友拾其遺説而附和之，則過矣。

匹士光國

平原、孟嘗君養天下客，而未嘗得一客。張湯、公孫弘接天下士，而未嘗得一士。魯仲連固不肯與鳴狗盜者伍也，汲長孺固不肯與奴顔婢息者齒也【一二】。若得一魯仲連，則一客可以敵千客。若得一汲長孺，則一士可以埒千士。故山谷詩曰：「匹士能光國，三

【一一】昔武王伐紂　「伐」，原作「代」，據諸本改。

【一二】不肯與奴顔婢息者齒也　「息」，明活字本並諸本作「膝」。

孱不滿隅。」

不交近習

不主癰疽、瘠環，所以爲孔子。不禮臧倉、王驩，所以爲孟子。宋璟不與内侍交語，明皇深加奬歎【一三】。杜悰不從監軍請選娼女入宫【一四】，武宗知其有宰相才。范純夫爲諫官，東鄰宦官陳衍園亭在焉，衍每至園中，不敢高聲，謂其徒曰【一五】：「范諫議一言到上前，吾輩不知死所矣。」此其所以爲范純夫也，此其所以爲元祐也。王黼爲宰相，與宦者梁師成鄰居【一六】，密開後户往來。徽宗幸黼第，徘徊觀覽，偶見之，大不樂。此其所以爲王黼也【一七】，此其所以爲崇、觀、政、宣也。

王定國趙德麟

東坡於世家中得王定國，於宗室中得趙德麟，奬許不容口。定國坐坡累，謫賓州。瘴煙窟裏五年，面如紅玉，尤爲坡所敬服。然其後乃階梁師成以進，而德麟亦諂事譚稹。紹興初，德麟主管大宗正司，有旨令易環衛官，宰相吕頤浩奏曰：「令時讀書能文，蘇軾嘗薦之，似不須易。」高宗曰：「令時昔事譚稹，爲清議所薄。」竟易之。士大夫晚節持身之難如此。余觀屈平之《騷經》曰：「蘭芷變而不芳兮，荃蕙化而爲茅。何昔日之芳艸兮，

【一三】明皇深加奬歎　「奬歎」，諸本作「歎奬」。

【一四】選娼女入宫　「娼女」，原作「宫女」。按，《新唐書》卷一六六《杜悰傳》有「武宗詔揚州監軍取倡家女十七進禁中」語，故當作「娼女」是，據寬文本並諸本改。

【一五】謂其徒曰　「謂」，原作「請」，據諸本改。

【一六】與宦者梁師成鄰居　「宦」，原作「官」，據諸本改。

【一七】此其所以爲王黼也　「也」，原無，據上下文義並諸本補。

今直爲此蕭艾也？ 豈其有他故兮，莫好脩之害也！」朱文公釋之曰：「世亂俗薄【一八】，士無常守，乃小人害之。而以爲莫如好脩之害者，何哉？ 蓋由君子好脩，而小人嫉之，使不容於當世，故中材以下，莫不變化而從俗，則是其所以致此者，反無有如好脩之爲害也。」嗚呼！ 其崇、觀、政、宣之時乎，宜二子之改節易行也。

妒婦喻

張無垢在越上作幕官，不請供給錢； 在館中進書，不肯轉官，人皆以爲好名之過。無垢曰：「既請月俸，又受供給，偶然進書，又便受賞，於我心實有不安，此亦本分事，何名之好！ 貪者往往不曾尋思，此心病也。心有病，人安得知？ 我知之，當自醫。別人既不自知病，反惡人醫病，猶婦人妒者，非特妒其夫，又且妒人之夫，其惑甚矣。」無垢此喻甚切。世降俗薄，貪濁成風，反相與嗤笑廉者。諛佞成風，反相與嗤笑直者。軟熟成風，反相與嗤笑剛者。競進成風，反相與嗤笑恬退者。侈靡成風，反相與嗤笑儉約者。傲誕成風，反相與嗤笑謙嘿者【一九】。賈子云：「莫邪爲鈍兮，鉛刀爲銛。」東坡云：「變丹青於玉瑩兮【二〇】，乃反謂子爲非智【二一】。」風俗至於如此，豈不可哀！

【一八】世亂俗薄　「俗」，原作「浴」，據諸本並《楚辭集註》卷一改。

【一九】反相與嗤笑謙嘿者　「嗤」，上數句諸本均作「非」。

【二〇】變丹青於玉瑩兮　「玉瑩」，原作「玉堂」，據諸本並《經進東坡文集事略》卷一《屈原廟賦》改。

【二一】乃反謂子爲非智　同上書《屈原廟賦》作「彼乃謂子爲非智」。

誅曦詔

安子文與楊巨源、李好義合謀誅逆曦，矯詔之詞曰：「惟干戈省厥躬，朕既昧聖賢之戒；雖犬馬識其主，爾乃甘夷虜之臣！邦有常刑，罪在不赦。」詞旨明白，乃好義姊夫楊君玉之詞也。曦年十許歲時，其父挺嘗問其志，曦有不臣之語。其父怒，蹴之爐火中，灼其面，號「吴巴子」云。

古人稱字

魏鶴山云：「古人稱字，最不輕。《儀禮》：子孫於祖禰皆稱字。孔門諸子，多稱夫子爲仲尼。子思，孫也，孟子，又子思弟子也，亦皆稱仲尼。雖今人亦稱之，而人不爲怪。游、夏之門人皆字其師。漢初唯子房一人得稱字，中世有字其諸父，字其諸祖者，近世猶有後學呼退之，兒童誦君實之類。」觀鶴山此説，古人蓋以稱字爲至重。今世唯平交乃稱字，稍尊稍貴者，便不敢以字稱之，與古異矣。魯哀公誄孔子亦曰尼父，則君亦可以字臣。周益公謂先君曰：「壽皇每稱東坡，唯曰子瞻而不名，其欽重如此。」

靜重

大凡應大變處大事，須是靜定凝重，如周公之「赤舄几几」是也。漢武帝因不移步識霍光，因不轉盼識金日磾，亦是窺見他靜定凝重處，故逆知其可以託孤寄命。韓魏公之凝立【一二二】，亦此類也。歐陽公所謂「垂紳正笏，不動聲色，而措天下於泰山之安」，形容得最好。然魏公亦只是天資。至如司馬公則加以學力，尤不可及。如更新法，傅欽之、蘇子瞻勸其防後患，公起立拱手，仰視厲聲曰：「天若祚宋，必無此事。」此惟有大力量【一二三】，方能爲此言。張宣公云：「使某當時應答，不過曰：『苟利社稷，遑恤其他！』只如此説已自好，安能如公之言，更不論一己利害。」想其平日所養，故臨事發言，能如是中理，雖聖人不過如此説，近於終條理者矣。」

問寢龍樓

紹熙甲寅，光宗以疾不能過宫，吾郡尹德鄰初參太學，簾引詩題出「問寢龍樓曉」，德鄰詩云：「父母人皆有，儀刑自冕旒。問安趨燕寢，拂曉過龍樓。鶴駕嚴晨衛，雞人徹夜籌。慈闈天語接，飛棟月華收。萬姓齊呼舞，三宫款獻酬。小儒憂國切，幾白九分頭。」學官擊節，一時傳誦。

【一二二】韓魏公之凝立　「凝」，明活字本作「痴」。

【一二三】此惟有大力量　原作「此必小大力量」，義不可通，據《稗海》本改。

自家他家

象山與羅春伯書云：「宇宙無際，天地開闢，本只一家。來書乃謂自家屋裏人，不亦陋乎！謂之自家，不知孰爲他家？古人但問是非邪正，不問自家他家。君子之心未嘗不欲其去非而就是，捨邪而適正，其怙終不悛，則當爲夬之上六矣。舜於四凶，孔子於少正卯，亦治其家人耳。」象山此論，可謂渾厚高明。且以我朝言之，自慶曆以前，無君子小人之名，所謂本只一家者也，故君子不受禍。自慶曆以後，君子小人之名始立，則有自家他家之分矣。故君子之受禍，一節深於一節。

冬至奏對

丁常任，毘陵人，淳熙間爲郎。冬至日，上殿奏對。玉音曰：「曉來雲物甚奇，卿曾見否？」常任實不曾見，即對曰：「豈惟臣見之，四海萬姓皆見之。」孝宗大喜曰：「卿對甚偉。」命除淮漕。

詩家喻愁

詩家有以山喻愁者，杜少陵云「憂端如山來【二四】，澒洞不可掇」，趙嘏云「夕陽樓上

【二四】憂端如山來 《九家集注杜詩》卷二《自京赴奉先詠懷五百字》作「憂端齊終南」。

山重疊，未抵春愁一倍多」是也。有以水喻愁者，李頎云「請量東海水【二五】，看取淺深愁」，李後主云：「問君都有幾多愁？恰似一江春水向東流」，秦少游云「落紅萬點愁如海」是也。賀方回云：「試問閒愁知幾許，一川煙艸，滿城風絮，梅子黄時雨。」蓋以三者比之愁多也，尤爲新奇，兼興中有比，意味更長。

經總錢

宣和中，大盜方臘擾浙中，王師討之。命陳亨伯以發運使經制東南七路財賦。因建議如賣酒、鬻糟、商税、牙税與夫頭子錢、樓店錢，皆少增其數，别歷收繫，謂之「經制錢」。其後盧宗原頗附益之。至翁彦國爲總制使，倣其法，又收嬴焉，謂之「總制錢」。靖康之初，嘗詔罷之。軍興，議者再請施行，色目寖廣，視宣和有加焉。以迄于今，爲州縣大患。初，亨伯之作俑也，其兄聞之，哭於家廟，謂剥民産，怨禍必及子孫。厥後葉正則作外臺【二六】，謂必盡去經總錢，而後天下乃可爲，治平乃可望。然中興百年，非無聖君賢相，未聞有議及此者，是獨何也？

論語

杜少陵詩云：「小兒學問止《論語》，大兒結束隨商賈【二七】。」蓋以《論語》爲兒童之

【二五】李頎　原作「李傾」，據諸本改。

【二六】葉正則作外臺　「臺」，原作「稿」，據明活字本改。

【二七】大兒結束隨商賈　「賈」，《九家集注杜詩》卷一三《最能行》作「旅」。

書也。趙普再相，人言普山東人，所讀者止《論語》，蓋亦少陵之説也。太宗嘗以此語問普，普略不隱，對曰：「臣平生所知，誠不出此。昔以其半輔太祖定天下，今欲以其半輔陛下致太平。」普之相業，固未能無愧於《論語》【二八】，而其言則天下之至言也。朱文公曰：「某少時讀《論語》便知愛，自後求一書似此者卒無有。」

本政書

林勳，賀州人，紹興中登進士第【二九】。嘗進《本政書》，欲漸復三代井田之法。大略謂：五尺爲步，步百爲畝。畝百爲頃，頃九爲井。井方一里，井十爲通，通十爲成。成方十里，成十爲終，終十爲同。同方百里，一同之地，提封萬井，實爲九萬頃。三分去一，爲城郭市井、官府道路、山林川澤，與夫磽确不毛之地。定其可耕與爲民居者三千四百井，實爲三萬六百頃。一頃之田，二夫耕之。夫田五十畝，餘夫亦如之，總二夫之田，則爲百畝。百畝之收，平歲爲米五十石，上熟之歲，爲米百石。二夫以之養數口之家，蓋裕如矣。總八頃之税，爲米十有六石，錢三貫二百文，此之謂什一。井復一夫之税，以其人爲農正，掌勸督耕耨賦税之事，但收十有五夫之税，總計三千四百井之税，爲米五萬一千石，爲錢一萬二千貫，以此爲一同之率。一頃之居，其地百畝，十有六夫分之。夫宅五畝，總十有六夫之宅，爲地八十畝。餘二十畝以爲社學場圃，一井之人共之，使之朝夕群居，以教其

【二八】固未能無愧於論語 「固」，原作「因」，據諸本改。

【二九】紹興中登進士第 《建炎以來繫年要録》卷二六於建炎三年八月辛酉：「廣州州學教授林勳獻《本政書》十三篇。」《宋史》卷四二二《林勳傳》：「林勳，賀州人，政和五年進士，爲廣州教授。建炎三年八月，獻《本政書》十三篇。」此誤。

子弟。然貧富不等，未易均齊，奪有餘以補不足，則民駭矣。今宜立之法，使一夫占田五十畝以上者爲良農，不足五十畝者爲次農，其無田而爲閒民【三〇】，與非工商在官而爲游惰末作者，皆爲驅之使爲隸農。良農一夫以五十畝爲正田，以其餘爲羨田。正田毋敢廢業，必躬耕之。其有羨田之家，則無得買田，唯得賣田。至於次農，則無得賣田，而與隸農皆得買羨田，以足一夫之數，而升爲良農。凡次農隸農之未能買田者，皆使之分耕良農之羨田，各如其夫之數，而歲入其租於良農。如其俗之故，非自能買田及業主自收其田，皆毋得遷業。若良農之不願賣羨田者，宜悉俟其子孫之長而分之，官毋苛奪以賈其怨。少須暇之，自合中制矣。其書大略如此。朱文公、張宣公皆喜其説，謂其有志復古。然今時欲行經界，尚以爲難，況均田乎？

元子宗子

横渠《西銘》曰：「大君者，父母之宗子。」其説本於召公。《召誥》曰：「有王雖小，元子哉！」又曰：「皇天上帝，改厥元子。」元子即宗子也。武王誓師之辭曰：「亶聰明，作元后，元后作民父母。」余謂父母之説，不如元子宗子之説意味深長。蓋謂之元子宗子，則天父地母臨之於上，諸弟之顛連無告者責望於下，非特惻然於同胞之愛，且有所嚴憚而不敢曠其職分矣。

【三〇】其無田而爲閒民　「爲」，原脱，據諸本補。

六和塔詩

李彊父爲昭文相，嘗出六和塔題詩云【三一】：「往來塔下幾經秋，每恨無從到上頭。今日登臨方覺險【三二】，不如歸去卧林丘。」彊父爲相清正，謹守規矩，自奉如寒士，書卷不釋手，薨于位，謚文清。

湖州生祠

嘉定間，楊伯子爲湖州守，彈壓豪貴，牧養小民，治聲赫然，爲三輔冠。郡之士相與肖像祠于學宫，與工部尚書戴少望並祠。伯子意不悦，會除浙東庾節，將行，辭先聖先師禮畢，與教官諸生坐于講堂【三三】，命取所祠畫像來，題詩其上云：「面有憂民色，天知報國心。三年風月少，兩鬢雪霜深。更莫留形跡，何曾廢古今。不如隨我去，相伴老山林。」遂卷藏而行。當時士子有戲和其詩者，末句云：「可憐戴工部，獨樹不成林。」

黄陵廟詩

陸士規布衣工詩，秦檜喜之。嘗挾秦書干臨川守【三四】，餽遺不滿意，升堂嫚駡。守懼，以書白秦自解。秦怒陸甚，陸請見，不出。然猶令其子小相者見之，問其近作。陸誦

【三一】嘗出六和塔　「出」，元人劉一清《錢塘遺事》卷一《六和塔詩》作「登」，義勝。

【三二】今日登臨方覺險　「覺」，原作「覓」，據諸本改。

【三三】與教官諸生坐于講堂　「教」，原作「校」，據諸本改。

【三四】嘗挾秦書干臨川守　「干」，原作「于」，據諸本改。

其《黄陵廟》一絶云：「東風吹草緑離離，路入黄陵古廟西，帝子不知春又去，亂山無主鷓鴣啼。」小相入誦之。秦吟賞再四，即命請見，待之如初。

殺人手段

宗杲論禪云【三五】：「譬如人載一車兵器，弄了一件，又取出一件來弄，便不是殺人手段。我則只有寸鐵，便可殺人。」朱文公亦喜其説。蓋自吾儒言之，若子貢之多聞，弄一車兵器者也。曾子之守約，寸鐵殺人者也。

詩互體

杜少陵詩云：「風含翠篠娟娟淨，雨裛紅蕖冉冉香。」上句風中有雨，下句雨中有風，謂之互體。楊誠齋詩云「緑光風動麥，白碎日翻池」亦然，上句風中有日，下句日中有風。

陳黄送秦少章

韓文公作《歐陽詹哀詞》云：「詹，閩人也，父母老矣，捨朝夕之養以來京師。其心將以有得於是，而歸爲父母榮也。雖其父母之心亦然，詹在側，雖無離憂，其志不樂也。詹在京師，雖有離憂，其志樂也。」山谷《送秦少章從蘇公學》云：「斑衣兒啼真自樂，從師學

【三五】宗杲　原作「宋杲」，據諸本並《淳祐臨安志輯逸》卷七改。

道也不惡。但使新年勝故年，即如常在郎罷前。」後山云：「士有從師樂，諸兒卻未知。欲行天下獨，信有俗間疑。秋入川原秀，風連鼓角悲。目前豚犬類，未必慰親思。」二詩皆用韓意，而後山之味永。陸象山云：「男子生而以桑弧蓬矢射天地四方，示有四方之志，此其父母教之望之第一義也。顔子之家，一簞食，一瓢飲，在人不堪憂之地，而其子乃從其師周遊天下，履宋、衛、陳、蔡之厄，而不以爲悔。此豈俚俗之人、拘曲之士所能知其義哉！蓋誠使此心無所放失，無所陷溺，全天之所予而無傷焉，則千萬里之遠，無異於親膝。不然，雖日用三牲之養，猶爲不孝也。」象山此説，尤更精透。

住山僧

有僧住山，或謀攘之。僧乃掛草鞵一雙於方丈前，題詩云：「方丈前頭掛草鞋，流行坎止任安排。老僧脚底從來闊，未必枯髏就此埋。」余謂士大夫去就亦當如此。楊誠齋立朝時，計料自京還家之裹費，貯以一篋，鑰而置之卧所。戒家人不許市一物，恐累歸擔，日日若促裝者。余又聞昔有京尹，忘其名，不攜家，唯弊篋一擔，每晨起，則撤帳卷席，食畢，則洗鉢收箸，以拄杖撑弊篋于廳事之前，常若逆旅人將行者。故擊搏豪强，拒絶宦寺，悉無所畏。余曩在太學，嘗館于一貴人之門。一日，命市薪六百券，有卒微哂，謂其徒曰：「朝士今日不知明日事，乃買柴六百貫耶！」余因竊歎：士大夫之見，有不如此卒者多矣。

奏疏貴簡

劉平國云：「奏疏不必繁多，爲文但取其明白，足以盡事理，感悟人主而已。」此論極好，如《伊訓》《説命》《無逸》《立政》所未論，只如諸葛孔明前後出師表，何嘗費詞！近時如張宣公自都機入奏三劄，陸象山爲删定官輪對五劄，皆可法。

閒居交遊

自古士之閒居野處者【三六】，必有同道同志之士相與往還，故有以自樂。陶淵明《移居》詩云：「昔欲居南村，非爲卜其宅。聞多素心人，樂與數晨夕。」又云：「鄰曲時來往【三七】，抗言談在昔。奇文共欣賞，疑義相與析。」則南村之鄰，豈庸庸之士哉！杜少陵在錦里，亦與南鄰朱山人往還，其詩云：「錦里先生烏角巾，園收芋栗不全貧。慣看賓客兒童喜，得食階除鳥雀馴。秋水纔深四五尺，野航恰受兩三人。白沙翠竹江村暮，相送柴門月色新。」又云：「相近竹參差，相過人不知。幽花欹滿逕【三八】，野水細通池。歸客村非遠，殘尊席更移。看君多道氣，從此數追隨。」所謂朱山人者，固亦非常流矣。李太白《尋魯城北范居士誤落蒼耳中》詩云：「忽憶范野人，閒園養幽姿。」又云：「還傾四五酌，

【三六】自古士之閒居野處者　「自」，諸本作「昔」；「者」，明活字本無。

【三七】鄰曲時來往　《陶淵明集》卷二《移居》作「鄰曲時時來」。

【三八】幽花欹滿逕　「逕」，《九家集注杜詩》卷二一《過南鄰山人水亭》作「樹」。

自詠猛虎詞。近作十日歡，遠爲千歲期【三九】。風流自簸蕩，謔浪偏相宜。」想范野人者，固亦可人之流也。

廢心用形

《列子》曰：「仲尼廢心而用形。」淵明詩云「形跡憑化往，靈府長獨閒」，説得更好。蓋其自彭澤賦歸之後，洒然悟心爲形役之非，故其言如此。果能行此，則靜亦靜，動亦靜，雖過化存神之妙，不外是矣。謂淵明不知道，可乎？

【三九】遠爲千歲期　「歲」，《李太白全集》卷二〇《尋魯城北范居士失道》作「載」。

卷二

紅友

常州宜興縣黄土村，東坡南遷北歸，嘗與單秀才步田至其地。地主攜酒來餉曰：「此紅友也。」坡曰：「此人知有紅友，而不知有黄封，可謂快活。」余嘗因是言而推之，金貂紫綬，誠不如黄帽青簑；朱轂繡鞍，誠不如芒鞋藤杖；醇醪養牛【一】，誠不如白酒黄雞；玉户金鋪，誠不如松窗竹屋。無他，其天者全也【二】。

韓平原客

韓平原嘗爲南海尉，延一士人作館客，甚賢而文。既别，音問杳不通。平原當國，常思其人。一日，忽來上謁，蓋已改名登第數年矣。一見歡甚，館遇極厚。嘗夜闌酒罷，平原屏左右，促膝問曰：「某謬當國秉，外間議論若何？」其人太息曰：「平章家族危如纍卵矣【三】，尚復何言？」平原愕然問故。對曰：「是不難知也，椒殿之立，非出於平章，則椒殿怨矣。皇子之立，非出於平章，則皇子怨矣。賢人君子，自朱熹、彭龜年、趙汝愚而

校勘記

【一】醇醪養牛　「養」，諸本作「豢」。

【二】其天者全也　明活字本下有雙行夾註云：「圖經誤刊『紅灰』爲『紅友』，韻府遂收於『友』字下，誤人多矣。如羅大經、周必大輩皆以爲『友』，皆圖經之誤也。《宜興志》蔣捷詩『老去紅灰酒甕前』之句，可見自有知者。彼田父巧言曰『紅友』即『紅灰』，自是造法用紅灰。弼記。」按宋張世南《遊宦紀聞》卷七云：「往年邑簿朱冠卿續編圖經云：『五十五里，地名黄土村。坡公嘗與單秀才，步田至焉。地主以酒見餉，謂坡曰：此紅友也。坡言：此人知有紅友，不知有黄封，真快活人也。』」

【三】平章家族危如纍卵矣　「平章」，原作「平原」，據諸本改。

下，斥逐貶死，不可勝數，則士大夫怨矣。邊釁既開，三軍暴骨，孤兒寡婦之哭聲相聞，則三軍怨矣。並邊之民死於殺掠，内地之民死於科需，則四海萬姓皆怨矣。叢是衆怨，平章何以當之？」平原默然久之曰：「何以教我？」其人辭謝再三。固問，乃曰：「僅有一策，主上非心黄屋，若急建青宫，開陳三聖家法，爲揖遜之舉，則皇子之怨可變而爲恩，而椒殿退居德壽，雖怨無能爲矣。於是輔佐新君，涣然與海内更始，曩時諸賢，死者贈恤，生者召擢。遣使聘虜，釋怨請和，以安邊境。優犒諸軍，厚恤死士，除苛解慝，盡去軍興無名之賦，使百姓有更生之意。然後選擇名儒，遜以相位，乞身告老，爲緑野之游，則易危爲安，轉禍爲福，或者其庶幾乎！」平原猶豫不能決，欲留其人，處以掌故。其人力辭，竟去。未幾禍作。

詠鷗

杜少陵詩云「鷗行炯自如」，形容甚妙。如《召南》大夫節儉正直，而退食委蛇；彼都人士行歸于周，而從容有常，皆炯自如者也。

老瓦盆

杜少陵詩云：「莫笑田家老瓦盆，自從盛酒長兒孫。傾銀注玉驚人眼，共醉終同卧竹根。」蓋言以瓦盆盛酒，與傾銀壺而注玉杯者同一醉也，尚何分別之有。由是推之，蹇驢布韉，與金鞍駿馬同一遊也；松床莞席，與繡帷玉枕同一寢也。知此，則貧富貴賤，可以一視矣。昔有僕嫌其妻之陋者，主翁聞之，召僕至，以銀杯瓦碗各一，酌酒飲之。問曰：「酒佳乎？」對曰：「佳。」「銀杯者佳乎？瓦碗者佳乎？」對曰：「皆佳。」主翁曰：「杯有精粗，酒無分別，汝既知此，則無嫌於汝妻之陋矣！」僕悟，遂安其室。少陵詩意正如此。而一本迺以「玉」字作「瓦」字【四】，失之矣。

去婦詞

李太白《去婦詞》云：「憶昔初嫁君，小姑纔倚床。今日妾辭君，小姑如妾長。回頭語小姑，莫嫁如兄夫。」古今以爲絶唱。然以余觀之，特忿恨決絶之詞耳，豈若《谷風》去婦之詞曰「毋逝我梁，毋發我笱」，雖遭放棄，而猶反顧其家，戀戀不忍乎！乃知《國風》優柔忠厚，信非後世詩人所能彷彿也。古今賦昭君詞多矣，唯白樂天云：「漢使却迴憑寄語，黄金何日贖蛾眉？君王若問妾顔色，莫道不如宮裏時。」前輩以爲高出衆作之上，亦謂其有戀戀不忘君之意也。歐陽公《明妃詞》自以爲勝太白，而實不及樂天。至於荆公云「漢恩自淺胡自深，人生樂在相知心」，則悖理傷道甚矣。杜子美儒冠忍餓，垂翅青冥，殘盃冷炙，酸辛萬狀，不得已而去秦，然其詩曰，「尚憐終南山，回首清渭濱」，戀君之

【四】迺以玉字作瓦字　「以」，諸本作「改」。

意，藹然溢於言外。其爲千載詩人之冠冕，良有以也。魏鶴山云：「處人倫之變，當以《三百五篇》爲正。《考槃》《小宛》之爲臣，《小弁》《凱風》之爲子，《燕燕》《谷風》之爲婦，《終風》之爲母，《柏舟》之爲宗臣，《何人斯》之爲友，皆不遇者也。而責己重以周，待人輕以約，優柔諄切，怨而不怒，憂而不敢疏也。東坡在黄在惠在儋，不患不偉，患其傷於太豪，便欠畏威敬怒之意【五】。如『茲遊最奇絶，所欠唯一死』之類，詞氣不甚平，又如韓文公《廟碑》詩云：『作書詆佛譏君王，要觀南海窺衡湘。』方作諫書時，亦冀諫行而跡隱，豈是故爲詆訐，要爲南海之行。蓋後世詞人多有此意，如『去國一身，高名千古』之類，十有八九若此。不知君臣義重，家國憂深。聖賢去魯去齊，不若是恝者，非以一去爲難也。」此論精矣。

楊太真

武惠妃薨，明皇悼念不已，後宮數千無當意者。或言壽王妃楊氏之美，絶世無雙。帝見而悦之，乃令妃自以其意乞爲女官，號「太真」，更爲壽王娶韋昭訓女。潛納太真宫中，寵遇如惠妃，册爲貴妃，與衛宣公納伋之妻無以異。白樂天《長恨歌》云：「楊家有女初長成，養在深閨人未識。天生麗質難自棄，一朝選在君王側。」爲尊者諱也。近時楊誠齋《題武惠妃傳》云：「桂折秋風露折蘭，千花無朵可天顔。壽王不忍金宫冷，獨獻君王一

【五】便欠畏威敬怒之意　「怒」，明活字本作「恕」。

玉環。」詞雖工，意亦未婉。唯李商隱云：「龍池賜酒敞雲屏【六】，羯鼓聲高衆樂停。夜半宴歸宫漏永，薛王沉醉壽王醒。」其詞微而顯，得風人之體。

遷謫量移

士大夫危言峻節，遷謫凄涼，晚歲收用，衰落懲創，刓方爲圓者多矣。吕子約謫廬陵，量移高安，楊誠齋送行詩云：「不愁不上青霄去【七】，上了青霄莫愛身。」蓋祖杜少陵《送嚴鄭公》云：「公若居臺輔【八】，臨危莫愛身。」然以之送遷謫流徙之士【九】，則意味尤深長也。

隱士出山

晁以道與陳叔易俱隱嵩山，叔易被召出山，以道作詩云：「處士何人爲作牙，盡攜猿鶴到京華【一〇】。故山巖壑應惆悵，六六峰前只一家。」籍溪胡原仲除正字，朱文公寄詩云：「先生去上芸香閣，閣老新峨豸角冠。留取幽人卧空谷，一川風月要人看【一一】。」二詩相似，然以道後亦出山，時人反以此詩嘲之。文公卷舒以道，難進易退，高節全名，師表百世，乃知終南、少室之流，與有道之士，正不可同年語也。

【六】龍池賜酒敞雲屏　「敞」，原作「蔽」，據諸本並《玉谿生詩集箋注》卷三《龍池》改。

【七】不愁不上青霄去　「霄」，原作「雲」。按，審下「上了青霄莫愛身」句，當作「霄」是，據諸本改。

【八】公若居臺輔　「居」，《九家集注杜詩》卷二二《奉送嚴公入朝》作「登」。

【九】送遷謫流徙之士　「流徙」，諸本作「向用」。

【一〇】盡攜猿鶴到京華　「鶴」，原作「雀」，據諸本改。

【一一】一川風月要人看　原下有夾注云：「閣老，劉共父也。」

批答援引

東坡《批答呂大防辭免恩命》云：「卿有夷狄盜賊之虞【一二】，倉廩禮樂之歎，陰陽風雨之憂，此三者，誠當今之大計。孟子曰：『責難於君謂之恭。』夫既以責其君，而不以身任之【一三】，非仁人也。」蓋援其所自言者以勉之。近時真西山批答參政樓鑰乞致仕不允云：「夫七十致仕，雖著于經，一二三大臣，難拘此制。卿昔代言，嘗以是卻臣鄰之請矣，豈今日遂忘斯誼乎？」此又切矣。

物畏其天

潁濱釋《莊子》曰：「魚不畏網罟，而畏鵜鶘，畏其天也。」物之畏其天，誠有可怪者。余里中一村童，嘗見大蛙十數，聚于汙池叢棘之下。欲前捕之，熟視，乃一巨蛇蟠棘下，以啖群蛙，群蛙凝立待啖，不敢動。又村叟見蜈蚣逐一蛇，行甚急【一四】，蜈蚣漸近，蛇不復動，張口以待，蜈蚣竟入其腹。逾時而出，蛇已斃矣。村叟棄蛇于深山中，踰旬往視之，小蜈蚣無數食其腐肉。蓋蜈蚣産卵于蛇腹中也。余又嘗見一蜘蛛，逐蜈蚣甚急，蜈蚣逃入籬搶竹中。蜘蛛不復入，但以足跨竹上，摇腹數四而去。伺蜈蚣久不出，剖竹視之，蜈蚣已節節爛斷如虀醬矣。蓋蜘蛛摇腹之時，乃灑溺以殺之也。物之畏其天有如此者。夫

【一二】卿有夷狄盜賊之虞　「夷狄盜賊」原倒作「盜賊夷狄」，據諸本並《經進東坡文集事略》卷三八《批答》改。

【一三】而不以身任之　《經進東坡文集事略》下有一「者」字。

【一四】行甚急　「甚」，原作「其」，據諸本改。

蛇之恣啖群蛙，自以爲莫己敵矣，而不知蜈蚣之能涉其腹也。蜈蚣之齧蛇育子，自以爲莫吾禦矣，而不知蜘蛛之能醢其軀也。世之人昂昂然以凶毒自多者，可以觀矣。且蛙之不能敵蛇，固也。蜈蚣小於蛇矣【一五】，而能制蛇。蜘蛛小於蜈蚣矣，而能制蜈蚣。物豈專以小大爲强弱哉！

詩用助語

詩用助語，字貴妥帖。如杜少陵云：「古人稱逝矣，吾道卜終焉。」又云：「去矣英雄事，荒哉割據心。」山谷云：「且然聊爾耳，得也自知之。」韓子蒼云：「曲檻以南青嶂合，高堂其上白雲深。」皆渾然帖妥。吾郡前輩王才巨云【一六】：「並舍者誰清可喜，各家之竹翠相交。」曾幼度云：「不可以風霜後葉，何傷於月雨餘雲。」亦佳。

存問逐客

李泰發忤秦檜，貶海上，雷州守王彦恭存問周餽甚至。檜聞之，貶彦恭。辰陽陸升之，泰發姪婿也，告訐泰發家事，得删定官。檜死，彦恭復官，升之貶雷州。胡澹菴謫嶺南，士大夫多凌蔑之，否則畏避之。方滋字務德，本亦檜黨，待之獨有加禮。澹菴深德之。檜死，其黨皆逐。務德入京，謀一差遣不可得，栖栖旅館。澹菴偶與王梅溪語及其事，梅

【一五】蜈蚣小於蛇矣　「矣」，原脱，據諸本並下文句式補。

【一六】王才巨云　諸本作「王才臣云」。按，本書乙編卷四《題貧樂圖》條亦作「王才臣」，當是。

溪曰：「此君子也。」率館中諸公訪之，且揄揚其美，務德由此遂晉用。由此觀之，君子贏得做君子，小人枉了做小人。

野服

朱文公晚年，以野服見客，榜客位云：「滎陽呂公，嘗言京洛致仕官與人相接，皆以閒居野服爲禮，而歎外郡之不能然。其旨深矣！某已叨誤恩，許致其事，本未敢遽以老夫自居，而比緣久病，艱於動作，遂不免遵用舊京故俗，輒以野服從事。然上衣下裳，大帶方履，比之涼衫，自不爲簡。其所便者，但取束帶足以爲禮，解帶足以燕居，且使窮鄉下邑，得以復見祖宗盛時京都舊俗如此之美也。」余嘗於趙季仁處，見其服上衣下裳。衣用黃白青皆可，直領，兩帶結之，緣以皁，如道服，長與膝齊。裳必用黃，中及兩旁皆四幅，不相屬，頭帶皆用一色，取黃裳之義也。別以白絹爲大帶，兩旁以青或皁緣之。見儕輩則繫帶，見卑者則否。謂之野服，又謂之便服。

而已失官

寶慶初元，洪舜俞爲考功郎，應詔言事，詞旨剴切。真西山謂陳正甫曰：「讀洪考功封事，某殊有愧色。」其封事中論臺諫失職云：「月課將臨，筆不敢下，稱量議論之異同，揣摩情分之厚薄，可否未決，吞吐不能。其相率勇往而不顧者，恭請聖駕款謁景靈宫而已。」臺臣摘以爲言，謂祇見宗廟，此重事也，而洪某乃言「款謁景靈宫而已」，詞語嫚易，有輕宗廟之意。遂遭罷黜，仍鐫三官。舜俞有詩云：「不得之乎成一事，却因而已失三官。」

函首詩

庶人之讎，釋《禮記》者謂可盡五世，矧有天下者乎！齊襄復九世之讎，《春秋》大之。我國家之於金虜，蓋百世不共戴天之讎也。開禧之舉，韓侂胄無謀浪戰，固可罪矣。然乃至函其首以乞和，何也？當時太學諸生之詩曰：「晁錯既誅終叛漢，於期已入竟亡燕。」此但以利害言耳，蓋未嘗以名義言也。譬如人家子孫，其祖父爲人所殺，其田宅爲人所吞，有一狂僕佐之復讎，謀疏計淺，迄不能遂，乃歸罪此僕，送之讎人，使之甘心焉，可乎哉？

前褒後貶

韓昌黎上大尹李實書云：「愈來京師，於今十五年，所見公卿大臣，不可勝數，皆能守官奉職，無過失而已。未見有赤心事上憂國如閣下者。今年以來，不雨者百有餘日。

種不入土，野無青艸，而盜賊不敢起，穀價不敢貴，百坊百二十司、六軍二十四縣之人，皆若閤下親臨其家。老姦宿贓，銷縮摧沮，魂亡魄喪【一七】，影滅跡絶。非閤下條理鎮服，布宣天子威德，其何能及此！」其後作《順宗實録》乃云：「實諂事李齊運，驟遷至京兆尹，恃寵强愎，不顧邦法【一八】。是時大旱，畿甸乏食，實一不以介意，方務聚斂徵求，以給進奉。每奏對輒曰：『今年雖旱，而穀甚好。』由是租稅皆不免。陵轢公卿，勇於殺害，人不聊生。及謫通州長史，市里讙呼，皆袖瓦礫遮道伺之。」與前書一何反也。豈書乃過情之譽，而史乃紀實之辭耶？然退之古君子，單辭片語，必欲傳信，寧可妄發！而譽之過情，乃至於此，是不可曉也。近時汪彦章投李伯紀啟云：「孤忠貫日，正二儀傾側之中；凜氣横秋，揮萬騎笑談之頃。」又云：「士訟公寃，咸舉幡而集闕下；帝從民望，令免胄以見國人。」其贊美至矣。及居翰苑，草伯紀謫詞，乃云：「朋姦罔上，有虞必去於驩兜；欺世盜名，孔子先誅於正卯。」又云：「專殺尚威，傷列聖好生之德；信讒喜佞，爲一時群小之宗。」與前啟又何反也！伯紀真君子，而醜詆至此。嘻！其甚矣。當時亦有以此問彦章者，彦章云：「我前啟自直一翰林學士，而彼不我用，安得不醜詆之！」是可笑也。退之之於李實，豈亦若是耶？然李實真小人【一九】，與伯紀不同。退之失於前之過譽，彦章失於後之過毁。譽猶可過也，毁不可過。

【一七】魂亡魄喪　「亡」，原作「止」，據諸本改。

【一八】不顧邦法　「法」，明活字本作「本」。按，「邦本」語出《尚書》。然檢《昌黎先生文集》外集卷六所載《順宗實録》，此句記作「不顧文法」。

【一九】然李實真小人　「然」，原作「終」，據諸本改。

春風花艸

杜少陵絶句云：「遲日江山麗，春風花艸香。泥融飛燕子，沙暖睡鴛鴦。」或謂此與兒童之屬對何以異。余曰，不然。上二句見兩間莫非生意，下二句見萬物莫不適性。於此而涵泳之，體認之，豈不足以感發吾心之真樂乎！大抵古人好詩，在人如何看，在人把做甚麽用【二〇】。如「水流心不競，雲在意俱遲」，「野色更無山隔斷，天光直與水相通」，「樂意相關禽對語，生香不斷樹交花」等句，只把做景物看亦可，把做道理看，其中亦儘有可玩索處。大抵看詩，要胸次玲瓏活絡【二一】。

旌忠莊

韓世忠嘗議買新淦縣官田【二二】，高宗聞之，御札特以賜世忠。其詞云：「卿遇敵必克，克且無擾。聞卿買新淦田爲子孫計，今舉以賜卿，聊旌卿之忠。」故其莊號旌忠。蓋當時諸將各以姓爲軍號，如張家軍、岳家軍之類，朝廷頗疑其跋扈。聞其買田，蓋以爲喜，故特賜之。世忠之買田，亦未必非蕭何之意也。「克且無擾」四字，可謂要言。如王全斌輩非不克，奈擾何？信能行此四字，雖古名將，何以加諸！

【二〇】在人把做甚麽用　「甚麽」，原作「什甚」，據諸本改。

【二一】要胸次玲瓏活絡　「絡」，原作「終」，據諸本改。

【二二】韓世忠嘗議買新淦縣官田　「新淦」，明活字本作「當塗」，下同。

三將

漢惟一趙充國，唐惟一王忠嗣，本朝惟一曹彬，有三代將帥氣象。唐人詩云：「澤國山河入戰圖，生民何計樂樵蘇。憑君莫話封侯事，一將功成萬骨枯。」讀之可爲酸鼻。

彤庭分帛

杜少陵詩云：「彤庭所分帛，本自寒女出。鞭撻其夫家，聚斂貢城闕。聖人筐篚恩，實欲邦國活。臣如忽至理，君豈棄此物。」即爾俸爾禄，民膏民脂之意也。士大夫誦此，亦可以悚然懼，惻然思矣。余嘗見州郡迓新者，設飾甚費。因成詩云：「赤子須摩撫，紅塵幾送迎。幕張雲匼匝，車列鑑鮮明。豈是朘民血，空教適宦情。忍聞分竹者，竭澤自求盈。」

血山

兗王假山成【二三】，請宫僚觀之，姚坦熟視曰：「此血山耳。」開寶塔成，田錫上疏曰：「衆以爲金碧熒煌，臣以爲塗膏釁血。」

【二三】兗王假山成　「兗王」，考《宋史》卷二七七《姚坦傳》，姚坦爲益王府翊善，嘗指益王所營假山爲血山。

吾心如秤

諸葛孔明曰：「吾心如秤，不能爲人作輕重。」至哉言乎。信能此，則吾心即造化也。殺之而不怨，利之而不庸，已不勞而萬物服矣。乃知孔明長嘯草廬時，其所講不在伊、吕下。杜少陵云：「伯仲之間見伊、吕，指揮若定失蕭曹」，可謂識孔明心事矣。或謂既比之以伊、吕矣，又比之以蕭、曹，何也？余曰，不然，下句蓋惜其指揮未定而死耳，使其指揮若定，則雖蕭、曹且不能當，况司馬仲達乎！指揮蓋措置經畫也，如兵民雜耕，留屯久駐之類。失猶無也，故末句有志決身殲之歎。

韓范用兵

郭仲晦云，用兵以持重爲貴。蓋知彼知己，先爲不可勝以待敵之可勝，此百戰百勝之術也。昔韓、范二公在五路，韓公力於戰，范公則不然，曰：「吾唯知練兵選將，積穀豐財而已。」余觀《東軒筆録》載，韓公欲五路進兵，以襲平夏，范公不可。韓公遣尹師魯至慶州，約進兵，范公曰：「我師新敗，士卒氣沮，但當謹守，以觀其變，豈可輕兵深入！」師魯嘆曰：「公於此乃不及韓公。韓公嘗云，大凡用兵，當先置勝負於度外。公何區區過慎如此？」范公曰：「大軍一動，萬命所懸，乃可置於度外乎？」師魯不能强而還。韓公遂舉兵，次好水川。元昊設伏，我師陷没，大將任福死之。韓公遽還，至半途，亡者之父兄妻子數千人，號於馬首，持故衣紙錢，招魂而哭曰：「汝昔從招討出征，今招討歸，而汝死矣，汝之魂識，亦能從招討以歸乎！」哀慟之聲震天地。韓公掩泣，駐馬不能進。范公聞之，歎曰：「當是時，難置勝負於度外也。」國朝人物，當以范文正爲第一，富、韓皆不及。富公欲誅晁仲約，其見亦不逮范公。余嘗有詩云：「奮髯要斬高郵守，攘臂甘驅好水軍。到得繞床停轡日，始知心服范希文。」

天佑忠賢

劉元城貶梅州，章惇輩必欲殺之。郡有土豪，凶人也。以貲得官【二四】，往來京師，見章惇，自言能殺元城。惇大喜，即除本路轉運判官。其人驅車速還。及境，郡守遣人告元城。元城略處置後事，與客笑談飲酒以待之。至夜半，忽聞鐘聲，問之，則其人已嘔血死矣。秦檜晚年，嘗一夕秉燭獨入小閣，治文書至夜半【二五】。蓋欲盡殺張德遠、胡邦衡諸君子凡十一人。區處既定，只俟明早奏行之。四更忽得疾，數日而卒。檜父嘗爲靜江府古縣令，守帥胡舜陟欲爲檜父立祠於縣，以爲逢迎計。縣令高登，剛正士也，堅不奉命。舜陟大怒，文致其罪，送獄鍛鍊，備極慘毒，登幾不能堪。未數日，舜陟忽殂，登乃獲免。近時大理評事胡夢昱，以直言貶象郡，過桂林，帥錢宏祖欲害之。未及有所施行，亦暴亡。

【二四】以貲得官　「貲」，原作「此」，據諸本改。

【二五】至夜半　「半」，諸本作「分」。

嗚呼！謂天不佑忠賢，可乎？

齊人歸女樂

朱文公云：「齊人歸女樂，説者謂愛女樂必怠於政事【二六】，故孔子遂行。然以《史記》觀之，又似夫子懼其讒毁而去。如曰『彼婦之口，可以出走』是已。魯仲連論帝秦之害，亦曰：『彼又將使其子女讒妾爲諸侯妃，處梁之宫，梁君安得晏然而已乎？』想當時列國多此等事，故夫子不得不星夜急走。」余謂齊人但欲蠱魯君之心，君心既蠱，則所謂怠於政事、聽讒嫉賢之事，自然色色有之。楊誠齋云：「人主之治天下，必先正其治之之主，人臣之相其君，必先正其人主之主。而小人敵國之欲傾人之國也，必先敗其人主之主而已。齊人懲於夾谷而謀魯也，不以齊謀魯也，以魯謀魯也。魯以女樂罷朝而孔子行，則先敗其用孔子之主也，孰爲用孔子之主，非魯君之心乎？」

張魏公討苗劉

苗傅、劉正彦之亂，張魏公在秀州，謀舉勤王之師。苗、劉僞詔至，大赦，厚犒諸軍。公潛於府庫中尋舊詔書，令人馳往十數里外【二七】，易其詔。既至，令僚屬宣詔，但爲撫諭之詞，略張於譙樓，旋即斂之。大犒諸軍，群情賴以不摇。時張俊亦在秀州，公深結之。

【二六】説者謂愛女樂必怠於政事　「愛」，諸本作「受」。按，《朱子語類》卷四七亦記作「受」。

【二七】令人馳往十數里外　「馳」，明活字本作「持」。

會韓世忠舟師亦至，公與世忠對哭。因饗俊、世忠將士【二八】，呼諸將校至前，抗聲問曰：「今日之事【二九】，孰逆孰順？」皆對曰：「賊逆我順。」又曰：「若浚此舉違天悖人，可取浚頭歸苗傅，不然，一有退縮，悉以軍法從事！」衆皆感憤。遂勒兵行次臨平，逆黨屯拒不得前。世忠等搏戰，大破之。傅、正彦遁入閩，追獲斬首。拜公知樞密院事，時年纔三十三【三〇】。

贈頭陀詩

楊誠齋贈抄經頭陀詩云：「刺血抄經奈若何【三一】，十年依舊一頭陀。袈裟未著言多事【三二】，著了袈裟事更多。」今世儒生竭半生之精力，以應舉覓官。幸而得之，便指爲富貴安逸之媒，非特於學問切己事不知盡心，而書册亦幾絶交。如韓昌黎所謂「牆角君看短檠棄」，陳後山所謂「一登吏部選，筆硯隨掃除」者多矣。是未知著了袈裟之事更多也。余同年李南金登第後，畫師以冠裳寫其真。南金題詩云：「落魄江湖十二年，布衫闊袖裹風煙。如今各樣新裝束【三三】，典卻清狂賣卻顛。」雖一時戲語，然知紳裳之束縛，非韋布比，而加意檢束，亦自有味。

【二八】因饗俊世忠將士　「俊」，原作「浚」，據諸本改。

【二九】今日之事　《宋史》卷三六一《張浚傳》作「今日之舉」。

【三〇】時年纔三十三　「三十三」，諸本作「三十二」。

【三一】刺血抄經奈若何　「刺」，《朝天集》作「瀝」，義長。按，「瀝血抄經」，蓋本韓愈詩「瀝血以書辭」。

【三二】袈裟未著言多事　「言」，《朝天集》作「愁」。

【三三】如今各樣新裝束　「各」，原作「個」，據諸本改。

卷三

陳子衿傳

先友李衍進之有儁才，於書無所不讀，不幸年逾二十而死。吾黨惜之，以比王逢原、邢居實。進之嘗以《三百五篇》詩名作《陳子衿傳》。其辭曰：陳子衿，《宛丘》《北門》人也。其先居《甫田》，世有《清人》，當漢時，《緇衣》爲縣令者甚衆。及進士設科，《緑衣》登第，纍纍而有，於《都人士》中爲最盛，雝雝如也。《子衿》母名《靜女》，封《碩人》，嘗《采蘋》《汝墳》。《風雨》暴至，殷《殷其雷》，有《小星》墜於懷，《載馳》而歸。《出車》《思齊》，禱于《清廟》，遂生《子衿》，正《十月之交》也。生時《東方未明》，設《庭燎》以舉之，《鼓鐘》於宮，以饗賀客，《賓之初筵》，《晨風》和暢，缾列《白華》，槃有《木瓜》，紉《芄蘭》【一】，焚《蓼蕭》，《綢繆》霑洽。《有客》《既醉》，《擊鼓》歌曰：「《椒聊》之蕃衍兮，《葛藟》之《綿》綿，《猗嗟》盛哉，其大君門。驚人瑞世，《騶虞》《麟趾》。」歌闋，主人謝曰：「今日之集，薄具《無羊》，幸《南有嘉魚》，薦俎《式微》，諸君亮之。」客皆《假樂》，至《雞鳴》酒罷。《碩人》教養《子衿》，欲令三才並通，故試之《泮水》，使學《烈文》；置之《靈

校勘記

【一】紉芄蘭　「芄」，原作「芃」，據《詩集傳》卷三《芄蘭》改。

臺》，使觀《雲漢》；出之《旄丘》，使知《民勞》；行則《君子陽陽》，《狡童》不得伍；居則《衡門》《閟宫》，《巧言》無從入。《日月》既久，問學《大明》。《碩人》卒，《子衿》哀毁甚，《素冠》廬《墓門》，朝夕《瞻卬》。讀「劬勞」之詩，三復哀慟，門人爲之廢《蓼莪》。於是念《烈祖》之緒，覃思文典，而家窶《無衣》，《豐年》乏食，《葛屨》履霜。門人或爲之《伐木》，或爲之《采葛》，或爲之《采菽》《采芩》，以供衣食薪烝，嘗喟然歎曰：「《噫嘻》！非《天保》我，其誰《閔予小子》乎？《我將》《時邁》四方，冀昌厥志，必不獲遂，則《采薇》首陽，追蹤夷、齊耳。」迺《正月》《吉日》，《出其東門》，《載驅》而行，《遵大路》，過《株林》，度《陂澤》。《褰裳》以濟《溱洧》，則思子產之乘輿；《狼跋》而登《終南》，則念杜陵之秀句，《信南山》之霧豹，想《崧高》之降神。《瞻彼洛矣》，則概然有擊楫之志；杭彼《河廣》，則躍然有焚身之思。過《東山》而想謝傅之風流；涉《渭陽》而歎西平之勳烈。《訪落》帽於龍山，弔《文王》於畢郢。登高懷遠，凄然無歸，因著《青蠅》賦以譏切當世。迺濟《沔水》，逾《韓奕》，復入《南山》，《節南山》而西，寄食於《公劉》之家，《南山有臺》，下墩《大田》；彼《黍離》離，延及《南陔》；《楚茨》《棫樸》，《樛木》《蒹葭》，蓊密羅結；《黄鳥》《玄鳥》，《綿蠻》差池；《桑扈》《鴛鴦》，飛鳴自適。《葛生》其中，《載芟》載劉，規爲《小宛》，以供遊觀。《破斧》《伐檀》，《大東》方之地。以築《新臺》，植以《桃夭》，樊以《菀柳》，羅以《甘棠》【二】，環以《泉水》，東則《東門之楊》，《東門之枌》，駢翠交

【二】羅以甘棠　「甘」，原作「其」，據《詩集傳》卷一《甘棠》改。

青； 北則《山有扶蘇》，《野有蔓草》，蔥蔚可愛； 俯視則《隰有萇楚》，《瓠有苦葉》，《菁菁者莪》，《皇皇者華》，紛紅駭緑，錯布如錦。其《桑中》則桑葉可拈，《采緑》之女，《行露》需衣； 其《下泉》則《魚藻》交加，《鳧鷖》上下，《振鷺》《鴻鴈》，或集或翔。又有《漸漸之石》，可以《考槃》。《揚之水》則清流激湍，多《采蘩》之《氓》，《竹竿》垂綸，《魚麗》于釣【三】，《東門之池》，《葛覃》其上，《芣苢》《卷耳》，《瓠葉》《杕杜》之屬尤多。其《中谷有蓷》，其《丘中有麻》，其《防有鵲巢》，其《牆有茨》，其《園有桃》，其《摽有梅》，其《汾沮洳》，則有《裳裳者華》，與《苕之華》隱映於《行葦》之間。其中野則《鹿鳴》呦呦，《鶴鳴》革革，終日不絶。其《隰桑》之下，則《棠棣》《黍苗》，敷榮秀實，《有杕之杜》，幢幢如蓋，《匪風》而涼。《公劉》日與其友《召旻》、旻弟《小旻》《小弁》及《子衿》，號五公子，酣飲其中。《子衿》雖羈窮，《公劉》心知其非《烝民》比，敬愛無斁，《采芑》殺《羔羊》，射鳩雉，《泂酌》流泉，所以奉《子衿》者甚至。頃之《子衿》欲有所適，《公劉》贈以《白駒》，送以《候人》。《子衿》乃歷《東門之墠》，入《旱麓》，過《北山》，山之神移文招之，《子衿》亦樂其幽邃，往從其招，作歌曰：「《北山》有樞，爲吾之居； 《北山》有竹，籜兮窣窣； 山之《卷阿》，《凱風》何多； 山之《崇丘》，《谷風》翛翛； 《何草不黄》，陰翕而藏； 《何彼襛矣》【四】，青陽韶美。」朝夕歌之，聲滿天地。山多鳥獸《草蟲》，有《關雎》《鴇羽》《鳲鳩》《鴟鴞》《螽斯》《蜉蝣》《碩鼠》之類，雜出其間，其《野有死麇》，其有《兔爰》爰【五】，其《鶉

【三】魚麗于釣　「釣」，似爲「罶」之誤。《詩集傳》卷九《魚麗》有「魚麗于罶」句。

【四】何彼襛矣　「襛」，原作「穠」，據《詩集傳》卷一《何彼襛矣》改。

【五】有兔爰爰　「有」，原作「狡」，據《詩集傳》卷四《有兔爰爰》改。

之奔奔》，俄而有《鵲巢》其屋，《有狐》出其竇，《子衿》撫然曰：「鳥獸不可與同群」，於是還魏，《陟岵》山適楚。至《江有汜》，得《柏舟》濟《漢廣》，與楚人《巷伯》《祈父》，《二子乘舟》。二子知《子衿》抱負不群，謂之曰：「《君子于役》【六】，既乏《臣工》，又無《車舝》，《羔裘》將敝，《頍弁》蕭條，《般》《桓》《江漢》，隻影無儔。泛觀《生民》，莫不有《十畝之間》以耕，一《版》之屋以處。方春之時，《蝃蝀》載見，膏雨將降，《東方之日》《小明》，則《女曰雞鳴》，士曰昧旦，或《將仲子》，與《叔于田》，或《伯兮》居守，或《大叔于田》，簑笠在身，《良耜》在手，長幼暨暨，或饁或耘。《四月》《六月》，《雨無正》時【七】，引渠灌輸，俾苗怒長，《七月》既秋，《華黍》將收，《大車》以載，《月出》方歸，及夫《定之方中》，農隙多暇，則呼《盧令》，攜《兔罝》，挾《角弓》，張《九罭》，施《敝笱》，以獵以漁。其富者，或駕《駟鐵》，乘《四牡》，《有車轔轔》，《有駜》駜駜，《車攻》原野，網交《淇奧》，釃風《湛露》，角勝校獲，何其樂也！至有得時遇主，取相封侯，入賚《彤弓》，出建《干旄》，被《絲衣》，曳紈綺，《武》夫前呵，莫敢《執競》，《有女同車》，有手其姿，窈窕《由儀》，思與《君子偕老》。如《燕燕于飛》【八】，彼《何人斯》，踵其《常武》，豈子之所難哉！夫蓋世勳名，《權輿》一念，傅説胥靡相《殷武》丁，《天作》尚父，《文王有聲》，雖《維天之命》，亦有志竟成。今子幸遭時清平，《下武》右文，不能《小毖》于心，奮取富貴，而《維清》泉白石以自潔，《終風》苦露以自隱，不與賢登于朝，而顧與《我行其野》【九】，徒歎《昊天有成命》

【六】君子于役　「于」，原作「行」，據《詩集傳》卷四《君子于役》改。

【七】雨無正時　「正」，原作「止」，據《詩集傳》卷一一《雨無正》改。

【八】燕燕于飛　「于」，原作「之」，據《詩集傳》卷二《燕燕于飛》改。

【九】我行其野　「其」，原作「于」，據《詩集傳》卷一一《我行其野》改。

之不可易，而不知所欲之必從也，以期于世，不亦左乎！　藉曰無意斯世，則《相鼠》有穴，況於人乎！　一區未辯，脱有《小戎》寇，子將奚歸，唯君《簡兮》，毋謂我生流坎，由庚甲之利不利也。」《子衿》曰：「諾哉！　二子行矣，我將思之【一〇】。」贊曰：異哉！《子衿》之爲人也。其孔北海、李太白之流乎？　觀其抗志青雲之上，睥睨宇宙，猶以爲小，而不免爲旅人。諺曰：「用之則爲虎，不用則爲鼠。」若《子衿》者，豈以用不用異其心哉！

以學爲詩

趙昌父云：「古人以學爲詩，今人以詩爲學。」夫以詩爲學，自唐以來則然。如嘔出心肝，掐擢胃腎【一一】，此生精力盡於詩者，是誠弊精神於無用矣。乃若古人，亦何嘗以學爲詩哉！　今觀《國風》，間出於小夫賤隸婦人女子之口，未必皆學也，而其言優柔諄切，忠厚雅正。後之經生學士，雖窮年畢世，未必能措一辭。正使以後世之學爲詩，其胸中之不醇不正，必有不能掩者矣。雖貪者賦廉詩，仕者賦隱逸詩，亦豈能逃識者之眼哉！　如白樂天之詩，曠達閒適，意輕軒冕，孰不信之？　然朱文公猶謂【一二】「樂天人多説其清高，其實愛官職，詩中及富貴處，皆説得口津津地涎出。」可謂能窺見其微矣。嗟夫！　樂天之言，且不可盡信，況餘人乎！　楊誠齋云：「古人之詩，天也；　後世之詩，人焉而已矣。」此論得之。

【一〇】我將思之　原下有夾注云：「傳不記其人之所終，用《史記》體。」

【一一】掐擢胃腎　明活字本作「腎胃」。

【一二】然朱文公猶謂　「猶」，諸本作「獨」。

活處觀理

古人觀理，每於活處看。故詩曰：「鳶飛戾天，魚躍于淵。」夫子曰：「逝者如斯夫，不舍晝夜。」又曰：「山梁雌雉，時哉時哉！」孟子曰：「觀水有術，必觀其瀾。」又曰：「源泉混混，不舍晝夜。」明道不除窗前草，欲觀其意思與自家一般。又養小魚，欲觀其自得意，皆是於活處看。故曰：「觀我生，觀其生。」又曰：「復其見天地之心。」學者能如是觀理，胸襟不患不開闊，氣象不患不和平。

祝壽

陸象山在荆門，上元不設醮，但合士民於公廳前，聽講《洪範》「皇極斂時五福」一段，謂此即爲民祈福也。今世聖節，令僧陞座説法祝聖壽，而郡守以下環坐而聽之，殊無義理。程大昌、鄭丙在建寧，並不許僧陞堂説法。朱文公在臨漳，且令隨例祝香，不許人問話。余謂若祖象山之法，但請教官陞郡庠講席，講詩《天保》一篇，以見歸美報上之意，亦自雅馴【一三】。

【一三】亦自雅馴　「馴」，原作「訓」，據諸本改。

至人

莊子謂「至人入水不濡，入火不熱」。如周公遭變，而赤舄几几；孔子厄陳，而絃歌自如：皆至人也。不濡不熱，其言心耳，非言其血肉之身也。

桃錦柳綿

杜陵詩云：「不分桃花紅勝錦，生憎柳絮白如綿。」初讀只似童子屬對之語，及細思之，乃送杜侍御入朝，蓋錦綿皆有用之物【一四】，而桃花柳絮，乃以區區之顏色而勝之，亦猶小人以巧言令色而勝君子也。侍御，分别邪正之官，故以此告之。觀「不分」「生憎」之語，其剛正疾邪可見矣。

村莊雞犬

韓平原作南園於吴山之上，其中有所謂村莊者，竹籬茅舍，宛然田家氣象。平原嘗游其間，甚喜曰：「撰得絶似，但欠雞鳴犬吠耳。」既出莊游他所，忽聞莊中雞犬聲，令人視之，乃府尹所爲也。平原大笑，益親愛之。太學諸生有詩曰：「堪笑明庭鴛鷺，甘作村莊犬雞。一日冰山失勢，湯燖鑊煮刀刲。」

【一四】蓋錦綿皆有用之物　「錦綿」，原作「綿錦」，據諸本改。

謝昭雪表

岳武穆家《謝昭雪表》云【一五】:「青編塵乙夜之觀,白簡悟壬人之譖。」甚工。

末世風俗

王荊公論末世風俗云:「賢者不得行道,不肖者得行無道; 賤者不得行禮,貴者得行無禮。」其論精矣。嗟夫! 荊公生於本朝極盛之時,猶有此歎,況愈降愈下乎?

五百弓

荊公詩云:「卧占寬閑五百弓」,蓋佛家以四肘爲弓,肘一尺八寸,四肘,蓋七尺二寸,其説出《譯梵》。

白羊先生

紹熙甲寅,孝宗升遐,光宗疾,不能喪,中外人情洶洶。襄陽兵官陳應祥,歸正人也,欲乘此爲變,結約已定。其間一卒,買卜於市所謂白羊先生者。卜者詰之曰:「此卜將何用? 觀所占,是要殺爺殺娘底事,大不好,莫做卻吉。」其人色動,時都統馮湛帳前適

【一五】岳武穆家謝昭雪表云 「岳」,原作「兵」,今改。

有一人在傍知見，遂潛跡之。至一茶肆，與之語，紿以己得罪於湛，倘有所謀，願預一人之數。卒始不肯言，再三問之，乃以實告，但深以卜不吉爲疑。其人曰：「若疑其不吉，當與汝同首，可轉禍爲福。」卒然之，然恐無驗，乃引其人詣陳曰：「此人都統帳前人也，近偶得罪，可爲内應。」陳始不信，再三言之，乃與以白巾一，告以期約。其人與卒急詣湛告變。時張定叟作帥，湛攜首狀告定叟。時定叟方卧，起與湛密議定，復就寢，徐令具酒肴與客飲，遣數人請陳及其他一二兵官同來，面以首狀及白巾詰之。陳辭屈，乃集衆於教場射殺之。二人及白羊先生皆補官。

東坡文

《莊子》之文，以無爲有。《戰國策》之文，以曲作直。東坡平生熟此二書，故其爲文，横説豎説，惟意所到，俊辨痛快，無復滯礙。其論刑賞也，曰：「當堯之時，皋陶爲士。將殺人，皋陶曰『殺之』三，堯曰『宥之』三，故天下畏皋陶執法之堅，而樂堯用刑之寬。」其論武王也，曰：「使當時有良史如董狐者，則南巢之事，必以叛書；牧野之事，必以弑書。而湯、武，仁人也，必將爲法受惡。周公作《無逸》，曰：殷王中宗，及高宗及祖甲，及我周文王，兹四人迪哲，上不及湯，下不及武王，其以是哉【一六】！」其論范增也，曰：「增始勸項梁立義帝，諸侯以此服從，中道而弑之，非增意也。夫豈獨非其意，將必力爭而不聽也。

【一六】其以是哉　「其」，《經進東坡文集事略》卷一二《武王論》作「亦」。

不用其言,而殺其所立,羽之疑增,自此始矣【一七】。」其論戰國任俠也,曰:「楚、漢之禍,生民盡矣,豪傑宜無幾,而代相陳豨從車千乘【一八】。蕭、曹爲政,莫之禁也。豈懲秦之禍,以爲爵禄不能盡縻天下之士,故少寬之,使得或出於此也耶!」凡此類,皆以無爲有者也。其論厲法禁也【一九】,曰:「商鞅、韓非之刑,非舜之刑,而所以用刑者,則舜之術也【二〇】。」其論唐太宗征遼也,曰:「唐太宗既平天下,而又歲歲出師,以從事於夷狄。蓋晚而不倦,暴露於千里之外,親擊高麗者再焉。凡此者,皆所以爭先而處强也。」其論從衆也,曰:「宋襄公雖行仁義,失衆而亡。田常雖不義,得衆而强。是以君子未論行事之是非,先觀衆心之向背。謝安之用諸桓,未必是,而衆之所樂,則國以乂安【二一】。庾亮之召蘇峻,未必非,而勢有不可,則反成危辱【二二】。」凡此類,皆以曲作直者也。葉水心云:「蘇文架虚行危,縱横倏忽,數百千言,讀者皆如其所欲出,推者莫知其所自來,古今議論之傑也。」

叔世官吏

葉水心云:「唐時道州西原蠻掠居民,而諸使調發符牒,乃至二百函。故元結詩以爲賊之不如。杜少陵遂有『粲粲元道州,前賢畏後生』之語【二三】。蓋一經兵亂,不肖之人妄相促迫,艸芥其民。賊猶未足以爲病,而官吏相與亡其國矣。」至哉言乎!古今國

【一七】自此始矣　《經進東坡文集事略》卷一四《范增論》「自」字上有一「必」字。

【一八】代相陳豨從車千乘　同前書「陳豨」下有「過代」二字。

【一九】其論厲法禁也　「厲」,原作「勵」,據諸本及《經進東坡文集事略》卷一六《厲法禁》改。

【二〇】則舜之術也　「術」,原作「刑」,據諸本並《厲法禁》改。

【二一】則國以乂安　「乂」,原作「人」,據諸本並《經進東坡文集事略》卷二四《上神宗皇帝萬言書》改。

【二二】則反成危辱　「成」,同前書作「爲」。

【二三】前賢畏後生　「賢」,《九家集注杜詩》卷一一《同元使君春陵行》作「聖」。

家之亡，兆之者夷狄盜賊，而成之者不肖之官吏也。且非特兵亂之後，暴驅虐取吾民而已，方其變之始也，不務爲弭變之道，乃以幸變之心，施激變之術，張皇其事，誇大其功，借生靈之性命，爲富貴之梯媒。甚者假夷狄盜賊以邀脅其君。輾轉滋蔓，日甚一日，而國隨之矣。

宰輔久任

唐太宗相房玄齡二十三年，用魏徵及相十八年【二四】，此外惟李林甫、元載最久。國朝魏野贈王文正詩云：「太平宰相年年出，君在中書十二秋。」蓋以爲最久矣。至蔡京、秦檜，皆及十八九年。近時史衛王獨專國秉至二十六年，此古今所無。至晚年得末疾，猶專國秉數年，尤古今所無。故洪舜俞詩云：「陰陽眠燮理。」

安樂直錢多

周益公退休，欲以「安樂直錢多」五字題燕居之室，思之累日，未得其對。一士友請以「富貴非吾願」爲對，公欣然用之。

【二四】用魏徵及相十八年　「徵」，原作「證」，據諸本改。

借助夷狄

花門尚留，杜拾遺以爲憂；吐蕃既回，陸宣公以爲喜【二五】。

東坡書畫

東坡謫儋耳，道經南安，於一寺壁間作叢竹醜石，甚奇。韓平原當國，劄下本軍取之，守臣親監臨【二六】，以紙糊壁，全堵脱而龕之以獻。平原大喜，置之閱古堂中【二七】。平原敗，籍其家，壁入秘書省著作庭。辛卯之火，焚右文殿道山堂，而著作庭幸無恙，壁至今猶存。坡之北歸，經過韶州月華寺，值其改建法堂，僧丐坡題梁。坡欣然援筆，右梁題「歲月」，左梁題云：「天子萬年，永作明主【二八】，斂時五福，敷錫庶民，地獄天宮，同爲淨土，有性無性，齊成佛道。」右梁題字，一夕爲盜所竊。左梁字尚存。余嘗見之，墨色如新。坡歸，至常州報恩寺，僧堂新成，以板爲壁，坡暇日題寫幾遍。後黨禍作，凡坡之遺墨所在搜毁。寺僧亟以厚紙糊壁，塗之以漆，字賴以全。至紹興中，詔求蘇黄墨跡。時僧死久矣，一老頭陀知之，以告郡守。除去漆紙，字畫宛然。臨本以進，高宗大喜，老頭陀得祠曹牒爲僧。

【二五】陸宣公以爲喜　「喜」，原作「官」，據明活字本改。

【二六】守臣親監臨　「監」，原作「鑑」，據諸本改。

【二七】置之閱古堂中　「閱」，原作「間」，據諸本改。

【二八】永作明主　「明」，諸本作「神」。

糕字

劉禹錫作九日詩，欲用「糕」字，以其不經見，迄不敢用。故宋子京詩云：「劉郎不敢題糕字，虚負詩中一世豪。」然白樂天詩云：「移坐就菊叢，糕酒前羅列」，則固已用之矣。劉、白唱和之時，不知曾談及此否？

博浪沙

張子房欲爲韓報讎，乃捐金募死士，於博浪沙中以鐵椎狙擊始皇，誤中其副車，始皇怒，大索三日不獲【二九】。未逾年，始皇竟死。自此陳勝、吴廣、田儋、項梁之徒，始相尋而起。是褫祖龍之魄，倡群雄之心，皆子房一擊之力也，其關繫豈小哉！余嘗有詩云：「不惜黄金募鐵椎，祖龍身在魄先飛。齊田楚項紛紛起，輸與先生第一機。」

詩人胸次

李太白云：「刬却君山好，平鋪湘水流。」杜子美云：「斫却月中桂，清光應更多。」二公所以爲詩人冠冕者，胸襟闊大故也。此皆自然流出，不假安排。

【二九】始皇怒大索三日不獲　「大」字諸本在「怒」上。

牒

《左氏傳》：王子朝之亂，晉命諸侯輸周粟，宋樂大心不可，晉士伯折之，乃受牒而歸。今世臺府移文屬郡曰「牒」，蓋春秋時，霸主於列國已用之矣。

姦錢

今江湖間，俗語謂錢之薄惡者曰「慳錢」。按賈誼疏云：「今法錢不立，農民釋其耒耜，冶鎔炊炭，姦錢日多。」俗音訛以「姦」爲「慳」爾。

有若劫寨

《左氏傳》：吴師在魯，微虎欲宵攻王舍，擇卒三百，有若與焉。葉水心曰：「有若尚劫寨，何況他人？」余謂吴師壓魯，魯亡無日，有若視父母之邦阽危如此，義氣所激，願與宵攻之列，使誠因是而死，得死所矣，豈不賢於子路之死乎！水心以爲劫寨，過矣。

无字

《周易》「無」皆作「无」。王述曰：「天屈西北爲无。」蓋東南爲春夏，陽之伸也，故萬物敷榮。西北爲秋冬，陽之屈也，故萬物老死，老死則無矣。此《字説》之有意味者也。

朱文公帖

廬陵士友藏朱文公一小簡真跡云：「便中承書，知比日侍奉安佳。吾子讀書，比復如何，只是專一勤苦，無不成就。第一更切檢束操守，不可放逸。親近師友，莫與不勝己者往來，熏染習熟【三〇】，壞了人也。景陽想已赴省【三一】，季章當只在家，凡百必能盡心苦口，切須承稟，不可有違。諺云：成人不自在，自在不成人。此言雖淺，然實切至之論，千萬勉之。《大學説》漫納試讀之，不曉處可問季章也。未即相見，千萬爲門户自愛。」此簡蓋與其親戚卑行也，大全集所不載。後生晚進【三二】，能寫一通，置之座側，朝夕觀省，何患不做好人！景陽姓許，名子春，季章姓劉，名黼，皆廬陵醇儒，從文公學。季章後爲特奏第一人。

畢再遇

開禧用兵，諸將皆敗，唯畢再遇數有功。虜常以水櫃敗我，再遇夜縛藁人數千，衣以甲胄，持旗幟戈矛，儼立成行。昧爽鳴鼓，虜人驚視，亟放水櫃。旋知其非真也，甚沮。乃出兵攻虜，虜大敗。又嘗引虜與戰，且前且卻，至于數四。視日已晚，乃以香料煮黑豆布

【三〇】熏染習熟　「熏」，原作「重」，據諸本改。

【三一】想已赴省　「赴」，原作「起」，據諸本改。

【三二】後生晚進　「進」，諸本作「輩」。

地上，復前搏戰，佯爲敗走。敵乘勝追逐，其馬已飢，聞豆香，皆就食，鞭之不前，我師反攻之，敵人馬死者不勝計。又嘗與虜對壘，度虜兵至者日衆，難與爭鋒。一夕拔營去，慮虜來相追，乃留旗幟於營，并縛生羊，置其前二足於鼓上，擊鼓有聲。虜不覺其爲空營，復相持竟日。及覺欲追，則已遠矣。近時沅州蠻叛，荆湖制司遣兵討之，蠻以竹爲箭，傅以毒藥，略著人肉血濡縷，無不立死。官軍畏之，莫敢前，乃祖再遇之智，裝束藁人，羅列焜耀。蠻見之，以爲官軍也，萬矢俱發，伺其矢盡，乃出兵攻之，直擣其穴，一戰而平。

詩犯古人

近時趙紫芝詩云：「一瓶茶外無祇待，同上西樓看晚山。」世以爲佳。然杜少陵云：「莫嫌野外無供給，乘興還來看藥欄。」即此意也。杜子野詩云：「尋常一樣窗前月，纔有梅花便不同。」世亦以爲佳。然唐人詩云：「世間何處無風月，纔到僧房分外清。」亦此意也。欲道古人所不道，信矣其難矣。紫芝又有詩云：「野水多於地，春山半是雲。」世尤以爲佳。然余讀《文苑英華》所載唐詩，兩句皆有之，但不作一處耳。唐僧詩云【三三】：「河分岡勢斷，春入燒痕青。」有僧嘲其蹈襲云：「河分岡勢司空曙，春入燒痕劉長卿。不是師兄偷古句，古人詩句犯師兄。」此雖戲言，理實如此。作詩者豈故欲竊古人之語，以爲己語哉！景意所觸，自有偶然而同者。蓋自開闢以至于今，只是如此風花雪月，只是

【三三】唐僧詩云　引「河分岡勢斷，春入燒痕青」句，是宋初僧人惠崇詩。宋劉攽《中山詩話》：「僧惠崇詩云：『河分岡勢斷，春入燒痕青。』然唐人舊句。而崇之弟子吟贈其師詩曰：『河分岡勢司空曙，春入燒痕劉長卿。不是師兄偷古句，古人詩句似師兄。』」歐陽脩《六一詩話》云：「國朝浮圖，以詩名於世者九人……其一曰惠崇。」此處作「唐僧」誤。

如此人情物態。

徐孺子

伯夷「不立於惡人之朝，不與惡人言」，可謂離世絶俗矣。然不念舊惡，未嘗流于刻薄也。柳下惠視「袒裼裸裎」，「焉能浼我」，可謂和光同塵矣。然不以三公易其介，未嘗流於苟賤也。此其所以爲百世師歟？東漢徐孺子矯矯特立，諸公薦辟皆不就。然及薦辟者死，炙雞漬酒，萬里赴弔。於清高不混俗之中，有忠厚不忘恩之意，其爲東漢人物之冠冕，不亦宜乎！

玄真子圖

山谷題玄真子圖詞，所謂「人間底是無波處，一日風波十二時」者，固已妙矣。張仲宗詞云：「釣笠披雲青嶂曉【三四】，橛頭細雨春江渺。白鳥飛來風滿櫂，收綸了，漁翁拍手樵童笑。明月太虚同一照，浮家泛宅忘昏曉，醉眼冷看朝市鬧【三五】，煙波老，誰能惹得閒煩惱。」語意尤飄逸。仲宗年逾四十即掛冠，後因作詞送胡澹菴貶新州，忤秦檜，亦得罪。其標致如此，宜其能道玄真子心事。

【三四】釣笠披雲青嶂曉　「曉」，《全宋詞》收張元幹《漁家傲・題玄真子圖》作「繞」。

【三五】醉眼冷看朝市鬧　「冷」，原作「久」，據諸本並《全宋詞》改。

責將帥

自古夷狄盜賊之禍，所以蔓延滋長，日深一日，其終或至於亡國者，皆將帥之臣玩寇以自安，養寇以自固，譬寇以自重也。故杜少陵詩，其於王室播遷之禍，每每深責將帥。如云：「將帥蒙恩澤，兵戈有歲年。至今勞聖主，何以報皇天？」又云：「登壇名絕假，報主爾何遲？」又云：「天地日流血【三六】，朝廷誰請纓。」又云：「獨使至尊憂社稷，諸公何以答昇平【三七】？」皆是意也。然將帥之不用命，實由於朝廷駕御操縱之無法【三八】。古人云，譬如養鷹，飽則颺去。我太祖之御諸將，有守邊一二十年而不遷官者，蓋謂扞禦免侵軼，特僅不失職耳。非有戰勝攻取，官固不可妄遷也。至於曹彬之平江南，功亦不細矣，然使相之除，終至吝惜，止於賜錢百萬而已。夫太祖豈食言之君，而曹彬亦豈飽則颺去之人哉！英君誼辟遠慮微權，衆人固不識也。近世以來，將帥守邊，僅免侵軼，及至歲終，則論功行賞，屢遷不一遷，不知使其能掃清關河，哭單于於陰山，又將何以賞之？少陵詩云：「今日翔麟馬，先宜駕鼓車。無勞問河北，諸將覺榮華。」言雖翔麟之馬，亦必先使之駕鼓車，由賤而後可以致貴。今諸將驟登貴顯，如馬之未駕鼓車，而遽駕玉輅，安於榮華，志得意滿，無復驅攘之志。河北叛亂，決難討除，無勞問也。又云：「雜虜橫戈數，功臣甲第高」，亦此意。

【三六】天地日流血　「流」，原作「洗」，據諸本並《九家集注杜詩》卷二一《歲暮》改。

【三七】諸公何以答昇平　「公」，《九家集注杜詩》卷三〇《諸將》三二作「君」。

【三八】朝廷駕御操縱之無法　「駕」，原作「賀」，據諸本改。

校勘記

卷四

養兵

韓魏公曰：「養兵雖非古，然亦自有利處。議者但謂不如漢、唐調兵於民，獨不見杜甫《石壕吏》一篇，調兵於民，其弊乃如此。後世既收拾强悍無賴者，養之以爲兵，良民雖税斂良厚，而終身保骨肉相聚之樂，父子兄弟夫婦免生離死别之苦，此豈小事？」魏公此論，可謂至當。余觀梅聖俞寶元間爲葉縣宰，詔書令民三丁籍一，立校與長，號弓箭手，以備不虞，田里騷然。聖俞作《田家》詩云：「誰道田家樂？春税秋未足，里胥叩我門，日夕苦煎促。盛夏流潦多，白水高於屋。水既害我菽，蝗又食我粟。前月詔書來，生齒復版録。三丁籍一壯，惡使操弓韣。州符令又嚴，老吏持鞭扑。搜索稚與艾，唯存跛無目。田閭敢怨嗟，父子各悲哭。南畝焉可事，買箭賣牛犢。愁氣變久雨，鐺缶空無粥。盲跛不能耕，死亡在遲速。我聞誠所慚，徒爾叨君禄。卻詠歸去來，刈薪向深谷。」又《汝墳貧女》云：「汝墳貧家女，行哭音悽愴。自言有老父，孤獨無丁壯。郡吏來何暴，縣官不敢抗。督遣勿稽留，龍鍾去持杖。勤勤囑四鄰，幸願相倚傍。適聞閭里歸，問訊疑猶强。果聞寒雨中，僵死壤河上。弱質無以託，横屍無以葬。生女不如男，雖存何以當。拊膺呼蒼天，生死將奈向？」觀此二詩，與《石壕吏》等篇何以異？當是時，乃太平極盛之時，而一有籍民爲兵之令，便覺氣象與天寶相似。乃知養兵之制【二】，實萬世之仁，而魏公之説不可易也。然魏公既知籍民爲兵之害矣，而陝西義勇之制，實出於公。雖司馬温公極言其不便，竟不爲止，又何與前言相戾也？

天棘

杜詩云：「江蓮摇白羽，天棘夢青絲。」下句殊不可曉。説者曰，天棘，柳也。或曰，天門冬也。夢，當作弄。既無考據，意亦短淺。譚浚明嘗爲余言，此出佛書，終南長老入定，夢天帝賜以青棘之香。蓋言江蓮之香，如所夢天棘之香耳。此詩爲僧齊己賦，故引此事。余甚喜其説，然終未知果出何經。近閲葉石林《過庭録》，亦言此句出佛書，則浚明之言宜可信。

家乘

山谷晚年作日録，題曰《家乘》，取《孟子》晉之乘之義。謫死宜州。永州有唐生者從之遊，爲之經紀後事，收拾遺文。獨所謂《家乘》者，倉忙間爲人竊去，尋訪了不可得。後

【二】養兵之制 「制」，原作「刺」，據諸本改。下同。

百餘年，史衛王當國，乃有得之以獻者。衛王甚珍之，後黄伯庸帥蜀，以其爲雙井之族，乃以贐其行。

中興十策

建炎中，大駕駐維揚，康伯可上《中興十策》：「一請皇帝設壇，與群臣、六軍縞素戎服，以必兩宫之歸【二】。二請移蹕關中，治兵積粟，號召兩河，爲雪恥計，東南不足立事。三請略去常制，爲馬上治。用漢故事，選天下英俊，日侍左右，講求天下利病，通達外情。四請河北未陷州郡，朝廷不復置吏，詔土人自相推擇，各保鄉社。以兩軍屯要害爲聲援。滑州置留府，通接號令。五請删内侍百司州縣冗員，文書務簡實，以省財便事。六請大赦，與民更始。前事一切不問，不限文武，不次登用，以收人心。七請北人避胡挈郡邑南來以從吾君者，其首領皆豪傑，當待之以將帥，不可指爲盜賊。八請增損保甲之法，團結山東、京東西、兩淮之民，以備不虞。九請講求漢、唐漕運，江、淮道塗置使，以餽關中。十請許天下直言便宜，州郡即日繳奏，置籍親覽，以廣豪傑進用之路。」時宰相汪、黄輩不能聽用，而伯可名聲由是益著。余觀其策，正大的確，雖李伯紀、趙元鎮亦何以遠過！然厥後秦檜當國，伯可乃附會求進，擢爲臺郎。值慈寧歸養，兩宫燕樂，伯可專應制爲歌詞，諛艷粉飾，於是聲名掃地，而世但以比柳耆卿輩矣。檜死，伯可亦貶五羊。

【二】以必兩宫之歸　「必」，原作「心」，據諸本改。

不死

《楞嚴經》：「佛告波斯匿王，汝年十三時，見恒河水與今無異，是汝皮肉雖皺，見精不皺，以明身有老少，而見精常存。身有死生，而本性常在也。」晁文元嘗問隱者劉海蟾以不死之道，海蟾笑曰：「人何嘗死？而君乃畏之求生乎？所可死者，形爾；不與形俱滅者，固常在也。」此理本常理，但異端説得黏皮著骨。如《易》曰：「精氣爲物，游魂爲變。」孟子曰：「所過者化，所存者神。」伊川曰：「堯、舜幾千年，其心至今在。」横渠曰：「物物故能過化，性性故能存神。」又曰：「存，吾順事；没，吾寧也。」説得多少混融。

月下傳杯詩

楊誠齋《月下傳杯》詩云：「老夫渴急月更急，酒落杯中月先入。領取青天併入來，和月和天都蘸濕。天既愛酒自古傳，月不解飲真浪言。舉杯將月一口吞，舉頭見月猶在天。老夫大笑問客道：月是一團還兩團？酒入詩腸風火發，月入詩腸冰雪潑。一杯未盡詩已成，誦詩向天天亦驚【三】。焉知萬古一骸骨，酌酒更吞一團月！」余年十許歲時，侍家君竹谷老人謁誠齋，親聞誠齋誦此詩。且曰：「老夫此作，自謂彷佛李太白。」

【三】誦詩向天天亦驚　「誦詩」，原作「詩誦」，據諸本並楊萬里《退休集・月下傳觴》改。

題貧樂圖

徐思叔《題貧樂圖》詩首句云：「迺翁畫灰教兒書，嬌兒赤骭玉雪膚。厥妻曝日補破襦，弊筐何有金十奴？」楊伯子和云：「三間破屋一床書，錦心繡口冰肌膚。自紉枯葉作褌襦，此君便是長鬚奴。」王才臣和云：「大兒阻飢頗廢書，小兒忍寒粟生膚。婦縱有褌無一襦，不敢緣此相庸奴。」三詩皆佳，而後出者尤奇。

竹

松柏之貫四時，傲雪霜，皆自拱把以至合抱。惟竹生長於旬日之間，而干霄入雲，其挺特堅貞，乃與松柏等。此草木靈異之尤者也。白樂天、東坡、潁濱與近時劉子翬論竹甚詳，皆未及此。杜陵詩云：「平生憩息地，必種數竿竹。」梅聖俞云：「買山須買泉，種樹須種竹。」信哉！

雍公薦士

虞雍公初除樞密，偶至陳丞相應求閣子内，見楊誠齋《千慮策》，讀一篇，歎曰：「東南乃有此人物！　某初除合薦兩人，當以此人爲首。」應求導誠齋謁雍公，一見握手如舊。

誠齋曰:「相公且仔細,秀才子口頭言語,豈可便信?」雍公大笑,卒援之登朝。誠齋嘗言,士大夫窮達,初不必容心。某平生不能開口求薦。然薦之改秩者,張魏公也。薦之立朝者,虞雍公也。二公皆蜀人,皆非有平生雅故。雍公有《翹館録》,載當世人物甚詳。

詩興

詩莫尚乎興,聖人言語,亦有專是興者。如「逝者如斯夫,不舍晝夜」,「山梁雌雉,時哉時哉」,無非興也,特不曾檃括協韻爾。蓋興者,因物感觸,言在於此,而意寄於彼,玩味乃可識,非若賦比之直言其事也。故興多兼比賦,比賦不兼興,古詩皆然。今姑以杜陵詩言之,《發潭州》云:「岸花飛送客,檣燕語留人。」蓋因飛花語燕,傷人情之薄,言送客留人,止有燕與花耳。此賦也,亦興也。若「感時花濺淚,恨别鳥驚心」,則賦而非興矣。《堂成》云:「暫止飛烏將數子,頻來語燕定新巢。」蓋因烏飛燕語,而喜己之攜雛卜居,其樂與之相似。此比也,亦興也。若「鴻雁影來聯塞上【四】,鶺鴒飛急到沙頭」,則比而非興矣。

荆公議論

荆公詩云:「謀臣本自繫安危,賤妾何能作禍基。但願君王誅宰嚭,不愁宮裏有西

【四】鴻雁影來聯塞上 《九家集注杜詩》卷三二《舍弟觀赴藍田取妻子到江陵喜寄三首》之一作「鴻雁影來連峽内」。

施。」夫妲己者，飛廉、惡來之所寄也。褒姒者，聚子、膳夫之所寄也。太真者，林甫、國忠之所寄也。女寵蠱君心，而後憸壬階之以進，依之以安。大臣格君之事，必以遠聲色爲第一義。而謂「不愁宮裏有西施」何哉？范蠡霸越之後，脱屣富貴，扁舟五湖，可謂一塵不染矣。然猶挾西施以行，蠡非悦其色也，蓋懼其復以蠱吴者而蠱越，則越不可保矣。於是挾之以行，以絶越之禍基，是蠡雖去越，未嘗忘越也。曾謂荆公之見而不及蠡乎？惟管仲之告齊桓公，以豎刁、易牙、開方爲不可用，而謂聲色爲不害霸，與荆公之論略同。其論商鞅曰：「今人未可非商鞅，商鞅能令政必行。」夫二帝三王之政，何嘗不行，奚獨有取於鞅哉？東坡曰：「商鞅、韓非之刑，非舜之刑，而所以用刑者，則舜之術也。」此説猶回護，不如荆公之直截無忌憚。其詠昭君曰：「漢恩自淺胡自深，人生樂在相知心。」推此言也，苟心不相知，臣可以叛其君，妻可以棄其夫乎？其視白樂天「黄金何日贖娥眉」之句，真天淵懸絶也【五】。其論馮道曰：「屈己利人，有諸佛菩薩之行。」唐質肅折之曰：「道事十主，更四姓，安得謂之純臣？」荆公乃曰：「伊尹五就湯，五就桀，亦可謂之非純臣乎？」其强辨如此。又曰：「有伊尹之志，則放其君可也。有周公之志，則誅其兄可也。有周后妃之志，則求賢審官可也。」似此議論，豈特執拗而已，真悖理傷道也。荀卿立「性惡」之論、「法後王」之論，李斯得其説，遂以亡秦。今荆公議論過於荀卿，身試其説，天下既受其毒矣。章、蔡祖其説【六】，而推演之，加以凶險，安得不産靖康之禍乎！

【五】真天淵懸絶也　「真」，諸本作「蓋」。

【六】章蔡祖其説　「蔡」，原作「葵」，據諸本改。

荆公論韓信曰：「貧賤侵陵富貴驕，功名無復在芻蕘。將軍北面師降虜，此事人間久寂寥。」論曹參曰：「束髮山河百戰功【七】，白頭富貴亦成空。華堂不著新歌舞，卻要區區一老翁。」二詩意卻甚正。然其當國也，偏執己見，凡諸君子之論，一切指爲流俗，曾不如韓信之師李左車，曹參之師蓋公，又何也？

詩禍

楊子幼以「南山種豆」之句殺其身，此詩禍之始也。至於「空梁落燕泥」之句，「庭艸無人隨意緑」之句，非有所譏刺，徒以琱斲工巧，爲暴君所忌嫉，至賈奇禍，則詩真可畏哉！賈至謫岳州，嚴武謫巴州，杜少陵寄詩云：「賈筆論孤憤，嚴君賦幾篇。定知深意苦，莫使衆人傳。貝錦無停織，朱絲有斷絃。浦鷗防碎首，霜鶻不空拳。」蓋深戒之也。劉禹錫種桃之句，不過感歎之詞耳，非甚有所譏刺也，然亦不免於遷謫。近世蔡持正數其罪惡，雖兩觀之誅，亦不爲過，乃以《車蓋亭》絶句謂爲譏刺，貶新州。夫小人擿抉君子之詩文以爲罪，無怪也，君子豈可亦擿抉小人之詩文以爲罪乎【八】？東坡文章，妙絶古今，而其病在於好譏刺【九】。文與可戒以詩云：「北客若來休問事，西湖雖好莫吟詩。」蓋深恐其賈禍也。烏臺之勘，赤壁之貶，卒於不免。觀其《獄中》詩云：「夢繞雲山心似鹿，魂飛湯火命如雞。」亦可哀矣。然纔出獄便賦詩云：「卻對酒杯疑是夢，試拈詩筆已如神。」

【七】束髮山河百戰功　「山河」，《王文公文集》卷七三《曹參》作「河山」。

【八】無怪也君子豈可亦擿抉小人之詩文以爲罪乎　十九字原脱，據諸本補。

【九】其病在於好譏刺　「好」，原脱，據諸本補。

略無懲艾之意，何也？晚年自朱崖量移合浦，郭功父寄詩云【一〇】：「君恩浩蕩似陽春，海外移來住海濱。莫向沙邊弄明月，夜深無數採珠人。」其意亦深矣。渡江以來，詩禍殆絶，唯寶、紹間，《中興江湖集》出，劉潛夫詩云：「不是朱三能跋扈，只緣鄭五欠經綸【一一】。」又云：「東風謬掌花權柄，卻忌孤高不主張。」敖器之詩云：「梧桐秋雨何王府，楊柳春風彼相橋【一二】。」曾景建詩云：「九十日春晴景少，一千年事亂時多。」當國者見而惡之，並行貶斥。景建，布衣也，臨川人，竟謫春陵，死焉。其往春陵也，作詩曰：「杖策行行訪楚囚，也勝流落嶠南州。鬢絲半是吴蠶吐，襟血全因蜀鳥流。徑窄不妨隨薾栗，路長那更聽鉤輈。家山千里雲千疊，十口生離兩地愁。」

功成不受賞

自古豪傑之士，立業建功，定變弭難，大抵以無所爲而爲之者爲高。三代人物，固不待言。下此如范蠡霸越，而扁舟五湖。魯仲連下聊城，而辭千金之謝，卻帝秦，而逃上爵之封。張子房顛嬴蹶項，而飄然從赤松子遊，皆足以高出秦、漢人物之上。左太沖詩云：「功成不受賞，長揖歸田廬。」李太白詩云：「事了拂衣去，深藏身與名。」而世降俗末，乃有激變稔禍，欺君誤國，殺人害物，以希功賞者，是誠何心哉？是誠何心哉？

【一〇】郭功父寄詩云　「功」，原作「公」，據明活字本並《宋史》卷四四四《文苑傳》改。

【一一】不是朱三能跋扈只緣鄭五欠經綸　宋周密《齊東野語》卷一六《詩道否泰》條引劉潛夫《黄巢戰場》詩作「未必朱三能跋扈，都緣鄭五欠經綸」。

【一二】梧桐秋雨何王府楊柳春風彼相橋　《齊東野語·詩道否泰》條云：「寶慶間，李知孝爲言官，與曾極景建有隙，每欲尋釁以報之。……因復改劉子翬《汴京紀事》一聯爲極詩，云：『秋雨梧桐皇子宅，春風楊柳相公橋。』初，劉詩云：『夜月池臺王傅宅，春風楊柳太師橋。』今所改句，以爲指巴陵及史丞相。」按，如據周氏所言，羅氏引詩當非敖器之作。

四老安劉

漢高帝晚歲，欲易太子，蓋以吕后鷙悍，惠帝仁柔，爲宗社遠慮，初非溺於戚姬之愛，而爲是邪謀也。蘇老泉謂帝之以太尉屬周勃，及病中欲斬樊噲，皆是知有吕氏之禍，可謂識帝之心者矣。子房，智人也。乃引四皓爲羽翼，使帝涕泣悲歌而止。帝之泣，豈爲兒女子而泣耶？厥後趙王以酖亡，惠帝以憂死，向非吕后先殂，平、勃交驩，則劉氏無噍類，而火德灰矣。杜牧之所謂「四老安劉是滅劉」者，誠哉是言也！夫立子以長，固萬世之定法，然亦有不容拘者。泰伯遜而周以興，建成立而唐幾危，一得一失，蓋可監也。夫子善齊桓首止之盟，而美泰伯爲至德。蓋善齊桓者，明萬世之常經也；美泰伯者，示萬世之通誼也。

安子文自贊

安子文與楊巨源、李好義合謀誅逆曦，旋殺巨源而專其功。久之，朝廷疑其跋扈，俾帥長沙。子文盡室出蜀，嘗自贊云：「面目皺瘦，行步蕞苴，人言託住半周天，我道一場真戲耍。今日到湖南，又成一話靶。」在長沙，計利析秋毫，設廳前豢豕成群，糞穢狼籍，肥腯則烹而賣之。罷鎮，梱載歸蜀。厥後楊九鼎在蜀，以刻剥致諸軍之怨【一三】，軍士莫

【一三】致諸軍之怨　「怨」，明活字本作「變」。

簡倡亂，殺九鼎，剖其腹，實以金銀曰：「使其貪腹飽飫。」時子文家居，散財結士，生擒莫簡，剖心以祭九鼎，再平蜀難。

釣臺詩

余三十年前，於釣臺壁間塵埃漫漶中得一詩云：「生涯千頃水雲寬，舒卷乾坤一釣竿。夢裏偶然伸隻脚，渠知天子是何官！」不知何人作也，句意頗佳。近時戴式之詩云：「萬事無心一釣竿，三公不換此江山。當初誤識劉文叔，惹起虛名滿世間。」句雖甚爽，意實未然。今考史籍，光武，儒者也，素號謹厚，觀諸母之言可見矣。子陵意氣豪邁，實人中龍，故有「狂奴」之稱。方其相友於隱約之中，傷王室之陵夷，歎海宇之横潰，知光武爲帝胄之英，名義甚正，所以激發其志氣，而導之以除兇剪逆，吹火德於既灰者，當必有成謀矣。異時披圖興歎，岸幘迎笑，雄姿英發，視向時謹敕之文叔，如二人焉。子陵實陰有功於其間。天下既定，從容訪帝，共榻之卧，足加帝腹，情義如此。子陵豈以匹夫自嫌，而帝亦豈以萬乘自居哉！當是之時，而欲使之俛首爲三公，宜其不屑就也。史臣不察，乃以之與周黨同稱。夫周黨特一隱士耳，豈若子陵友真主於潛龍之日，而琢磨講貫，隱然有功於中興之業者哉！余嘗題釣臺云：「平生謹敕劉文叔，卻與狂奴意氣投，激發潛龍雲雨志，了知功跨鄧元侯。」「講磨潛佐漢中興，豈是空標處士名，堪笑史臣無卓識，卻將周黨與同稱。」

來蘇渡

脩水深山間有小溪，其渡曰來蘇。蓋子由貶高安監酒時，東坡來訪之，經過此渡。鄉人以爲榮，故名以來蘇。嗚呼！當時小人媒蘗摧挫，欲置之死地，而其所經過之地，溪翁野叟亦以爲光華，人心是非之公，其不可泯如此！所謂「石壓筍斜出」者是也。

一錢斬吏

張乖崖爲崇陽令，一吏自庫中出，視其鬢傍巾下有一錢，詰之，乃庫中錢也。乖崖命杖之，吏勃然曰：「一錢何足道，乃杖我耶？爾能杖我，不能斬我也！」乖崖援筆判曰：「一日一錢，千日一千，繩鋸木斷，水滴石穿。」自仗劍【一四】，下階斬其首，申臺府自劾。崇陽人至今傳之。蓋自五代以來，軍卒凌將帥，胥吏凌長官，餘風至此時猶未盡除。乖崖此舉，非爲一錢而設，其意深矣，其事偉矣。

馮三元

馮京，字當世，鄂州咸寧人。其父商也，壯歲無子。將如京師，其妻授以白金數笏

【一四】自仗劍　「仗」，原作「杖」，據諸本改。

曰【一五】：「君未有子，可以此爲買妾之資。」及至京師，買一妾，立券償錢矣。問妾所自來，涕泣不肯言，固問之，乃言其父有官，因綱運欠折，鬻妾以爲賠償之計。遂惻然不忍犯，遣還其父，不索其錢。及歸，妻問買妾安在，具告以故。妻曰：「君用心如此，何患無子！」居數月，妻有娠，將誕，里中人皆夢鼓吹喧闐迎狀元，京乃生。家貧甚，讀書於瀼山僧舍，僧有犬，京與共學者烹食之。僧訴之縣，縣令命作《偷狗賦》，援筆立成。警聯云：「團飯引來，喜掉續貂之尾；索綯牽去，驚回顧兔之頭。」令擊節，釋之，延之上座。明年遂作三元。有詩號《瀼山集》，皆其未遇時所作。如「琴彈夜月龍魂冷，劍擊秋風鬼膽粗」。「吟氣老懷長劍古，醉胸横得太行寬」。「塵埃掉臂離長陌，琴酒和雲入舊山」。「豐年足酒容身易，世路無媒著脚難」。皆不凡。

西山生祠

真西山帥長沙，郡人爲立生祠。一夕，有大書一詩于壁間者，其辭云：「舉世知公不愛名，湘人苦欲置丹青。西天又出一活佛，南極添成兩壽星。幾百年方鍾間氣，八千春願祝脩齡。不須更作生祠記，四海蒼生口是銘。」

【一五】授以白金數笏　「數」，明活字本作「一」。

廬陵苗鹽

廬陵苗斛，元額三十六萬，承平時，民户納苗一斛，官支與鹽二斗五升，蓋優之也。龍泉、太和兩縣，去郡差遠，添支一升。渡江以來，非惟官不支鹽，反勒民户納鹽。由是輸苗一斛者，并鹽爲一斛二斗五升，而兩縣亦皆增納一升。今世和買官，不支錢而白取，已爲可怪。若鹽者，乃以其予民之數，而爲取民之數，抑又甚矣。然前後牧守不知幾人，曾無一人惻然動心，爲之敷奏蠲閣者，是可歎也。

文章邪正

東山先生楊伯子嘗爲余言：「某昔爲宗正丞，真西山以直院兼玉牒宫，嘗至某位中，見案上有近時人詩文一編，西山一見擲之曰：『宗丞何用看此？』某悚然問故，西山曰：『此人大非端士，筆頭雖寫得數句詩【一六】，所謂本心不正，脈理皆邪，讀之將恐染神亂志，非徒無益。』某佩服其言，再三謝之。因言近世如夏英公、丁晉公、王岐公、吕惠卿、林子中、蔡持正輩，亦非無文章，然而君子不道者，皆以是也。」

【一六】筆頭雖寫得數句詩　「詩」，原作「行」，據明活字本改。

雲日對

葉石林云：「杜工部詩，對偶至嚴，而《送楊六判官》云：『子雲清自守，今日起爲官』，獨不相對，切意『今日』字當是『令尹』字傳寫之訛耳【一七】。」余謂不然，此聯之工，正爲假「雲」對「日」。兩句一意，乃詩家活法，若作「令尹」字，則索然無神，夫人能道之矣。且送楊姓人，故用子雲爲切題，豈應又泛然用一令尹耶？如「次第尋書札，呼兒檢贈篇」之句，亦是假以「第」對「兒」，詩家此類甚多。

佛本於老莊

道家之教宗老莊，其後乃有神仙形解飛昇之説，方士鍊丹葆形之術。然老子云：「吾有大患，爲吾有身；吾既無身，而有何患？」莊子云：「予惡乎知悦生之非惑耶？予惡乎知惡死之非弱喪而不知歸者邪？麗之姬，艾封人之子也，晉國之始得之也，涕泣霑襟，及其至於王所，與王同匡床，食芻豢，而後悔其泣也。予惡乎知夫死者不悔其始之蘄生乎？」又髑髏謂莊子曰：「子欲聞死之説乎？死無君於上，無臣於下，亦無四時之事，從然以天地爲春秋，雖南面王，樂不能過也。」莊子不信曰：「吾使司命復生子形，爲子骨肉肌膚，反子父母妻子，閭里知識，子欲之乎？」髑髏深矉蹙頞曰：「吾安能棄南面

【一七】切意今日字當是令尹字傳寫之訛耳　「切」，疑爲「竊」字之誤。

王樂，而復爲人間之勞乎？」是老莊之意，以身爲贅，以生爲苦，以死爲樂也。今神仙方士，乃欲長生不死，正與老莊之説背而馳矣。佛家所謂「生滅滅已，寂滅爲樂」，乃老莊之本意也。故老莊與佛，元不爲二。歐陽公云：「道家乃貪生之論，佛家乃畏死之論。」此蓋未嘗深考二家之要旨者也。老莊何嘗貪生？瞿曇何嘗畏死？貪生畏死之説，僅足以排方士而已。韓文公、歐陽公皆不曾深看佛書，故但能攻其皮毛。唯朱文公早年洞究釋氏之旨，故其言曰：「佛説盡出老莊，今道家有老莊書不看，盡爲釋氏竊而用之，卻去倣效釋氏作經教之屬。如《清淨》、《消災》、《度人》等經，模擬可笑，而《北斗經》尤鄙俚。譬如巨室弟子，所有珍寶悉爲人盜去，卻去收人家破甕破釜。」此論窺見其骨髓矣，然非特文公之言爲然，唐傅奕曰：「佛入中國，孅兒幼夫模象莊、老以文飾之。」則固已知其出於莊、老矣。

貓捕鼠

唐武后斷王后、蕭妃之手足，置於酒瓮中，曰：「使此二婢骨醉。」蕭妃臨死曰：「願武爲鼠吾爲貓，生生世世扼其喉。」亦可悲矣。今俗間相傳謂貓爲天子妃者，蓋本此也。予自讀唐史此段，每見貓得鼠，未嘗不爲之稱快，人心之公憤，有千萬年而不可磨滅者。嘗有詩云：「陋室偏遭黠鼠欺，狸奴雖小策勳奇。扼喉莫訝無遺力，應記當年骨醉時。」

轉丸鳴鏑

楊東山云：「凡處事須是心如轉丸，手如鳴鏑。」

校勘記

【一】福州啟運宮在開元寺　考《建炎以來繫年要録》卷三一、《宋史》卷一〇九《禮志》，均記爲「温州開元寺」，未云福州有「開元寺」，疑誤。

【二】有七祖御容塑像　原「七祖」下有夾注云：「藝祖至哲宗」。

【三】遣快行家賫送香燭　「快」，原作「使」，據諸本改。

【四】臨安淨慈寺後有望祭殿　「祭」，原作「發」，據諸本改。

卷五

啟運宮望祭殿

福州啟運宮，在開元寺【一】，有七祖御容塑像【二】，乃西京陵寢之舊。南渡之初，迎奉于此。時金兵俶擾，倉忙之間，載以籃輿七乘，至今猶存。別造朱輦七乘，列于殿廡。專差中官一員主香火，謂之「直殿」。節序，朝廷遣快行家賫送香燭【三】，帥守與直殿同致祭。每位用朱盤列食十數品，酒三獻云。臨安淨慈寺後有望祭殿【四】，每歲寒食，朝廷差官一員，望祭西京諸陵。差陞朝官讀祝版。其詞云：「曆正仲春，感戴濡於雨露【五】；心馳西洛，悵遐阻於山川。恭惟某祖某宗，靈鑒在天，聖謨傳后【六】。秩上陵之典禮，徒切望思；蕝寓祭之權宜【七】，愈深愴慕。」其禮用盤食，茶湯，三獻酒。余觀柳子厚云：「每遇寒食，田野道路，士女遍滿。皂隸庸丐，皆得上父母丘墓，馬醫夏畦之鬼，無不受子孫追養者。」今以萬乘之主，乃不獲遂此志，至於寓祭，此前古之所未有也。端平初，金虜既滅，朝廷亦嘗遣使脩朝陵之禮。荆襄以兵五千護之，未至西京，諜報敵騎且至，兵不敢進。使者潛偕數騎星馳而往，行禮而還。其諸陵之無恙與否，皆不可究詰也。

就齋詩

吾郡羅椿，字永年，誠齋高弟也。清貧入骨，一介不取，頗有李方叔、謝無逸風味。累年舉於禮部，竟不第。自號就齋。嘗訪誠齋於毘陵，誠齋作詩送之歸曰：「梅莟香邊踏雪來【八】，杏花影裏帶春回【九】。明朝解纜還千里，今日看花更一杯。誰遣文章太驚俗，何緣場屋不遺才。南溪鷗鷺如相問，爲報春吟費麝煤。」慶元初，誠齋與朱文公同召，誠齋力辭。永年寄詩云：「不愁風月只憂時，髮爲君王寸寸絲。司馬要爲元祐起，西樞政坐壽皇知。苦辭君命驚凡子，清對梅花更與誰？夢繞師門三稽首，起敲冰硯訴相思。」誠齋擊節。又《送永豐汪令》詩云：「錦纜梅花浦，江南作縣歸。新來薦鶚牘，驚動袞龍衣。歲晚情難別，心親事却違。恐君天上去，扶病出煙霏。」頗有少陵意態。他如「露濕看花脚【一〇】，鶯啼欲曉山」，「春消千嶂雪，清逼五湖秋」等句，皆佳。

大臣賜家廟

本朝大臣賜家廟者：文彥博、蔡京、鄭居中、鄧洵武、余深、侯蒙、薛昂、白時中、童貫、秦檜、楊存中、吴玠、虞允文、史彌遠，凡十四人。

【五】感戴濡於雨露　「戴」，諸本作「載」。按，檢周必大《文忠集》卷一一五所載乾道七年《仲春薦獻諸陵表文》亦作「載」。

【六】聖謨傳后　原下有夾注云：「后曰徽音」。《仲春薦獻諸陵表文》於其下亦有注云：「皇后改作徽音垂後」。

【七】蕝寓祭之權宜　「蕝」，原作「絶」，據諸本並《仲春薦獻諸陵表文》改。

【八】梅莟香邊踏雪來　「莟」，原作「譽」，諸本作「花」。按，楊萬里《荆溪集·送羅永年西歸》作「莟」，據改。

【九】杏花影裏帶春回　「影」，《荆溪集》作「雨」。

【一〇】他如露濕看花脚　「他」，原作「也」，據諸本改。

古婦人

《國風》云：「豈無膏沐，誰適爲容。」又云：「予髮曲局，薄言歸沐。」蓋古之婦人，夫不在家，則不爲容飾也。其遠嫌防微，至於如此。杜陵《新昏别》云：「自嗟貧家女，久致羅襦裳。羅襦不復施，對君洗紅粧。」尤可悲矣。《國風》之後，唯杜陵不可及者，此類是也。

碑銘

古人立碑，廟以繫牲，墓以下棺。厥後乃刻歲月，或識事始末，蓋亦因而文之耳。若湯《盤銘》、太公《丹書》所載諸銘，亦因所用器物著辭以自警，未嘗爲徒文也。後世特立石以紀事述言，而謂之碑銘，與古異矣。杜元凱銘功於二石，一置峴山之上，一沉漢水之中。韓退之謂張愉曰：「丐我一片石，載二妃廟事，且令後世知有子名。」後世好名之弊，至於如此。

戒更革

趙韓王爲相，置二大甕於坐屏後。凡有人投利害文字，皆置其中，滿即焚之于通衢。

李文靖公曰：「沆居重位，實無補萬分，唯中外所陳利害，一切報罷之，惟此少以報國爾。朝廷防制，纖悉備具，或狥所陳請，施行一事，即所傷多矣。」陸象山云：「往時充員敕局，浮食是慚。惟是四方奏請，廷臣面對，有所建置更革，多下看詳。其或書生貴游，不諳民事，輕於獻計，不知一旦施行，片紙之出，兆姓蒙害。每與同官悉意論駁，朝廷清明，常得寢罷。編摩之事，稽考之勤，顧何足以當大官之膳，或庶幾者，僅此可以償萬一耳。」凡此皆至論。夫子曰：「仍舊貫，何必改作？」古人曰，利不什，不變法。甚言更革建置之不可輕也。或曰，若是，則將坐視天下之弊，而不之救歟？余曰，不然，革弊以存法，可也；因弊而變法，不可也。不守法則弊生，非法之足以生弊也。若韓、范之建明於慶曆者，革弊以存法也；荆公之施行於熙寧者，因弊而變法也。一得一失，蓋可睹矣【一一】。或曰，荆公有志於二帝三王之法度，豈可厚誹乎？余曰，有志於二帝三王，當自格君心始，不當自變法度始。有堯、舜之君，則有堯、舜之治，有禹、湯之君，則有禹、湯之治，法度云乎哉！否則，王莽之井田，房琯之車戰，適足以貽千古之誚耳。朱文公云：「浙間學者，推尊《史記》，謂《夏紀》贊用行夏之時事【一二】，《商紀》贊用乘殷之輅事，至《高祖紀》贊則曰：朝以十月，黄屋左纛。譏其不用夏時商輅也。遷之意，誠恐是如此。但若使高祖真能行夏時、乘商輅，亦只是漢高祖，終不可謂之禹、湯。」

【一一】蓋可睹矣　「睹」，諸本作「觀」。

【一二】夏紀贊用行夏之時事　「行」字原脱，據諸本補。

潘默成

潘良貴，字子賤，自少有氣節，崇、觀間爲館職，不肯遊蔡京父子間。使淮南，不肯與中官同燕席。靖康召對，力論時宰何㮚、唐恪誤國。未幾，言皆驗。建炎初，召爲右司諫【一三】，首論亂臣逆黨，當用重法以正邦典，壯國威，且及當時用事者姦邪之狀，大爲汪、黄所忌。書奏三日，左遷而去，復召爲右史。從臣向子諲奏事，高宗因與論筆法，言久不輟。子賤舉笏近前，厲聲曰：「向子諲以無益之言，久瀆聖聽【一四】！」叱之使下。左右皆膽落，由是又去國。晚年力量尤凝定，秦檜勢正炎炎，冷處一角，笑傲泉石。作《三戒説》，深以在得之規，痛自警勵。秦雖令人致語，亦不答。自少至老，出入三朝，而前後在官不過八百六十餘日。所居僅蔽風雨，郭外無尺寸之田。經界法行，獨以丘墓之寄，輸帛數尺而已。有《磨鏡帖》行於世，言讀書者，將以治心養性，如用藥以磨鏡也。若積藥鏡上，而不加磨治，未必不反爲鏡累，張禹、孔光是已。其大意如此，世以爲名言。子賤自號默成居士。

【一三】召爲右司諫　考《宋史》卷三七六《潘良貴傳》，潘良貴於高宗即位後，召爲「左司諫」。

【一四】久瀆聖聽　「聽」，原作「德」，據諸本改。

諸葛武侯

伊尹，禄之以天下，不顧也；繫馬千駟，弗受也。天下信之久矣，故事湯事桀，廢辟復辟，不惟天下不以爲疑，而桀與太甲亦無一毫疑忌之心。東坡論之曰：「辨天下之大事者，有天下之大節者也。立天下之大節者，狹天下者也。夫以天下之大，而不足以動其心，則天下之大節有不足立，而大事有不足辨者矣。」此論甚當。後世唯諸葛武侯有伊尹風味。其草廬三顧而後起，與耕莘聘幣，已略相類。觀其告後主曰：「臣成都有桑八百株，薄田十五頃，子弟衣食自有餘饒。臣身在外，別無調度【一五】，不別治生，以長尺寸。若死之日，不使庫有餘帛，廩有餘粟【一六】，以負陛下。」觀此言，則其視富貴爲伺等物！故先主臨終謂之曰：「嗣子可輔，輔之；如其不然【一七】，君可自取。」非先主照見孔明肝膽，其肯發此言！雖然先主、孔明魚水相得，發此言無難也，此言之發，後主與左右固皆聞之矣。後主非明君也，左右非無讒慝也，孔明所謂諸有作姦犯科者，宜付外廷論刑，所以繩束左右者，非不甚嚴也。而當時曾無一人敢興單辭之謗，後主倚信，亦卒無纖芥之疑，何哉？只緣平時心事暴白，足以取信上下故也。自三代而後，可謂絶無而僅有矣。後之君子爭一階半級，雖殺人亦爲之。自少至老，貪榮嗜利，如飛蛾之赴燭，蝸牛之升壁，青蠅之逐臭，而曰我能立大節，辨大事，其誰能信之！

【一五】別無調度　「別無」，《三國志》卷三五《諸葛亮傳》作「無別」。

【一六】庫有餘帛廩有餘粟　同上書同傳作「内有餘帛，外有贏財」。

【一七】如其不然　同上書同卷作「如其不才」。

肴核對答

楊東山嘗爲余言：「昔周益公、洪容齋嘗侍壽皇宴。因談肴核，上問容齋：『卿鄉里何所產？』容齋，番昜人也。對曰：『沙地馬蹄鱉，雪天牛尾狸。』又問益公，公廬陵人也。對曰：『金柑玉版筍，銀杏水晶葱。』上吟賞。又問一侍從，忘其名，浙人也，對曰：『螺頭新婦臂，龜脚老婆牙。』四者皆海鮮也，上爲之一笑。某嘗陋三公之對。昔某帥五羊時，漕倉市舶三使者，皆閩浙人，酒邊各盛言其鄉里果核魚蝦之美。復問某鄉里何所產，某笑曰：『他無所產，但產一歐陽子耳。』三公笑且慚。」

初筮謁郡

楊東山言：「某初筮爲永州零陵主簿，太守趙謐字安卿，丞相元鎮子也。初參之時，客將傳言，待衆官退卻請主簿。客退，趙具冠裳，端坐堂上【一八】。凡再請，某不動。三請，某解其意，遂庭趨一揖，上階稟敘，逐一還他禮數。既畢，立問何日交割，稟以欲就某日。答云：『可一面交割。』一揖徑入，更不與言延坐【一九】。某退，而抑鬱幾成疾。以書白誠齋，欲棄官而歸。誠齋報曰：『此乃教誨吾子也，他日得力處當在此。』某意猶未平，後涉歷稍深，方知此公善教人，尚有前輩典刑。」朱文公曰：「人家子弟，初出仕宦【二〇】，須是討喫人打駡底差遣，方是有益。」亦此意。

【一八】端坐堂上　「坐」，諸本作「立」。

【一九】更不與言延坐　「與言」二字諸本無。

【二〇】初出仕宦　「宦」，原作「官」，據諸本改。

柔福帝姬

漢昭帝時，夏陽男子成方遂居湖，有故太子舍人謂之曰：「子貌甚似衛太子。」方遂利其言，乃乘黄犢車詣北闕，自稱衛太子。公卿以下，莫敢發言。雋不疑後至，叱吏收縛，竟得其姦。靖康之亂，柔福帝姬隨北狩。建炎四年，有女子詣闕，稱爲柔福，自虜中潛歸。詔遣老宫人視之，其貌良是，問以宫禁舊事，略能言彷彿，但以足長大疑之。女子顰蹙曰：「金人驅迫如牛羊，跣足行萬里，寧復故態哉？」上惻然不疑其詐，即詔入宫，授福國長公主，下降高世榮。汪龍溪行制詞云：「彭城方急，魯元嘗困於面馳；江左既興，益壽宜充於禁臠。」資妝一萬八千緡。紹興十二年，顯仁太后回鑾，言柔福死于虜中久矣，始知其詐。執付詔獄，乃一女巫也。嘗遇一宫婢，謂之曰：「子貌甚類柔福。」因告以宫禁事，教之爲詐。遂伏誅。前後請給錫賚計四十七萬九千緡。古今事未嘗無對，成方遂遇雋不疑，故其詐不行。此女巫若非顯仁之歸，富貴終身矣。

鬻祠廟

荆公行新法，鬻坊場河渡，司農又請并祠廟鬻之。官既得錢，聽民爲賈區，廟中穢雜喧踐，無所不至，張安道知南京，上疏言：「宋王業所基也，而以火德王。閼伯封於商丘，以主大火，微子爲宋始封，此二祠者，獨不可免於鬻乎？」神考覽之震怒，批曰：「慢神辱國，無甚於斯！」於是天下祠廟皆得免鬻。近時豫章嘗於孺子亭賣酒，劉潛夫題詩云：「孺子亭前插酒旗，遊人那解薦江蘺。白鷗欲下還飛起，曾見當年解榻時。」帥聞之，亟令住賣。嘉定間，臨安西湖上三賢堂亦賣酒，太學士人題詩云：「和靖東坡白樂天，幾年秋菊薦寒泉。如今往事都休問，且爲官司趁酒錢。」府尹聞之，亦愧而止。

蘄黄二守

嘉定辛巳三月，金人圍黄州，詔馮㮚援蘄、黄。㮚遷延不進，黄州守何大節，字中立，召僚佐告之曰：「城危矣，而救不至，諸君多有親老，且非守土之臣，可以死，可以無死。」乃各予以差出之檄，使爲去計。自取郡印佩之，誓以死守。一夕，輿兵忽奔告曰：「城陷矣！」擁之登車，纔出門，虜兵已紛集，大節竟自沉于江。未一月，又陷蘄州。守李誠之，字茂欽，手殺其妻子奴婢，然後自殺，官屬多死之。朝廷褒贈誠之，且爲立廟。而《寧宗帝紀》書「大節棄城遁」。二人皆出太學。劉潛夫詩云：「淮堧便合營雙廟，太學今方出二儒。」又云：「世俗今猶疑許遠，君王元未識真卿。」蓋爲中立解嘲。然等死耳，茂欽果決，是以全節。中立遲懦，是以敗名。忠臣義士，可以鑒矣。

儉約

李若谷爲長社令，日懸百錢於壁，用盡即止。東坡謫齊安，日用不過百五十。每月朔，取錢四千五百，斷爲三十塊，掛屋梁上，平旦用畫叉挑取一塊【二一】，即藏去。又以竹筒貯用不盡者，以待賓客。云：「此賈耘老法也。」又與李公擇書云：「口腹之欲，何窮之有！每加節儉，亦是惜福延壽之道。」張無垢云：「余平生貧困，處之亦自有法。每日用度不過數十錢【二二】，亦自足，至今不易也。」有客自耒陽來，言鄭亨仲日以數十錢懸壁間，椒桂葱薑皆約以一二錢。曰：「吾平生貧苦，晚年登第，稍覺快意，便成奇禍。今學張子韶法，要見舊時虀鹽風味甚長久也。」仇泰然守四明，與一幕官極相得。一日問及：「公家日用多少？」對以「十口之家，日用一千」。泰然曰：「何用許多錢？」曰：「早具少肉，晚菜羹。」泰然驚曰：「某爲太守，居常不敢食肉，只是喫菜。公爲小官，乃敢食肉，定非廉士。」自爾見疏。余嘗謂節儉之益非止一端，大凡貪淫之過，未有不生於奢侈者。儉則不貪不淫，是可以養德也【二三】。人之受用，自有劑量，省嗇淡泊，有久長之理，是可以養壽也。醉醲飽鮮，昏人神志，若疏食菜羹，則腸胃清虛，無滓無穢，是可以養神也。奢則妄取苟求，志氣卑辱，一從儉約，則於人無求，於己無愧，是可以養氣也。故老氏以爲一寶。

【二一】平旦用畫叉挑取一塊　「叉」，原作「又」，據寬文本並稗海本改。

【二二】每日用度不過數十錢　「錢」，原作「金」，據稗海本改。下同。

【二三】是可以養德也　「可」字原無，據諸本補。

斷決

吴請成於越，勾踐欲許之，范蠡不可。楚求和於漢，高帝欲許之，張良不可。此霸王成否之機也。二子亦明決矣哉。故曰，懦者事之賊【二四】。又曰，當斷不斷，反受其亂。

臣諂主愚

桓玄篡位，登御床，地忽陷，群臣失色。殷仲文曰：「良由聖德深厚，地不能載。」玄大悦。南燕汝水不冰，燕王超惡之，李超曰【二五】：「良由逼帶京城，近日月也。」燕王亦大悦。下諂上愚，可發一笑。

鍼熨道人

朱文公有足疾，嘗有道人爲施鍼熨之術，旋覺輕安。公大喜，厚謝之，且贈以詩云：「幾載相扶藉瘦筇，一鍼還覺有奇功。出門放杖兒童笑，不是從前勃窣翁。」道人得詩徑去。未數日，足疾大作，甚於未鍼時。亟令人尋逐道人，已莫知其所往矣。公歎息曰：「某非欲罪之，但欲追索其詩，恐其持此誤他人爾。」

【二四】懦者事之賊　「懦」，原作「需」，據諸本改。

【二五】李超曰　「李超」，《資治通鑑》卷一一四晉安帝義熙四年載：「南燕汝水竭，河凍皆合，而澠水不冰。南燕主超惡之，問於李宣，對曰：『澠水無冰，良由逼帶京城，近日月也。』超大悦，賜朝服一具。」據此，當爲「李宣」之誤。又，前云「汝水不冰」，亦當爲「澠水不冰」之誤。

檀弓脱句

《禮記・檀弓》：子貢曰：「泰山其頽，則吾將安仰？梁木其壞，哲人其萎，則吾將安倣？」吾郡劉尚書美中家有古本《禮記》，「梁木其壞」之下，有「則吾將安仗」五字。

女戒

朱文公嘗病《女戒》鄙淺，欲別集古語成一書。立篇目曰正靜，曰卑弱，曰孝愛【二六】，曰和睦，曰儉質，曰寬惠，曰講學。且言如杜詩云，「嗟汝未嫁女，秉心鬱忡忡，防身動如律，竭力機杼中」。凡此等句，便可入正靜，他皆倣此。嘗以書屬靜春先生劉子澄纂輯，迄不能成。公蓋欲以配小學書也。

二老相訪

慶元間，周益公以宰相退休，楊誠齋以秘書監退休，實爲吾邦二大老。益公嘗訪誠齋于南溪之上，留詩云：「楊監全勝賀監家【二七】，賜湖豈比賜書華【二八】？回環自鬬三三逕【二九】，頃刻能開七七花【三〇】。門外有田供伏臘【三一】，望中無處不煙霞。卻慚下客非摩詰【三二】，無畫無詩只謾誇。」誠齋和云：「相國來臨處士家，山間艸木也光華【三三】。高

【二六】曰孝愛　《晦庵先生朱文公文集》卷三五《與劉子澄書》有「曰勤謹」三字。

【二七】楊監全勝賀監家　「楊監」，原作「楊鑒」，據諸本改。

【二八】賜湖豈比賜書華　原下有夾注云：「『誠齋』二字，光宗御書。」

【二九】回環自鬬三三逕　原下有夾注云：「誠齋東園有三三逕，其詩云：『三逕初開自蔣卿，再開三逕是淵明。誠齋奄有三三逕，一逕花開一逕行。』」

【三〇】頃刻能開七七花　「能」，楊萬里《退休集・上巳日周丞相少保來訪敝廬留詩爲贈》作「常」。

【三一】門外有田供伏臘　「供」，《退休集》作「聊」。

【三二】卻慚下客非摩詰　「慚」，《退休集》作「愁」。

【三三】山間艸木也光華　「木」，《退休集》誠齋和詩作「色」。

軒行李能過李，小隊尋花到浣花。留贈新詩光奪月，端令老子氣成霞。未論藏去傳貽厥，拈向田夫野老誇。」好事者繪以爲圖，誠齋題云：「平叔曾過魏秀才，何如老子致元台。蒼松白石青苔徑【三四】，也不傳呼宰相來。」用魏野詩翻案也。厥後誠齋冢嗣東山先生伯子，端平初累辭召命，以集英殿脩撰致仕家居，年八十。雲巢曾無疑，益公門人也，年尤高，嘗攜茶袖詩訪伯子。其詩云：「褰衣不待履霜回，到得如今亦樂哉！泓穎有時供戲劇，軒裳無用任塵埃。眉頭猶自懷千恨，興到何如酒一杯？知道華山方睡覺，打門聊伴茗奴來【三五】。」伯子和云：「雪舟不肯半塗回，直到荒林意盛哉！籬菊苞時披宿霧，木犀香裏絕纖埃。錦心繡口垂金薤，月露天漿貯玉杯。八十仙翁能許健，片雲得得出巢來。」其風味庶幾可亞前二老云。無疑博學工文，尤精考訂，有《本朝新舊官制考》行於世。以隱逸召爲祕閣校勘，吾黨之士多勸其毋出，而無疑竟出。先君竹谷老人送以詩云：「泰華山人上赤墀，上嗟安在見何遲。老於尚父投竿日，少似轅生對策時。怨鶴驚猿辭舊隱，鞭鸞笞鳳總新知。早陳經國平邊策，歸領雲巢舊住持。」無疑立朝逾年，除大社令，未及有所開陳，奉祠而歸，年九十乃終【三六】。

【三四】蒼松白石青苔徑　「白石」，《退休集》作「翠竹」。

【三五】打門聊伴茗奴來　「茗」，原作「客」，據諸本改。

【三六】年九十乃終　原「年」下衍一「僅」字，據諸本刪。

漢二獻

周益公云：漢二獻皆好書，而其傳國皆最遠。士大夫家，其可使讀書種子衰息乎？

風香

杜陵詩云，「色難臭腐食風香」。色難臭腐，用仙家王方平事。獨「食風香」三字，解者不註所出。余觀佛書云，凡諸所嗅風與香等。意杜陵用此。

示儉

宋高祖留葛燈籠、麻蠅拂於陰室，唐太宗留柞木梳、黑角篦於寢宮，以此示後，後世猶奢。

識字

西漢諸儒，揚子雲獨稱識字。韓文公云：「凡爲文者，宜略識字。」則識字豈易乎哉？晁景迂晚年日課識十五字【三七】。楊誠齋云：「無事好看韻書。」

萬卷百車

唐李渤問歸宗禪師曰：「須彌納芥子，僕即不疑。芥子藏須彌，恐無是理。」歸宗曰：「人言學士讀萬卷書，是否？」渤曰：「然。」歸宗曰：「是心如椰子大，萬卷書從何處

【三七】晁景迂　諸本作「晁景迂」。

著？」荆公詩云：「巫醫之所知，瞽史之所業，載車必百兩，獨以方寸攝。」即歸宗之意。余謂一心具一太極，前輩謂鵬摶鶤運，不足計其高深，日升月沉，不足計其廣狹。萬卷百車，又何足道！

湯武

湯、武應天順人之舉，實出於伊尹、太公。湯五遣伊尹適夏，意亦可見。伊尹既醜有夏，遂相湯伐桀，《詩》曰：「實維阿衡，實左右商王。」不言湯用伊尹也。《書》之誓有以地言者，《甘誓》是也。有以人言者，《湯誓》是也，有以國言者，《秦誓》是也。《泰誓》【三八】，《左傳》、《孟子》皆謂之《太誓》，古字「泰」「太」通。前輩謂伐商之謀，實本於太公，故以名誓。《詩》曰：「維師尚父，時維鷹揚。涼彼武王，肆伐大商。」不言武王用太公也。湯、武非富天下之志，於此可見。雖然，夫子則不以是而恕湯、武也。序書之詞曰湯勝夏，曰武王勝殷殺受，未嘗分其罪於伊尹、太公。此與《春秋》書許世子止、趙盾同一筆也。東坡《海外論》可謂深識周、孔之心矣。余嘗疑商之取夏，周之取商，一也。湯崩而太甲不明，甚於成王之幼沖矣。然夏人帖然，未嘗萌蠢動之心。及武王既喪，商人不靖，觀《鴟鴞》、《小毖》之詩，悲哀急迫，岌岌然若不可以一朝居，何也？湯放桀於南巢，蓋亦聽其自屏於遠方而終耳【三九】，未至如以黃鉞斬紂之甚也。故夏人之痛，不如商人。

【三八】泰誓　原誤作「秦誓」，據文義改。

【三九】自屏於遠方而終耳　「遠」，諸本作「一」。

夫以懷王之死，楚人尚且悲憤不已，有「楚雖三户，亡秦必楚」之語，況六百年仁恩之所滲漉者哉【四〇】！　當是時，若非以周公之聖，消息彌縫於其間，則周之復爲商也決矣。且湯既勝夏，猶有慚德，慄慄危懼【四一】，若將隕于深淵。至於武王，則全無此等意思矣。由是論之，湯、武亦豈可並言哉！　朱文公云：「成湯聖敬日躋，與《盤銘》數語，猶有細密工夫，至武王，往往並不見其切己事。」

景不訓仰

《詩》曰：「高山仰止，景行行止。」景，明也。謂所行之光明也。世俗有「景仰」、「景慕」之語，遂失其義。妄以「景」訓「仰」，多取前賢名姓，加「景」字於上以爲字。如景周、景顔之類，失之矣。前史王景略，近世范景仁，何嘗以景爲仰哉？　真西山舊字景元，後悟其非，乃改爲希元云。

始皇袁紹

始皇爲楚所敗，尚能謝王翦；　袁紹爲魏所敗，乃至殺田豐。欲不亡，得乎？

【四〇】六百年仁恩之所滲漉者哉　「漉」，原作「灑」，據諸本改。

【四一】慄慄危懼　「懼」，原作「懼」，據諸本改。

一聯八意

杜陵詩云:「萬里悲秋常作客,百年多病獨登臺。」蓋萬里,地之遠也。秋,時之慘悽也。作客,羈旅也。常作客,久旅也。百年,齒暮也。多病,衰疾也。臺,高迥處也。獨登臺,無親朋也【四二】。十四字之間,含八意,而對偶又精確。

【四二】無親朋也 「朋」,原作「明」,據諸本改。

卷六

兄弟偈

法昭禪師偈云：「同氣連枝各自榮，些些言語莫傷情。一回相見一回老，能得幾時爲弟兄。」詞意藹然，足以啟人友于之愛。然余嘗謂人倫有五，而兄弟相處之日最長。君臣之遇合，朋友之會聚，久速固難必也。父之生子，妻之配夫，其早者皆以二十歲爲率。惟兄弟或一二年，或三四年【一】，相繼而生，自竹馬游嬉【二】，以至鮐背鶴髮，其相與周旋，多者至七八十年之久。若恩意浹洽，猜間不生，其樂豈有涯哉！近時有周益公以太傅退休，其兄乘成先生以將作監丞退休，年皆八十，詩酒相娛者終其身。章泉趙昌甫兄弟，亦俱隱玉山之下，蒼顏華髮，相從於泉石之間，皆年近九十，真人間至樂之事，亦人間希有之事也。

校勘記

【一】或三四年　「三四」，原倒作「四三」，據明活字本乙正。

【二】自竹馬游嬉　「嬉」，諸本作「戲」。

烏石題名

嚴州烏石寺在高山之上，有岳武穆飛、張循王俊、劉太尉光世題名。劉不能書，令侍兒意真代書。姜堯章題詩云：「諸老凋零極可哀，尚留名姓壓崔嵬。劉郎可是疏文墨，幾點胭脂涴緑苔。」

臨事之智

大凡臨事無大小，皆貴乎智。智者何？隨機應變，足以弭患濟事者是也。張乖崖守蜀，兵火之餘，人懷反側。一日，大閱方出，軍衆忽嵩呼。乖崖亦下馬，隨衆東北望三呼，攬轡復行，衆不敢讙。真宗不豫，李文定公以宰相宿内祈禳。時太子尚幼，八大王元儼者，頗有威名，問疾留禁中，累日不出，執政患之。偶翰林司以金盂貯熟水過。問之，曰：「王所需也。」文定取案上墨筆攪水中【三】，盡黑。王見之大駭，意其爲毒也，即上馬去【四】。文潞公知成都，大雪會客【五】，帳下卒有誶語，共拆井亭，燒以禦寒，軍將以聞。公徐曰：「今夜誠寒，亭弊矣，正欲改造，更有一亭，可盡拆爲薪。」樂飲如常，明日乃究問先拆亭者，杖而流之。前輩如此類甚多【六】，皆所謂智也。小而文潞公幼年之浮毬，司馬公幼年之擊甕，亦皆於倉卒之中，有變通之術。世傳趙從善尹臨安，宦寺欲窘之。一日，内索朱紅卓子三百隻，限一日辦。從善命於市中取茶卓一樣三百隻，糊以清江紙，用朱漆塗之，咄嗟而成。兩宮幸聚景園回，索火炬三千枝，限以時刻。從善命於娼家取竹簾束之，頃刻而辦。辛幼安在長沙，欲於後圃建樓賞中秋，時已八月初旬矣。吏白：「他皆可

【三】文定取案上墨筆攪水中　「中」，原作「令」，連下句。諸本作「中」，按，宋李心傳《舊聞證誤》卷一引《邵氏聞見録》此語作「中」。據改。

【四】即上馬去　按，上述李迪事，《舊聞證誤》卷一嘗辨其誤云：「真宗大漸之夕，李文定與宰執以祈禳宿内殿。時仁宗幼沖，八大王元儼有威名，以問疾留禁中，累日不肯出，執政患之。偶翰林司以金盂貯熟水曰：『王所需也。』文定取案上墨筆攪水中，盡黑，令持去。王見之大驚，意其有毒也，即上馬去。出邵伯温《聞見前録》。按，真宗以乾興元年二月崩，此時李文定得罪，黜知鄆州久矣。」

辨，唯瓦難辨。」幼安命於市上每家以錢一百賃簷前瓦二十片，限兩日以瓦收錢，於是瓦不可勝用。嘉熙間，江西峒丁反，吉州萬安宰黄炳鳩兵守備。一日五更，探報寇且至，炳亟遣巡尉領兵迎敵，衆皆曰：「枵腹奈何？」炳曰：「第速行，飯即至矣。」炳乃率吏輩，擕竹籮木桶沿市民之門曰：「知縣買飯！」時人家晨炊方熟，皆有熱飯熟水，厚酬其直，負之以行。於是士卒皆飽餐，一戰破寇，由此論功，擢守臨川，兼庾節。

雨晴詩

杜陵詩云：「雨晴山不改，晴罷峽如新。」言或雨或晴，山之體本無改變，然既雨初晴，則山之精神焕然乃如新焉。朱文公寄籍溪胡原仲詩云：「甕牖前頭翠作屏，晚來相對靜儀刑。浮雲一任閑舒卷，萬古青山只麽青。」胡五峰見之，以爲有體而無用，乃賡之曰：「幽人偏愛青山好，爲是青山青不老。山中雲出雨乾坤，洗出一番青更好。」文公用杜上句意，五峰用杜下句意，然杜只是寫物，二公則以喻道。

善師

善師者不陳，善陳者不戰。琴以不鼓爲妙，棋以不著爲高。

【五】大雪會客　「會」字原脱，據諸本補。

【六】前輩如此類甚多　「甚」，原作「其」，據諸本改。

子家羈

子家羈不欲昭公與季氏立異，子家羈豈黨季氏者乎？ 陳平、周勃不與呂氏立異，平、勃豈黨呂氏者乎？ 狄仁傑不與武氏立異，仁傑豈黨武氏者乎？ 處事變者，須識此意。雖然，夫子三都之墮，王陵庭爭之語，駱賓王舉兵之檄，亦不可少也。 聲大義者，張膽而明目； 定大策者，潛慮而密謀。

中興賦聯

紹興間，黄公度榜第三人陳脩【七】，福州人，解試「四海想中興之美賦」，第五韻隔對云：「蔥嶺金堤，不日復廣輪之土； 泰山玉牒，何時清封禪之塵。」時諸郡試卷多經御覽，高宗親書此聯於幅紙，黏之殿壁。 及唱名，玉音云：「卿便是陳脩？」吟誦此聯，淒然出涕，問卿年幾何，對曰：「臣年七十三。」問卿有幾子，對曰：「臣尚未娶。」乃詔出内人施氏嫁之，年三十，貲奩甚厚。 時人戲爲之語曰：「新人若問郎年幾【八】，五十年前二十三。」其年第五人方翥，興化人，解試「中興日月可冀賦」。 一聯云：「佇觀僚屬，復光司隸之儀； 忍死須臾，咸泣山東之淚。」亦經御覽，親筆録記。 唱名日，特命加一資。 上恢復初志，隨寓發見，感憤如此【九】，而卒於不遂。 秦檜之罪，可勝誅乎！

【七】黄公度榜第三人陳脩　原「陳」下有夾注云：「名上字係光宗廟諱。」

【八】新人若問郎年幾　「問」，原作「門」，據諸本改。

【九】感憤如此　「感」，原作「咸」，據諸本改。

晏先

淳熙間，廬陵有惡少子曰晏先，以殺人減等流嶺南。行有日，逢其黨二人於市，晏目之曰：「盍免我乎？」二人不應而去。行數日，送徒者節其飲食，有害之之意。一夕，止旅舍，二人者忽來，爲酒饌饗晏及送徒者，盡夕歌呼，至曉偕行。過荒林間，二人以白金一笏擲于地，抽刃言曰：「晏，吾兄弟也，汝能釋使逃，請以此金爲謝，不然，不能俱生矣！」送徒者欣然破械縱去，爲疑冢道傍而反。越三十年，晏自淮駕巨艦來歸，貲貨鉅萬。訪二人，皆死矣，妻子方貧，不能自活。晏哭祭其墓，盡哀，厚遺其妻子乃去。鄭毅夫過朱亥墓詩云：「高論唐、虞儒者事，賣君負國豈勝言。憑君莫笑金椎陋，卻是屠沽解報恩【一〇】。」諒哉！

老馬

《韓子》：「管仲、隰朋從桓公伐孤竹，春往而冬反，迷惑失道。管仲曰：『老馬之智可用也。』乃放老馬而隨之，遂得道焉。」杜陵詩云：「古來存老馬，不必取長途。」用此事也。東坡《代滕達道疏》云：「自念舊臣，譬之老馬，雖筋力已衰，不堪致遠，而經涉險阻，粗識道路。」又用杜詩意。

【一〇】卻是屠沽解報恩　「屠沽」，原作「申屠」，據諸本改。

師子驄

唐太宗末年，讖家明言女主昌，又明言爲武氏，又明言其人已在宫中，乃以疑似殺李君羡，過矣。則天當時特一宫嬪，誠無可疑之跡，然史載太宗有駿馬曰「師子驄」，極猛悍，太宗親控馭之，不能馴。則天時侍側曰：「惟妾能制之。」太宗問其術，對曰：「妾有三物，始則捶以鐵鞭，不服，則擊以鐵撾；又不服，則以匕首斷其喉爾。」由此觀之，其英烈猛厲之氣，亦自發露，特太宗不之覺耳。則天後來駕馭群臣，專用此術。

無思無爲

袁和叔云：「非木非石，無思無爲。」楊敬仲深愛其語【一一】，故銘其墓曰：「和叔之覺，人所未知。非木非石，無思無爲。」蓋以爲造極之語也。然余觀蘇潁濱《論語解》云：「火必有光，心必有思。聖人無思，非無思也。外無物，内無我，物我既盡，心全而不亂。物至而知可否，可者作，不可者止。因其自然，而吾未嘗思，未嘗爲，此所謂無思無爲也。如使頑然不動，與木石爲偶，而謂之無思無爲，則亦何以通天下之故哉！」此説即和叔之説也，豈敬仲未之見耶？禪家去昏散病，絶斷常坑，蓋昏與斷，則如木如石矣；散與常，則妄思妄爲矣。又云：「貴真空，不貴頑空，蓋頑空，則頑然無知之空，木石是也。若真

【一一】楊敬仲深愛其語　「愛」，原作「受」，據諸本改。

空，則猶之天焉，湛然寂然，元無一物，然四時自爾行，百物自爾生，粲爲日星，滃爲雲霧，沛爲雨露，轟爲雷霆，皆自虛空生，而所謂湛然寂然者，自若也。」潁濱深味禪悦，故其論亦此意。

養雞養虎

内繕己性，當如紀渻之養雞；外順物性，當如顔闔之養虎。

了死生

淵明詩云：「既來孰不去，人理固有終。居常待其盡，曲肱豈傷冲。」此脩身俟死之意也，可謂了死生矣。謝溪堂詩云：「淵明從遠公，了此一大事。」余謂淵明性資高邁，豈待從遠公而後了【一二】？況其言曰：「得知千載外，上賴古人書」；又曰：「羲、農去我久，舉世少復真。汲汲魯中叟，彌縫使其淳。」則其於六經、孔、孟之書，固已探其微矣，於了死生乎何有？

晚唐詩人

晚唐詩綺靡乏風骨【一三】，或者薄之，且因王維、儲光羲輩，而并薄其人。然氣節之

【一二】豈待從遠公而後了　「待」，原作「特」，據諸本改。

【一三】晚唐詩綺靡乏風骨　「乏」，原作「之」，據諸本改。

士，亦往往出於其間。昭宗末年，朱温篡形已成。韓偓在翰林，蘇檢數爲經營入相，偓怒曰【一四】：「公不能有所爲，今朝夕不濟，乃欲以此相汙耶！」昭宗欲相偓，偓辭，而薦趙崇。崔胤怒，使温譖而逐之。昭宗與之泣別，偓泣曰：「臣得遠貶，及死乃幸，不忍見篡弒之辱也。」司空圖初爲禮部員外郎，棄官隱居王官谷，累徵不起，柳璨以詔書徵之，圖懼，詣洛陽入見，佯爲衰野，墜笏失儀。乃下詔以爲傲代釣名，放還山。羅隱乾符中舉進士十上不第【一五】，黄巢亂，歸依錢鏐。及朱温篡，詔至，痛哭勸鏐舉義，鏐不能從。温聞其名，以諫議大夫招之，不就，事鏐終於著作佐郎【一六】。若三子者，又可以晚唐詩人薄之乎？

詩疊字

詩有一句疊三字者，如吴融秋樹詩云「一聲南鴈已先紅，槭槭淒淒葉葉同」是也。有一句連三字者，如劉駕云「樹樹樹梢啼曉鶯，夜夜夜深聞子規」是也。有兩句連三字者，如白樂天云「新詩三十軸，軸軸金玉聲」是也。有三聯疊字者，如古詩云「青青河畔草，鬱鬱園中柳。盈盈樓上女，皎皎當窗牖。娥娥紅粉妝，纖纖出素手」是也。有七聯疊字者，昌黎南山詩云「延延離又屬，夬夬叛還遘【一七】。喁喁魚闖萍，落落月經宿。誾誾樹牆垣，巘巘架庫廄，參參削劍戟，焕焕銜瑩琇【一八】，敷敷花披萼，闔闔屋摧霤，悠悠舒而安，兀兀

【一四】偓怒曰　「怒」，原作「恕」，據諸本改。

【一五】乾符中舉進士十上不第　「十上不第」，《舊五代史》卷二四《羅隱傳》注引《五代史補》云：「羅隱在科場，恃才傲物，尤爲公卿所惡，故六上不第。」

【一六】事鏐終於著作佐郎　《羅隱傳》：「唐廣明中，（羅隱）因亂歸鄉里，節度使錢鏐辟爲從事。開平初，太祖以右諫議大夫徵，不至。魏博節度使羅紹威密表推薦，乃授給事中。年八十餘，終於錢塘。」據此所云當誤。

【一七】夬夬叛還遘　「夬夬」，原作「尺尺」，據諸本改。

【一八】焕焕銜瑩琇　「銜」，《南山》詩作「御」。

狂以狃，超超出猶奔，蠢蠢駭不懋」是也。近時李易安詞云：「尋尋覓覓，冷冷清清，淒淒慘慘戚戚」，起頭連疊七字，以一婦人，乃能創意出奇如此。

應世守己

無可無不可，應世法也。有爲有不爲，守己法也。

韓璜廉按

紹興中，王鈇帥番禺，有狼藉聲。朝廷除司諫韓璜爲廣東提刑，令往廉按。憲治在韶陽，韓纔建臺，即行部詣番禺。王憂甚，寢食幾廢。有妾故錢塘娼也，問主公何憂，王告之故。妾曰：「不足憂也，璜即韓九，字叔夏，舊游妾家，最好歡。須其來，强邀之飲，妾當有以敗其守。」已而韓至，王郊迎，不見，入城乃見，岸然不交一談。次日報謁，王宿治具於別館，茶罷，邀游郡圃，不許，固請，乃可。至別館，水陸畢陳，伎樂大作，韓踧踖不安。王麾去伎樂，陰命諸娼淡妝，詐作姬侍，迎入後堂劇飲。酒半，妾於簾内歌韓昔日所贈之詞，韓聞之心動，狂不自制，曰：「汝乃在此耶！」即欲見之，妾隔簾故邀其滿引，至再至三，終不肯出，韓心益急。妾曰：「司諫曩在妾家，最善舞，今日能爲妾舞一曲，即當出也。」韓醉甚，不知所以，即索舞衫，塗抹粉墨，踉蹡而起。忽跌于地，王亟命索轎【一九】，諸

【一九】亟命索轎　「轎」，諸本作「輿」。

娼扶掖而登，歸船昏然酣寢。五更酒醒，覺衣衫拘絆，索燭覽鏡，羞媿無以自容。即解舟還臺，不敢復有所問。此聲流播，旋遭彈劾，王迄善罷。夫子曰：「棖也欲，焉得剛？」韓璜之謂矣。

伯夷太公

太公之鷹揚，伯夷之叩馬，道並行而不相悖也。太公處東海之濱，進而以功業濟世。伯夷處北海之濱，退而以名節勵世。二老者，天下之大老也。故各爲世間辦一大事，可謂無負文王之所養矣。使伯夷出而任太公之事，則太公亦必退而爲伯夷之事，所謂易地則皆然。切意二老受文王之養【二〇】，平居暇日，同堂合席，念王室之如燬，固欲起而救亂，思冠冕之毁裂，又恐因而階亂，故水火相濟，鹽梅相成，各以一事自任。如三仁之自獻自靖，或殺身以全節，或歸周以全祀，或佯狂以全道，均不失本心之德而已矣，豈故相矛盾者哉！觀伯夷之諫，太公扶而去之曰義士，意可見矣。

擒虎尋龍

紹興乙卯，以旱禱雨。諫議大夫趙霈上言：「自來祈禱，斷屠止禁豬羊，今後請並禁鵝鴨。」時胡致堂在西掖，見之笑曰：「可謂鵝鴨諫議矣，聞虜中有龍虎大王，請以鵝鴨諫

【二〇】切意二老受文王之養　「切意」，疑爲「竊意」之誤。

議當之。」嘉定中，察院羅相上言，越州多虎，乞行下措置【二一】，多方捕殺。正言張次賢上言：「八盤嶺乃禁中來龍，乞禁人行。」太學諸生遂有羅擒虎、張尋龍之對。

自警詩

胡澹庵十年貶海外，北歸之日，飲于湘潭胡氏園，題詩云：「君恩許歸此一醉，傍有梨頰生微渦。」謂侍妓黎倩也。厥後朱文公見之，題絶句云：「十年浮海一身輕【二二】，歸對黎渦卻有情。世上無如人欲險【二三】，幾人到此誤平生。」文公全集載此詩，但題曰「自警」云。余觀《東坡志林》載張元忠之説曰：蘇子卿嚙雪啖氈，蹈背出血【二四】，可謂了死生之際矣。然不免與胡婦生子，而況洞房綺繡之下乎？乃知此事未易消除。文公之論澹庵，亦猶張元忠之論蘇子卿也。近時劉叔友論劉、項曰【二五】：項王有吞嶽瀆意氣，咸陽三月火【二六】，骸骨亂如麻，哭聲慘怛天日，而眉容不斂，是必鐵作心肝者。然當垓下訣別之際，寶區血廟【二七】，了不經意，惟眷眷一婦人，悲歌悵飲，情不自禁。高帝非天人歟？能決意於太公、吕后，而不能決意於戚夫人。杯羹可分，則笑嫚自若。羽翼已成，則欷歔不止。乃知尤物移人，雖大智大勇不能免。由是言之，「世上無如人欲險」，信哉！

【二一】乞行下措置　「乞」，原作「氣」，據諸本改。

【二二】十年浮海一身輕　「浮海」，《朱文公文集》卷五《宿梅溪胡氏客館觀壁間題詩自警二絶》之二作「湖海」。

【二三】世上無如人欲險　「上」，同上書作「路」。

【二四】蹈背出血　原作「蹈血出背」，《漢書》卷五四《蘇武傳》有「蹈其背以出血」語，據改。

【二五】劉叔友　諸本作「鄭叔友」。

【二六】咸陽三月火　「月」，原作「日」，今改。

【二七】寶區血廟　「區」，明活字本作「軀」。

虞賓

堯不以天下與丹朱而與舜，世皆謂聖人至公無我【二八】，知愛天下而不知愛其子。余謂帝堯此舉，固所以愛天下也，尤所以愛丹朱也。異時雲行雨施，萬國咸寧，虞賓在位，同其福慶，則安家而厚蒼生，兩得之矣。若使其以傲虐之資【二九】，輕居臣民之上，則毒痛四海，不有南巢之放，必有牧野之誅，尚得爲愛之乎？曾子曰：「君子愛人以德。」龐德公曰：「吾遺子孫以安。」堯、舜之於子，亦不過愛之以德，遺之以安耳。故愛子者，人之常情也，堯、舜豈外人之常情以爲異哉？故其書曰「典」。

信美樓記

項平甫作《信美樓記》云：「王仲宣之言曰：『雖信美非吾土兮【三〇】，曾何足以少留。』自仲宣至今，千有餘年，文士一詞，曰『此思歸之曲也』。曾未有考其文而論其心者。蓋仲宣，漢貴公孫也。少依王室，世受國恩，雖遯身南夏，而繫志西周，彼以爲撫清、漳、曲、沮之流，不若灞、滻、涇、渭之速清也；覽昭丘、陶牧之勝，不若終、嵕、吴、華之亟平也。冀道路之一開，憂日月之逾邁，故戞然以是爲不可久留。蓋士之出處不齊久矣。充仲宣之賦，當與子美岳陽樓五言，太白鳳凰臺長句同帙而共編，不當與張翰思吴之歎，班

【二八】聖人至公無我　「我」，明活字本作「私」。

【二九】其以傲虐之資　「虐」，原作「虞」，據諸本改。

【三〇】雖信美非吾土兮　據《文選》卷一一王粲《登樓賦》，「信美」下當有一「而」字。

超玉門之書，馬援浪泊西里之念，雜然爲一議狀也。」平甫此論，得仲宣之心矣。仲宣不依曹、黄、二袁【三一】，而依劉表，意亦可見。故仲宣之忠於漢，陶淵明之忠於晉，羅昭諫之忠於唐，皆詩人文士之識大義有氣節者。樓乃胡仲方爲荆南撫幹時所建，楊誠齋題詩云：「大資孫子大參孫【三二】，磊隗胸中萬卷横。樓上已堆千古恨，晚潮更作斷腸聲。」「古有仲宣今仲方，一樓分貯一秋江。散懷幸有杯中物【三三】，莫下南窗下北窗。」亦平甫之意也。

朱温母兄

朱温父誠，以五經教授鄉里，號朱五經。温爲節度使，其母王氏猶傭食蕭縣劉崇家。始迎以歸，温舉觴爲壽，啟曰：「朱五經平生讀書，不登一第，有子爲節度使，無忝於先人矣。」母惻然良久，曰：「汝能至此，可謂英特，然行義未必如先人也。」賢哉此媪，深哉此言。其於朱五經之學，必概嘗有聞矣。温篡位之日，與宗戚飲博。酒酣，其兄全昱忽投瓊擊盆中迸散，睨曰：「朱三，爾碭山一百姓，從黄巢爲盜，天子用汝爲四鎮節度使，於汝何負？而滅唐家三百年社稷！吾行見汝赤其族矣，何以博爲？」全昱此言亦甚賢也。然則温之父賢，母又賢，兄又賢，獨温凶德耳。荀卿謂人性惡，其然，豈其然乎？

【三一】仲宣不依曹黄二袁　「黄」，原作「宣」，據諸本改。

【三二】大資孫子大參孫　楊萬里《退休集·寄題信美樓二首》之一作「大資孫子大參甥」。

【三三】散懷幸有杯中物　「物」，同上書作「月」。

詩文反句

杜詩有反言之者，如云「久拚野鶴如雙鬢」，若正言之，當云「雙鬢如野鶴」也。又云「黄鵠高於五尺童，化爲白鳧似老翁」，若正言之，當云「五尺童時似黄鵠，化爲老翁似白鳧」也。他如「紅豆啄殘鸚鵡粒，碧梧棲老鳳凰枝」亦然。《左氏傳》曰「室於怒，市於色」，曾南豐曰「室於議，塗於歎」，皆如此類。

丙編自序

余爲臨川郡從事逾年，考舉粗足【一】，侍御史葉大有忽劾余罷官。臨汝書院堂長黄景亮曰：「鶴林縱未通金閨之籍，殆將增《玉露》之編乎？」余謝不敢當也。還山數月，丙編遂成。時宋淳祐壬子，廬陵羅大經景綸。

校勘記

【一】考舉粗足　陸鈔本作「考舉粗畢」。又，本序標題係整理者所加。

卷一

真正英雄

朱文公告陳同父曰：「真正大英雄人，卻從戰戰兢兢、臨深履薄處做將出來，若是氣血粗豪，卻一點使不著也。」此論於同父，可謂頂門上一針矣。余觀大禹不矜不伐，愚夫愚婦皆謂一能勝予，而鑿龍門，排伊闕，明德美功，被于萬世【一】。周公不驕不吝，勞謙下士，而東征三年，赤舄几几，履讒歷變，卒安周室。孔子恂恂於鄉黨，在宗廟朝廷似不能言者，而卻萊夷，墮三都，誅少正卯，便有一變至道氣象。此皆所謂真正大英雄也。後世之士殘忍克核、能聚斂、能殺戮者，則謂之有才。鬧鄰罵坐、無忌憚、無顧藉者，則謂之有氣。計利就便、善捭闔、善傾覆者，則謂之有智。一旦臨利害得喪、死生禍福之際，鮮有不顛沛錯亂、震懼隕越而失其守者，況望其立大節，弭大變，撐住乾坤，昭洗日月乎！此無他，任其氣稟之偏，安其識見之陋，驕恣傲誕，不知有所謂戰戰兢兢、臨深履薄之工夫故也。

校勘記

【一】被于萬世　「于」，諸本作「千」。

大悲閣記

東坡《大悲閣記》云：「觀世音由聞而覺。始於聞，而能無所聞。始於無所聞，而能無所不聞。能無所聞，雖無身可也。能無所不聞，雖千萬億身可也，而况於手與目乎！雖然，非無身無以舉千萬億身之衆，非千萬億身無以示無身之至。」又云：「吾將使世人左手運斤，而右手執削，目數飛鴻，而耳節鳴鼓，首肯旁人，而足識梯級，雖有智者，有所不暇矣，而况千手異執，而千目各視乎？及吾宴坐，寂然心念凝默，湛然如大明鏡，人鬼鳥獸雜陳乎吾前，色聲香味交通乎吾體。心雖不起，而物無不接，必有道耶？千手之出，千目之運，雖未可得見，而理則具矣。彼佛菩薩亦然，雖一身不成二佛，而一佛能遍河沙諸國，非有他也，觸而不亂，至而能應，理有必至，而何獨疑於大悲乎？」東坡之論明暢，大概千手千眼，以理言，非以形言也。昔有僧折臂作偈云：「大悲千眼并千手，大丈夫兒誰不有。老僧今日折一支，尚存九百九十九。」莊子：「魯有兀者叔山無趾，踵見仲尼。仲尼曰：『子不謹，前既犯患若是矣。雖今來，何及矣！』無趾曰：『吾惟不知務而輕用吾身，吾是以亡足。今吾來也，猶有尊足者存，吾是以務全之也。』」尊足，即此性也，僧偈正此意。佛本於老莊，於此尤信。孝宗皇帝喜毬馬，偶傷一目。金人遣賀生辰使來，以千手眼白玉觀音爲壽，蓋寓相譃之意。上命迎入徑山，邀使者同往。及寺門，住持僧説偈云：

「一手動時千手動，一眼觀時千眼觀。幸自太平無一事，何須做得許多般？」使者聞之慚。太史公所謂談言微中，亦足以解紛，信矣。余嘗即吾儒之説推之，人主以一身立乎巍巍之上，以一心運乎茫茫之中，不出户而知天下，不下堂而理四海。前旒蔽明，若無見也，而無所不見；高拱穆清，若無爲也，而無所不爲。自九族睦、百工時，極而至於兆民安、萬物育、四夷來，天地兩間，裁成參贊，無一欠缺，非千手千眼乎！

十里荷花

孫何帥錢塘，柳耆卿作《望海潮》詞贈之云：「東南形勝，三吴都會，錢塘自古繁華。煙柳畫橋，風簾翠幙，參差十萬人家。雲樹繞隄沙。怒濤卷霜雪，天塹無涯。市列珠璣，户盈羅綺，競豪奢。重湖疊巘清佳。有三秋桂子，十里荷花。羌管弄晴，菱歌泛夜，嬉嬉釣叟蓮娃。千騎擁高牙，乘醉聽簫鼓，吟賞煙霞。異日圖將好景，歸去鳳池誇。」此詞流播，金主亮聞歌，欣然有慕於「三秋桂子、十里荷花」，遂起投鞭渡江之志。近時謝處厚詩云：「誰把杭州曲子謳？荷花十里桂三秋。那知草木無情物，牽動長江萬里愁。」余謂此詞雖牽動長江之愁，然卒爲金主送死之媒，未足恨也【二】。至於荷豔桂香，粧點湖山之清麗，使士夫流連於歌舞嬉遊之樂，遂忘中原，是則深可恨耳。因和其詩云：「殺胡快劍是清謳，牛渚依然一片秋。卻恨荷花留玉輦，竟忘煙柳汴宫愁。」蓋靖康之亂，有題詩于

【二】未足恨也　「恨」，陸鈔本作「悵」。

舊京宫牆云：「依依煙柳拂宫牆，宫殿無人春晝長。」

落英

《楚辭》云：「餐秋菊之落英。」釋者云：落，始也。如《詩》訪落之落，謂初英也。古人言語多如此，故以亂爲治，以臭爲香，以擾爲馴，以慊爲足，以特爲匹，以原爲再，以落爲萌。

方朔竊酒

岳陽有酒香山，相傳古有仙酒，飲者不死。漢武帝得之，東方朔竊飲焉。帝怒，欲誅之。方朔曰：「陛下殺臣，臣亦不死，臣死，酒亦不驗。」遂得免。方朔數語，圓轉簡明，意其竊飲以發此論，蓋風武帝之求長生也。

高宗眷紫巖

高宗嘗問張魏公：「卿兒想甚長成？」魏公對曰：「臣子栻年十四，脱然可與語聖人之道。」及隆興初，張魏公督師，南軒以内機入奏，引見于德壽宫。首問魏公起居飲食狀，又問卿幾歲，對曰：「臣年三十一。」【三】又問卿母安否，對曰：「久失所恃。」上愀然久之，

【三】臣年三十一　原作「二十一」。考《晦庵先生朱文公文集》卷八九《右文殿修撰張公神道碑》及《誠齋集》卷一一五《張左司傳》，張栻生於紹興三年，至隆興元年恰爲三十一歲，因改。

曰：「朕記卿父再娶時，以無繼嗣，曾來商量。卿父曾奏，欲令卿來見，今次方得見卿。朕與卿父，義則君臣，情同骨肉，卿行奏來，有香茶與卿父爲信。」嗚呼，君臣相與，其恩意乃至是哉！或者乃謂高宗晚年追悼明受，不滿於魏公，至有「寧失天下，不用張浚」之言，殆不然也。

病柟詩

杜陵《病柟》詩曰：「猶含棟梁具，無復霄漢志。良工古昔少，識者出涕淚。」傷賢者之老病而不獲用也。又曰：「種榆水中央，成長何容易！截承金露盤，裊裊不自畏。」言少不更事之人，無所涵養，而驟膺拔擢，以當重任，力綿才腐，凜凜危亡，而曾不知畏也。又《舟中上水遣懷》詩云：「篙工密逞巧，氣若酣杯酒。歌謳互激烈，回斡明授受。善知應觸類，各藉穎脱手。古來經濟才，何事獨罕有？」蓋嘆舟人操舟【四】，尚有妙手，而整頓乾坤，獨未見妙手也。蓋方天寶間，杜陵少壯之時，雖亂離瘼矣，而人才尚多，故《洗兵馬行》曰：「成王功大心轉小，郭相謀深古來少。司徒清鑒懸明鏡，尚書氣與秋天杳。二三豪俊爲時出，整頓乾坤濟時了。」又云：「張公一生江海客，身長九尺鬚眉蒼。徵起適遇風雲會，扶顛始知籌策良。」蓋幸其所以支撑世變者，尚有人也。及杜陵晚歲，《八哀》之詩既作，則一時豪傑，或老或死，而後來者，未有其人。此病柟、種榆之歎，舟師妙手之歎，

【四】蓋嘆舟人操舟　「嘆」，原作「難」，據諸本及《永樂大典》引改。

意益婉而詞益哀。嗚呼！此唐室所以終不振乎！本朝元豐間，洛陽諸老爲耆英會，圖形賦詩，一時誇爲盛事。而識者悲之曰，此皆仁宗所養之君子，至是而皆老矣。升降消長之會，過此甚可畏也。時林行己曰：「天將祚其國，必祚其國之君子。觀其君子之衆多如林，則知其國之盛；觀其君子之落落如晨星，則知其國之衰；觀其君子之康寧福澤、如山如海，則知其爲太平之象；觀其君子之摧折頓挫，如湍舟，如霜木，則知其爲衰亂之時。」又曰：「天將使建中爲崇寧，則不使范忠宣復相於初元；天將使宣和爲靖康，則不使劉、陳二忠肅憖遺於數歲。」皆至論也。

遮莫

詩家用「遮莫」字，蓋今俗語所謂「儘教」者是也。故杜陵詩云，「已拚野鶴如雙鬢，遮莫鄰雞下五更」，言鬢如野鶴，已拚老矣。儘教鄰雞下五更，日月逾邁不復惜也。而乃有用爲禁止之辭者，誤矣。

花

洛陽人謂牡丹爲花，成都人謂海棠爲花，尊貴之也。亦如稱歐陽公、司馬公之類，不復指其名字稱號。然必其品格超絶，始可當此。不然，則進而君公，退而爾汝者多矣。

蘧伯玉

衛靈公與夫人夜坐，聞車聲轔轔，至闕而止，過闕復有聲。公問夫人曰：「知此爲誰？」夫人曰：「此蘧伯玉也。」公曰：「何以知之？」夫人曰：「妾聞禮，下公門，式路馬，所以廣敬也。夫忠臣與孝子，不爲昭昭信節，不爲冥冥惰行。蘧伯玉，衛之賢大夫也，仁而有智，敬於事上，此其人必不以暗昧廢禮【五】，是以知之。」公使人視之，果伯玉也。《中庸》曰【六】：「君子之所不可及者，其唯人之所不見乎！」伯玉可謂真君子矣。細考《論語》，夫子所與友者，僅見伯玉一人。伯玉使人於夫子【七】，而夫子問其起居。則金石交情，可以略見。伯玉之躬行純一如此，宜夫子樂與之交也。夫人即南子也。南子有淫行，然觀其所言，醇粹正大，有後世老師宿儒之所不能道者。且知伯玉之賢，而又知伯玉之所以賢，何其明也。乃知以衛靈之無道、南子之淫泆，奚而不喪者【八】，非止仲叔圉、祝鮀、王孫賈輩之功而已。又知夫子之所以見南子者，蓋以見識議論如此，倘能改行，或者尚可輔衛靈公以有爲。子路不説，是未知夫子之心也。然南子知賢者不爲冥冥惰行，而卒不能回光内照，改其淫泆。靈公因南子之言，固宜識伯玉之爲忠臣矣，然卒不授之以政。信乎，知善非難，行善爲難；知賢非難，用賢爲難也。

【五】必不以暗昧廢禮　「必」，原作「心」，據諸本改。

【六】中庸曰　「中庸」，原作「大學」。

【七】伯玉使人於夫子　「伯玉」，原及諸本無此二字，據陸鈔本補。

【八】奚而不喪者　原無「奚」字，據諸本補。

三谿詩詞

有良家女流落可嘆者，余同年李南金贈以詞曰：「流落今如許。我亦三生杜牧，爲秋娘著句。先自多愁多感慨，更值江南春暮。君看取，落花飛絮。也有吹來穿繡幌，有因風飄墮隨塵土。人世事，總無據。佳人命薄君休訴。若説與，英雄心事，一生更苦。且盡尊前今日意，休記緑窗眉嫵【九】。但春到，兒家庭户。幽恨一簾煙月曉，恐明年，鴈亦無尋處。渾欲倩，鶯留住。」此詞凄婉頓挫，不減古作者。《南史》：齊范縝謂竟陵王子良曰：「人生如樹花同發，隨風而散，或拂簾幌墜茵席之上，或關籬牆落糞溷之中。墜茵席者，殿下是也；落糞溷者，下官是也。」此詞前闋，蓋祖此説。南金自號三谿冰雪翁，尤工於詩。有《江頭吟》云：「兒時盛氣高於山，不信壯士有飢寒。如今一杯零落酒，風雨蝕盡征袍單。側立崑奴面鐵色，楚客不言未吹笛。關山有月無人聲，自是江頭渚花發。渚花春少未得妍，凝立青山圍水天。杜鵑故態不識事，盡情叫入青風煙【一〇】。壯士未握邊頭槊，旄頭如月幾時落。如今世界不愛賢，看取青峰白雲角。嗚呼一歌兮歌已怨，壺中無酒可續嚥。」蓋模擬少陵之作，詞旨清婉可愛。

【九】休記緑窗眉嫵　「記」，陸鈔本作「説」。

【一〇】盡情叫入青風煙　「風」，諸本作「楓」。

檳榔

嶺南人以檳榔代茶，且謂可以禦瘴。余始至不能食，久之，亦能稍稍。居歲餘，則不可一日無此君矣。故嘗謂檳榔之功有四：一曰醒能使之醉。蓋每食之，則醺然頰赤，若飲酒然。東坡所謂「紅潮登頰醉檳榔」者是也。二曰醉能使之醒。蓋酒後嚼之，則寬氣下痰【一一】，餘酲頓解。三曰飢能使之飽。蓋飢而食之，則充然氣盛，若有飽意。四曰飽能使之飢。蓋食後食之，則飲食消化，不至停積。嘗舉似於西堂先生范旃叟。曰：「子可謂『檳榔舉主』矣。然子知其功，未知其德，檳榔賦性疏通而不洩氣。稟味嚴正而有餘甘。有是德，故有是功也。」

曲端

曲端在陝西，甚有威望。張魏公宣撫，首擢用之。金人萬户婁室與撒離曷等寇邠州，端擊敗之【一二】。至白店原，又大敗之。撒離曷乘高望師，懼而號哭，金人因目之爲「啼哭郎君」。後以端恃功驕恣，廢不用。又懼其得士心，竟殺之。自端之死，衆心稍離。金再入，戰于富平。我師詐張端旂以懼敵。婁室知端已死，拊掌笑曰：「何紿我也。」於是盡鋭力攻，我師敗績，自是陝西非我有矣。淳熙間，議高廟配享，洪景盧舉此爲魏公罪，迄不

【一一】寬氣下痰　「痰」，原作「痪」，據陸鈔本改。

【一二】端擊敗之　「敗」，原作「貶」，據諸本改。

得侑食。昔孔明斬馬謖，已爲失計。魏公襲其事，幾於自壞萬里長城。至於許張端旂，尤爲拙謀，徒足以召敵人之笑，沮我師之氣耳。端亦知書【一三】，嘗作詩云：「破碎山河不足論，幾時重到渭南村。」昔人詩：「欲掛衣冠神武門，先尋水竹渭南村」，此事也【一四】。

識真少

市璞寶燕石，煮簀食螳蜞。識者少也。

放心

孟子言求放心，而康節邵子曰：「心要能放。」二者天淵懸絶。蓋放心者，心自放也【一五】。心放者，吾能放也。放心者，如雞豚出於塒柵，不求則不得。心放者，如鷹隼翔於雲霄，而絛鏇固在吾手也。衆人之心易放，聖賢之心能放。易放者流蕩，能放者開闊。流蕩者，失其本心。開闊者，全其本心。

山谷八字

余家藏山谷八大字云：「作德日休，爲善最樂。」摘經史語，混然天成。可置座右。

【一三】端亦知書　「端」，原作「瑞」，據諸本改。

【一四】此事也　稗海本「此」上有一「即」字。

【一五】心自放也　「心」，諸本無此字。考下文相應之「吾能放也」，似當無「心」字。

穀菹禽獸

《周禮》註：六穀：稌、黍、稷、粱、麥、苽。六清：水、漿、醴、醇、醫、酏【一六】。七菹：韭、菁、茆、葵、芹、菭、筍。六獸：麋、鹿、熊、麕、野豕、兔【一七】。六禽：鴈、鶉、鷃、雉、鳩、鴿。五藥：草、木、蟲、石、穀。

象山棋

陸象山少年時，常坐臨安市肆觀棋，如是者累日。棋工曰：「官人日日來看，必是高手，願求教一局。」象山曰：「未也。」三日後卻來，乃買棋局一副，歸而懸之室中。卧而仰視之者兩日，忽悟曰：「此河圖數也。」遂往與棋工對，棋工連負二局。乃起謝曰：「某是臨安第一手棋，凡來著者皆饒一先。今官人之棋，反饒得某一先，天下無敵手矣。」象山笑而去。其聰明過人如此。其子弟每喜令其著棋，嘗與包敏道書云：「制子初時與春弟頗不能及【一八】，今年反出春弟之下，近旬日棋又甚進，春弟又少不逮矣。凡此，皆在其精神之盛衰耳。」

【一六】水漿醴（醇）（醫）酏　「醇」，原本及諸本夾注云：音京。「醫」，原本夾注云：於美切；諸本夾注作「音醫」。按，考《周禮·天官膳夫》注「六清」，「醫」，當爲「醫」。「酏」，原本此下有夾注云：以支切。

【一七】麋鹿熊麕野豕兔　原夾注云：養者爲畜，野者爲獸。

【一八】制子初時與春弟頗不能及　各本均如此。考《陸九淵集》卷六《與包敏道書》，羅氏所引蓋「與」下脫「春弟棋」三字。

漢文帝葬

漢文帝以七月己亥崩【一九】，乙巳葬，纔七日耳。與窶人之家，斂手足形還葬者何以異？景帝必不忍以天下儉其親，此殆文帝之顧命也。雖未合中道，見亦卓矣。文帝此等見解，皆自黄老中來。

臨終不亂

歐陽公問一僧曰：「古之高僧，有去來倏然者【二〇】，何今世之鮮也？」僧曰：「古人念念在定慧，臨終安得而亂？今人念念在散亂，臨終安得而定？」公深然之。此説卻是正理，如吾儒易簀結纓之類，皆是平日講貫得明，操守得定，涵養得熟，視生死如晝夜，故能如此不亂。靜春先生劉子澄【二一】，朱文公高弟也。病革，周益公往，拊之曰：「子澄澄其慮。【二二】」靜春開目微視曰：「無慮何澄？」【二三】言訖而逝。

籠鳥水萍

或問杜陵詩云「日月籠中鳥，乾坤水上萍」，何也？余曰，此自嘆之詞耳。蓋拘束以度日月，若鳥在籠中，漂泛於乾坤間【二四】，若萍浮水上。本是形容淒涼之意，乃翻作壯麗

【一九】漢文帝以七月己亥崩　各本均如此。考《史記》、《漢書》之《文帝紀》及《資治通鑑·漢紀》，漢文帝崩在「六月己亥」。按，是年六月己亥朔，七月無己亥，則「七月」當爲「六月」之訛。

【二〇】有去來倏然者　「倏然」，原作「倐然」，據諸本改。

【二一】靜春先生劉子澄　「靜」，原作「靖」，據魏了翁《鶴山集》卷六四《跋靜春先生劉子澄帖》及諸本改。

【二二】子澄澄其慮　《宋史》卷四三七《儒林傳》作「子澄其澄慮」，當是。

【二三】無慮何澄　《宋史》作「無慮可澄」。

【二四】漂泛於乾坤間　「漂泛」，陸鈔本作「漂泊」。

之語。東坡雪詩「凍合玉樓寒起粟，光摇銀海眩生花」，亦此類。

文章

文章一小技，於道未爲尊，此論後世之文也。文者，貫道之器，此論古人之文也。天以雲漢星斗爲文，地以山川草木爲文，要皆一元之氣所發露，古人之文似之。巧女之刺繡，雖精妙絢爛，纔可人目，初無補於實用，後世之文似之。

尹少稷

尹穡，字少稷，博學工文，杜門讀書，不汲汲於仕進。諸公薦之，與陸務觀同賜出身。少稷言行有法，又通世務，時論翕然歸重。嘗論減年賞典，當與實歷對使。孝宗用其説，至今行之。後乃附麗湯思退，力排張魏公，以是除諫議，公論始薄之。厥後貶嶺南累年，蒙恩北歸。周益公素與之善，便道來訪。謂益公曰：「某三十年閉户讀書，養得少名望，思之不審，所得於彼者幾何？而破壞掃地，雖悔何及！」悵然者久之。益公每舉以爲士大夫之戒。

陳湯論

張文潛作《陳湯論》，末云：「昔有韓患秦之無厭也【二五】，下令曰：『有能得秦王者，寡人與之國。』大夫皆諫曰：『賞不可以若是其重也。』韓王笑曰：『得秦王而寡人與之國，是賞有再乎？且得秦王矣，寡人其憂無國哉？』」一本云：「昔者魏國患河，其邊之臣起徙而決之趙。魏王大喜，賞其臣以十縣。其相諫曰：『守邊而徙河，犯官也。從而賞之，王之臣無守職者矣。』魏王笑曰：『子憂過矣，有功於魏者，有比於徙河者乎？魏無二河，則徙河之賞無再也。』二事皆切【二六】，而徙河之事尤勝。蓋徙河犯官，有矯制之意。

飛吟亭詩

世傳呂洞賓，唐進士也。詣京師應舉，遇鍾離翁于岳陽，授以仙訣，遂不復之京師。今岳陽飛吟亭，是其處也。近時有題絕句于亭上云：「覓官千里赴神京，鍾老相傳蓋便傾。未必無心唐事業，金丹一粒誤先生。」余酷愛其旨趣，蓋夫子告沮溺之意也。

【二五】昔有韓患秦之無厭也　「昔有」，疑作「昔者」。

【二六】二事皆切　「二事」，原作「三事」，據文義及諸本改。

西爲尊

四方以西爲尊。王者之廟，太祖坐西，所謂正太祖東向之位是也。三昭則坐北面南，故謂之昭。昭，明也，向南面之明也。三穆則坐南面北，故謂之穆。穆，幽也。向北面之幽也【二七】。今朝廷之上，群臣皆自東階而升，不敢升自西階，非特嫌若賓主敵體，亦以西爲尊也。班孟堅《西都賦》曰「左墄右平」。左，東也，東則爲墄。若世所謂澀道，乃群臣所由登降之階也。右，西也，西則爲平，而不爲墄也。凡賓主之席，主東而賓西，亦所以尊賓也。非謂東尊於西，而使賓次主也。故禮客降一等，則就主人之階。蓋客不敢自西階爲賓主禮，欲自東階隨主人而升也。主人辭，客乃復位。蓋主人不許，客然後自西階升也。

唐再幸蜀

唐狄歸昌詩云【二八】：「馬嵬煙柳正依依，重見鑾輿幸蜀歸。泉下阿蠻應有語，這回休更罪楊妃。【二九】」杜陵詩云：「朝廷雖無幽王禍，得不哀痛塵再蒙。」蓋幽王以褒姒而致犬戎之禍，明皇以妃子而致祿山之變，正相似也。今無妃子之孽矣，而鑾輿乃再蒙塵，何哉？此其胎變稔禍，必有出於女寵之外者矣，是不可不哀痛而悔艾也。詩意與狄歸昌

【二七】向北面之幽也　原無此句。視上文「向南面之明也」之相應句式，當有此句。據諸本補。

【二八】唐狄歸昌詩云　「狄歸昌」，各本均作「狄昌」。考宋計有功《唐詩紀事》卷七一，清勞格、趙鉞《唐郎官石柱題名考》卷二及《全唐詩》卷六八八，均作「狄歸昌」，各本蓋脱「歸」字，據補。下同。

【二九】這回休更罪楊妃　「罪」，《全唐詩》狄歸昌《題馬嵬驛》作「怨」。

同。而其惻怛規戒，涵蓄不露，則大有逕庭矣。

勤有三益

自大舜稱禹，不過勤儉兩字，況下於禹者，可以不勤不儉乎？余於乙編嘗論儉有四益，勤亦有三益。蓋民生在勤，勤則不匱。一夫不耕，必受其飢；一婦不蠶，必受其寒。是勤可以免飢寒也。農民晝則力作，夜則頽然甘寢，故非心淫念無從而生。晉公父文伯之母曰：「瘠土之民，莫不嚮義，勞也。」淵明詩曰：「田家豈不苦，弗獲辭此難，四體誠乃疲，而無異患干。」【三〇】是勤可以遠淫辟也。户樞不蠹，流水不腐，周公論三宗文王之壽，必歸之無逸。吕成公釋之曰：「主静則悠遠博厚【三一】，自强則堅實精明，操存則血氣循軌而不亂，收斂則精神内守而不浮。」是勤可以致壽考也。

黄綿襖

何斯舉云：壬寅正月，雨雪連旬，忽爾開霽，閭里翁媪相呼賀曰：「黄綿襖子出矣！」因作歌以紀之。此名甚新，但所以作歌未甚愜人意。乃更爲補作一絶句云：「范叔綿袍暖一身【三二】，大裘只蓋洛陽人。九州四海黄綿襖，誰似天公賜予均。」白樂天詩云：「安得大裘長萬丈，與君都蓋洛陽人。」

【三〇】而無異患干　「而」，《陶淵明集》卷三《庚戌歲九月中於西田獲早稻》作「庶」。

【三一】主静則悠遠博厚　原無「則」字，據諸本補。

【三二】范叔綿袍暖一身　「綿」，諸本作「綈」。

堂食

渡江初，吕元直爲相，堂廚每廳日食四千【三三】，至秦會之當國，每食折四十餘千。執政有差，於是始不會食。胡明仲侍郎曰：「雖欲伴食，不可得矣。」

【三三】每廳日食四千　「廳」，原作「聽」，據諸本改。

卷二

論事任事

葉水心曰：「國初宰相權重，臺諫侍從，莫敢議己。至韓琦、范仲淹，始空賢者而爭之，天下議論相因而起，朝廷不能主令而勢始輕【一】。雖賢否邪正不同，要爲以下攻上，爲名節地可也，而未知爲國家計也。然韓、范既以此取勝，及其自得用【二】，臺諫侍從方襲其跡，朝廷每立一事，則是非蜂起【三】，譁然不安。昔鄭子孔爲載書，諸司門子弗順，將殺之，子産止之。人請爲之焚書，子孔不可。子産以爲衆怒難犯，專欲難成，迄焚而後定。然及子産自爲相，卻不知此，直云禮義不愆，何恤人言。蓋韓、范之所以攻人者，卒其所以受攻而無以處此，是以雖有志而無成也。至如歐陽脩，先爲諫官，後爲侍從，尤好立論。士之有言者皆依以爲重，遂以成俗。及濮園議起，未知是非所在，而傾國之人回戈向之。平日盛美一朝隳損，善人君子化爲仇敵。然則歐陽氏之所以攻之者，亦其所以受攻而不自知也。」水心之論如此。余謂國初相權之重，自藝祖鼎鐺有耳之説始。趙韓王定混一之謀於風雪淩厲之中，銷跋扈之謀於杯觴流行之際，真社稷臣矣。雷德驤何人，乃敢議

校勘記

【一】朝廷不能主令而勢始輕　「令」，陸鈔本無此字。

【二】及其自得用　「得用」，諸本作「用事」。

【三】是非蜂起　「蜂」，原作「鋒」，據陸鈔本、謝校本改。

之，宜藝祖之震怒也。乃若持盈守成之時【四】，則權不可以不重，亦不可以過重。東坡所謂姦臣之始，以臺諫折之而有餘，及其既成，以干戈取之而不足，則臺諫侍從之敢言，乃國勢之所恃以重也，豈反因此而勢輕哉？水心之說，乃張方平之遺論也。方平之論，前輩固已深闢之矣。范公當國不久，韓公當國時，最被司馬温公激惱，然韓公包容聽受，無幾微見於顔面。常朝一不押班，王陶至便指爲跋扈，而公亦無愠色。蓋己爲侍從臺諫，則能攻宰相之失；己爲宰相，則能受侍從臺諫之攻。此正無意無我、人己一視之道，實賢人君子之盛德，亦國家之美事也。豈有己則能攻人，而人則不欲其攻己哉！諺云：「喫拳何似打拳時。」此言雖鄙，實爲至論。惟歐陽公爲諫官侍從時，最號敢言。及爲執政，主濮園稱親之議，諸君子譁然起而攻之，而歐陽公乃不能受人之攻，執之愈堅，辯之愈激，此則歐公之過也。公自著《濮議》兩篇，其間有曰：「一時臺諫謂因言得罪，猶足取美名，是時聖德恭儉，舉動無差。兩府大臣亦各無大過，未有事可以去者【五】，惟濮議未定，乃曰，此好題目，所謂奇貨不可失也，於是相與力言。」歐公此論，卻欠反思。若如此，則前此已爲諫官侍從時，每事爭辯，豈亦是貪美名【六】、求奇貨、尋好題目耶！余嘗作濮議詩云：「濮園議起沸烏臺，傳語歐公莫怨猜。須記上坡持橐日，也曾尋探好題來。」

【四】持盈守成之時　「成」，原作「城」，據諸本改。

【五】未有事可以去者　《歐陽文忠公全集》卷一二〇《濮議第一》作「未有事可決去就者」。

【六】貪美名　「美名」，原作「名美」，據諸本乙正。

告命

告命自九品而上，角軸二等，以大小別之，此其卑也。染牙以爲經，凡五等，陞朝歷數而上也，而穗草爲尊。錦縹其端，凡四等，而細毬之錦配穗草。告身皆制綾爲之。玳瑁軸素繪二等，而繪爲尊。告身五綵，而又有紫絲法錦囊其外。其小異者，錦之紅絲耳【七】。犀軸亦二等，藻繪雖同，而大小有別，三品通用也。絲囊如玳瑁，而錦縹又不同【八】，告身亦如之，而加以金縷，此人臣一品之極也。宮掖之嚴，帝姬之親，大略七等。鐫犀爲軸【九】，琱玉以爲龍，告身五綵絲囊，縹首純紅，而繪如琱玉者最高，以近君也。犀軸絲囊爲最高，而繪皆雲鳳者次之。玳軸者又次之。繪事如玳瑁，而告紙損其三者又次之【一〇】。自此而下，三等皆紫絲法錦，雖有差次，始寖卑矣。宰相親王贈封，視紫絲高者。執政贈封，視次者。其上四等，明有尊，不敢邇也。絲囊之制，以小鈴十繫之。按式名曰「紛鍇」，黃金、塗金、白金三等。外廷之繫，惟白金耳。侍從庶僚所封視其官，蕃官祠宇所封從其秩。合而陳之，二十有八等，品位愈高，則物采愈華。此游默齋所記本朝之制也，甚詳明。

【七】錦之紅絲　「紅絲」，諸本作「紅綠」。

【八】錦縹又不同　原作「縹錦」，諸本作「錦縹」。視上文有「錦縹其端」語，知原本蓋倒文，今乙正。

【九】鐫犀爲軸　視下句「琱玉以爲龍」，似「鐫犀」下或脫一「以」字。

【一〇】告紙損其三者　「損」，謝校本作「如」。

方士傳

范曄作東漢史，爲方士立傳，如左慈之事，妖怪特甚，君子所不道，而乃大書特書之【一一】，何其陋也。曹子建《辨道論》曰：「世有方士，吾王悉所招致。甘陵有甘始，廬江有左慈，陽城有郄儉，善辟穀，悉號數百歲。所以集之魏國者，誠恐此人挾姦宄以欺衆【一二】，行妖惡以惑民，豈復欲觀神仙於瀛洲，求安期於邊海，釋金輅而顧雲輿，棄文驥而求飛龍哉？」子建此論，其識過范曄遠矣。漢武帝刻意求仙，至以愛女妻方士，可謂顛倒之極。末年乃忽悔悟曰：「世豈有仙者？節食服藥，差可少病耳。」此論卻甚確。近時劉潛夫詩云：「但聞方士騰空去，不見童男入海回。無藥能令炎帝在【一三】，有人曾哭老聃來。」

三足記

盧景亮言：「足食足兵而人才足用，則天下不難理矣。」著論曰《三足記》。

不談風月

范旂叟爲廣西憲，會僚屬小酌，曰：「今日之集，非特不談風月，亦且不論文章，只說

【一一】大書特書之　「特」，原作「恃」，據諸本改。

【一二】誠恐此人挾姦宄以欺衆　《曹集銓評》卷九《辨道論》於「此人」下有「之徒」二字。

【一三】無藥能令炎帝在　「在」，陸鈔本作「壽」。

政疵民病。」衆皆唯唯。余從容曰：「若談夫子、孟軻之文章，以澆光風霽月之胸次，則民吾同胞，物吾同與也。癢痾疾痛，舉切吾身，施之有政，當有本末先後，而民病庶乎有瘳矣。」旂叟甚喜，不以爲忤。旂叟號西堂先生，開明練達，遇事如破竹。性剛介，有不可，必達其意而後止。在廣西歲餘，丐祠歸養親。發奏牘之日【一四】，即出臺治，寓僧舍，不請俸給錢。將漕湖南，總所專人來索錢，在庭咆哮無禮【一五】，命杖而黥之。既畢，上章自劾，乞歸田里，總所迄不敢害。朝廷爲頒召命，然竟卒於湖南。其將卒也，請僚屬入卧内，命吏取案牘來，處榻判結數事【一六】。既畢，又曰：「某縣有母訴其子者，此關繫風教，不可不施行。」命取來，又判訖。略言及身後事，與僚屬揖別，須臾已逝矣。其精爽不亂如此。有《對越集》百卷行于世，皆其歷任判斷之語也。近年門生故吏合辭請于朝，特謚清敏。余初任爲容南法掾，纔數月，偶留帥幕。旂叟忽袖中出職狀一紙畀余，余辭以未書一考，不當受。旂叟曰：「固也，子亦漫收之，若書一考，而某未以罪去，則可以放散。不然，亦聊見某具一隻眼耳。」又曰：「非特不必以詩文相惠，明日亦不必到客位。」因言近日來諛風可羞，長官招僚屬一杯。其初招也，則有所謂謝請。其既畢也，又有所謂謝會。一杯之酒，兩至客位【一七】，行之者不以爲恥，此何等風俗耶！小官不足責，推其原，皆由長官無見識，妄自尊大，遂成此風。此雖小事，然摧壞小官氣節，關繫卻大。」

【一四】發奏牘之日　「奏牘」，原作「奏櫝」，據諸本改。又，下文有誤作「案櫝」者，同改。

【一五】咆哮　原作「咆哱」，據諸本改。

【一六】處榻判結數事　「處」，諸本作「據」。

【一七】兩至客位　「客位」，原作「各位」，據諸本改。

蟹胥

《周禮》：「庖人共祭祀之好羞。」鄭康成注云：好羞，謂四時所謂膳食。若荆州之鮺魚，揚州之蟹胥。陸德明音釋云：蟹，醬也。山谷詩云：「蟹胥與竹萌，乃不美羊腔。」

用兵

或曰，用兵之法，殺人如殺草，使錢如使水。余曰，軍無賞，士不往；軍無財，士不來。使錢如使水可也，乃若殺人如殺草，則非至論。夫軍事固以嚴濟【一八】，然禮樂慈愛，戰所蓄也。所以不得已而誅不用命者，蓋一有逗撓亂行，則三軍暴骨矣。誅一人，所以全千萬人，豈以多殺爲能、以嗜殺爲貴哉？若如所言，則趙充國、王忠嗣、曹彬反不若白起輩矣。

【一八】軍事固以嚴濟　「軍事」，諸本作「軍士」。

文章有體

楊東山嘗謂余曰：「文章各有體，歐陽公所以爲一代文章冠冕者，固以其温純雅正，藹然爲仁人之言，粹然爲治世之音，然亦以其事事合體故也。如作詩，便幾及李、杜。作碑銘記序，便不減韓退之。作《五代史記》，便與司馬子長並駕。作四六，便一洗崑體，圓活有理致。作《詩本義》，便能發明毛、鄭之所未到。作奏議，便庶幾陸宣公。雖游戲作小詞【一九】，亦無愧唐人《花間集》。蓋得文章之全者也。其次莫如東坡，然其詩如武庫矛戟，已不無利鈍。且未嘗作史，藉令作史，其淵然之光，蒼然之色，亦未必能及歐公也。曾子固之古雅，蘇老泉之雄健，固亦文章之傑，然皆不能作詩。山谷詩騷妙天下，而散文頗覺瑣碎局促。渡江以來，汪、孫、洪、周，四六皆工，然皆不能作詩，其碑銘等文，亦只是詞科程文手段，終乏古意。近時真景元亦然，但長於作奏疏。魏華甫奏疏亦佳，至作碑記，雖雄麗典實，大概似一篇好策耳。」又云：「歐公文，非特事事合體，且是和平深厚【二〇】，得文章正氣。蓋讀他人好文章如喫飯【二一】，八珍雖美而易厭，至於飯，一日不可無，一生喫不厭。蓋八珍乃奇味，飯乃正味也。」

辛卯火

紹定辛卯臨安之火，比辛酉之火加五分之三，雖太廟亦不免，而史丞相府獨全。洪舜俞詩云【二二】：「殿前將軍猛如虎，救得汾陽令公府，祖宗神靈飛上天，可憐九廟成焦土。【二三】」時殿帥乃馮榯也，人言籍籍，迄不免責。

【一九】游戲作小詞　「游戲」，原作「淤戲」，據諸本改。

【二〇】和平深厚　「平」，原作「乎」，據諸本改。

【二一】讀他人好文章如喫飯　陸鈔本無「飯」字，下句「八珍」連上讀爲「如喫八珍」。似於義爲長。

【二二】洪舜俞詩云　「俞」，原作「愈」，據諸本改。

【二三】可憐九廟成焦土　「可憐」，宋韋居安《梅磵詩話》卷中引洪平齋《哭都城火》詩作「痛哉」。

蘄王夫人

韓蘄王之夫人，京口娼也。嘗五更入府，伺候賀朔。忽於廟柱下見一虎蹲卧，鼻息齁齁然，驚駭亟走出【二四】，不敢言。已而人至者衆，往復視之【二五】，乃一卒也。因蹴之起，問其姓名，爲韓世忠。心異之，密告其母，謂此卒定非凡人。乃邀至其家，具酒食，卜夜盡懽，深相結納，資以金帛，約爲夫婦。蘄王後立殊功，爲中興名將，遂封兩國夫人【二六】。蘄王嘗邀兀朮於黄天蕩，幾成擒矣。一夕，鑿河遁去。夫人奏疏言世忠失機縱敵，乞加罪責【二七】。舉朝爲之動色，其明智英偉如此。

少陵可殺

乾道間，林謙之爲司業，與正字彭仲舉遊天竺。小飲論詩，談到少陵妙處，仲舉微醉，忽大呼曰：「杜少陵可殺！」有俗子在鄰壁聞之，遍告人曰：「有一怪事，林司業與彭正字在天竺謀殺人。」或問所謀殺者爲誰，曰：「杜少陵也，不知是何處人。」聞者絶倒，喧傳縉紳間。余謂此言亦不足怪，若曹操之於楊德祖，隋煬之於薛道衡，蓋真殺之矣。

【二四】驚駭亟走出　「亟」，原作「烝」，據諸本改。

【二五】往復視之　「往復」，諸作「復往」。

【二六】兩國夫人　考《宋史》卷三六四《韓世忠傳》，梁氏所封爲「安國夫人」。

【二七】乞加罪責　「責」，原作「青」，據諸本改。

姜白石

姜堯章學詩于蕭千巖，琢句精工。有詩云：「夜暗歸雲繞柁牙，江涵星影鴈團沙【二八】。行人悵望蘇臺柳，曾與吳王掃落花。」楊誠齋喜誦之。嘗以詩《送江東集歸誠齋》云【二九】：「翰墨場中老斫輪，真能一筆掃千軍。年年花月無虛日【三〇】，處處江山怕見君【三一】。箭在的中非爾力，風行水上自成文。先生只可三千首，回視江東日暮雲。」誠齋大稱賞，謂其冢嗣伯子曰：「吾與汝弗如姜堯章也。」報之以詩云：「尤蕭范陸四詩翁，此後誰當第一功。新拜南湖爲上將，更差白石作先鋒。可憐公等皆癡絕，不見詞人到老窮？謝遣管城儂已晚，酒泉端欲乞疏封。【三二】」南湖謂張功父也，堯章自號白石道人。潘德久贈詩云：「世間官職似樗蒲，釆到枯松亦大夫。白石道人新拜號，斷無繳駁任稱呼。」時黄巖老亦號白石，亦學詩於千巖，詩亦工，時人號「雙白石」云。

玉山知舉

淳熙中，王季海爲相，奏起汪玉山爲大宗伯知貢舉，且以書速其來。玉山將就道，有一布衣之友，平生極相得，屢黜於禮部，心甚念之。乃以書約其胥會于富陽一蕭寺。與之對榻，夜分密語之曰：「某此行，或者典貢舉，當特相牢籠。省試程文《易義》冒子中，可

【二八】江涵星影鴈團沙　《白石道人詩集》卷下《姑蘇懷古》作「江涵星影鷺眠沙」。

【二九】送江東集歸誠齋云　同上書卷下題作「送朝天續集歸誠齋」。

【三〇】年年花月無虛日　「虛日」，同上書作「閑日」。

【三一】處處江山怕見君　「江山」，同上書作「山川」。

【三二】酒泉端欲乞疏封　「疏封」，楊萬里《退休集·寄張功父姜堯章進退格》作「移封」。

用三古字，以此爲驗。」其人感喜。玉山既知舉，搜《易》卷中，果有冒子内用三古字者，遂竟批上【三三】，置之前列。及拆號，乃非其友人也，私竊怪之。數日，友人來見，玉山怒責之曰：「此必足下輕名重利，售之他人，何相負乃如此！」友人指天誓日曰：「某以暴疾幾死，不能就試，何敢漏泄於他人？」玉山終不釋然。未幾，以古字得者來謁，玉山因問之曰：「老兄頭場冒子中用三古字，何也？」其人泯默久之，對曰：「兹事甚怪，先生既問，不敢不以實對。某之來就試也，假宿于富陽某寺中，與寺僧閒步廡下，見室中一棺，塵埃漫漶，僧曰：『此一官員女也，殯于此十年矣，杳無骨肉來問，又不敢自葬之。』因相與默然。是夕，夢一女子行廡下。謂某曰：『官人赴省試，妾有一語相告，此去頭場冒子中可用三古字，必登高科，但幸勿相忘，使妾朽骨，早得入土。』既覺，甚怪之。遂用前言，果叨前列，近已往寺中葬其女矣。」玉山驚嘆。此事馮北山可久爲余言【三四】，雖近於語怪，然亦不可不傳，足以祛人二蔽：一則功名富貴，信有定分。有則鬼神相之，無則雖典貢舉者欲相牢籠，至於場屋亦不能入，此豈人之智巧所能爲乎？一則人發一念，出一言，雖昏夜暗室，人所不知，而鬼神已知之矣。彼欲自欺於冥冥之中，而曰莫予云觀者，又惑之甚者也。

【三三】遂竟批上　「遂」，原作「逐」，據諸本改。

【三四】馮北山可久爲余言　「北山」，原作「此山」，據《稗海》本、陸鈔本改。

御史八字

隆興初，張真父自殿中侍御史除起居郎，孝宗玉音云：「張震知無不言，言皆當理。」令載之訓詞。大哉王言！真臺諫之金科玉條也。

老卒回易

張循王之兄保，嘗怨循王不相援引，循王曰：「今以錢十萬緡、卒五千付兄，要使錢與人流轉不息，兄能之乎？」保默然久之，曰：「不能。」循王曰：「宜弟之不敢輕相援引也。」王嘗春日遊後圃，見一老卒卧日中，王蹴之曰：「何慵眠如是！」卒起聲喏，對曰：「無事可做，只得慵眠。」王曰：「汝會做甚事？」對曰：「諸事薄曉，如回易之類，亦粗能之。」王曰：「汝能回易，吾以萬緡付汝，何如？」對曰：「不足爲也。」王曰：「付汝五萬。」對曰：「亦不足爲也。」王曰：「汝需幾何？」對曰：「不能百萬，亦五十萬乃可耳。」王壯之，予五十萬，恣其所爲。其人乃造巨艦，極其華麗。市美女能歌舞音樂者百餘人，廣收綾錦奇玩、珍羞佳果及黄白之器；募紫衣吏軒昂閑雅若書司、客將者十數輩，卒徒百人。樂飲逾月，忽飄然浮海去，逾歲而歸。珠犀香藥之外，且得駿馬，獲利幾十倍。時諸將皆缺馬，惟循王得此馬，軍容獨壯。大喜，問其何以致此，曰：「到海外諸國，稱大宋回易使，謁戎王，餽以綾錦奇玩。爲具招其貴近，珍羞畢陳，女樂迭奏。其君臣大悦，以名馬易美女，且爲治舟載馬，以珠犀香藥易綾錦等物，餽遺甚厚，是以獲利如此。」王咨嗟褒賞，賜予優渥。問能再往乎，對曰：「此戲幻也【三五】，再往則敗矣，願仍爲退卒老園中。」嗚呼！觀循王之兄與浮海之卒，其智愚相去奚翅三十里哉！彼卒者，頽然甘寢苔堦花影之下，而其胸中之智，圓轉恢奇迺如此。則等而上之，若伊、吕、管、葛者，世亦豈盡無也哉！特莫能識其人，無繇試其藴耳。以一弊衣老卒，循王慨然捐五十萬緡畀之，不問其出入，此其意度之恢弘，固亦足以使之從容展布以盡其能矣。勾踐以四封之内外付種、蠡，漢高皇捐黄金四十萬斤於陳平，由此其推也【三六】，蓋不知其人而輕任之，與知其人而不能專任，皆不足以有功。觀其一往之後，辭不復再，又幾於知進退存亡者，異哉！

罰卻倚子

百官殿門侍班幕次，臺諫皆設倚，餘官則各以交床自隨【三七】。周益公自殿院除起居郎，徐淳立戲曰：「罰卻倚子矣。」

諸侯藩鎮

春秋之時，天王之使交馳於列國，而列國之君如京師者絶少。夫子謹而書之，固以正

【三五】此戲幻也　諸本無「幻」字。

【三六】由此其推也　陸鈔本作「推其所由也」。

【三七】交床自隨　「交床」，原作「定床」，據諸本改。

列國之罪，而端本澄源之意，其致責於天王者尤深矣。唐之藩鎮，猶春秋之諸侯也。杜陵詩云，「諸侯春不貢，使者日相望」，蓋與《春秋》同一筆。

無官御史

太學古語云：「有髮頭陀寺，無官御史臺。」言其清苦而鯁亮也。嘉定間，余在太學，聞長上同舍言，乾淳間，齋舍質素，飲器止陶瓦，棟宇無設飾。近時諸齋，亭榭簾幙，競爲靡麗，每一會飲，黄白錯落，非頭陀寺比矣。國有大事，鯁論間發【三八】，言侍從之所不敢言，攻臺諫之所不敢攻，由昔迄今，偉節相望。近世以來，非無直言，或陽爲矯激，或陰有附麗，亦未能純然如古之真御史矣。余謂必甘清苦如老頭陀，乃能攄鯁亮如真御史。

邵蔡數學

濂溪、明道、伊川、横渠之講道盛矣，因數明理，復有一邵康節出焉。晦庵、南軒、東萊、象山講道盛矣，因數明理，復有一蔡西山出焉。昔孔、孟教人，言理不言數。然天地之間，有理必有數，二者未嘗相離。河圖、洛書，與「危微精一」之語並傳。邵、蔡二子，蓋將發諸子之所未言，而使理與數粲然於天地之間也，其功亦不細矣。近年以來，八君子之學，固人傳其訓，家有其書，而邵、蔡之學，則幾於無傳矣。

【三八】鯁論間發　「鯁論」，諸本作「讜論」。

松竹句

杜陵詩云：「新松恨不長千尺，惡竹應須斬萬竿。」言君子之孤難扶植【三九】，小人之多難驅除也。嗚呼！世道至於如此，亦可哀矣。

諸葛成何事

唐薛能詩云：「山屐經過滿徑蹤，隔溪遥見夕陽春。當時諸葛成何事，只合終身作卧龍。」王荆公晚年喜誦之。然能之論非也，孔明之出，雖不能掃清中原，吹火德之灰，然伸討賊之義，盡託孤之責，以教萬世之爲人臣者，安得謂之成何事哉！荆公誦此，蓋以自喻。然孔明開誠心，布公道，集謀慮，廣忠益，其存心無愧伊、吕，「出師未捷身先死」，此天也。荆公剛愎自任，新法煩苛，毒流四海，不忍君子之見排，甘引小人以求助，卒爲其所擠陷，此豈天也哉！自古隱士出山，第一箇是伊尹，第二箇是傅説，第三箇是太公，第四箇是嚴陵，第五箇是孔明，第六箇是李泌，皆爲世間做得些事。雖以四皓之出，或者猶議其安劉是滅劉，况如樊、英輩者乎！

【三九】君子之孤難扶植　「孤」，陸鈔本作「少」。

憂樂

吾輩學道，須是打疊教心下快活。古曰無悶，曰不愠，曰樂則生矣，曰樂莫大焉。夫子有曲肱飲水之樂，顔子有陋巷簞瓢之樂，曾點有浴沂詠歸之樂，曾參有履穿肘見、歌若金石之樂。周、程有愛蓮觀草、弄月吟風、望花隨柳之樂【四〇】。學道而至於樂，方是真有所得【四一】。大概於世間一切聲色嗜好洗得淨，一切榮辱得喪看得破，然後快活意思方自此生。或曰，君子有終身之憂；又曰，憂以天下；又曰，莫知我憂；又曰，先天下之憂而憂。此義又是如何？曰：聖賢憂樂二字，並行不悖。故魏鶴山詩云：「須知陋巷憂中樂，又識耕莘樂處憂。」古之詩人有識見者，如陶彭澤、杜少陵，亦皆有憂樂。如采菊東籬，揮杯勸影，樂矣，而有平陸成江之憂；步屧春風，泥飲田父，樂矣，而有眉攢萬國之憂。蓋惟賢者而後有真憂，亦惟賢者而後有真樂，樂不以憂而廢，憂亦不以樂而忘。

大字成犬

寶慶初，當國者欲攻去真西山、魏鶴山，朝士莫有任責【四二】，梁成大獨欣然願當之。遂除察院，擊搏無遺力。當時太學諸生曰，大字傍宜添一點，曰「梁成犬」。余謂犬之狺狺，不過吠非其主耳，是有功於主也。今夫不肖之臺諫，受權貴之指呼，納

【四〇】望花隨柳之樂　「望」，諸本作「傍」。

【四一】方是真有所得　「是」，諸本作「能」。

【四二】莫有任責　陸鈔本此下有一「者」字。

豪富之賄賂，内則翦天子之羽翼，外則奪百姓之父母，是有害於主也，吾意犬亦羞與爲伍矣。

校勘記

卷三

聖賢豪傑

朱文公云：「豪傑而不聖賢者有矣，未有聖賢而不豪傑者也。」陸象山深以其言爲確論。如周公兼夷狄，驅猛獸，滅國者五十，孔子卻萊人，墮三都，誅少正卯，是甚手段，非大豪傑乎！其次如諸葛孔明，議論見識，力量規模，亦真豪傑。惟房次律聲譽隆洽，一出便敗事，然至今儒者之論，皆稱其賢。如此，則是天下有不豪傑之聖賢矣。端平間，真西山參大政，未及有所建置而薨。魏鶴山督師，亦未及有設施而罷。臨安優人裝一儒生，手持一鶴，别一儒生與之邂逅。問其姓名，曰：「姓鍾名庸。」問所持何物，曰：「大鶴也。」因傾蓋歡然，呼酒對飲。其人大嚼洪吸，酒肉靡有孑遺，忽顛仆于地，群數人曳之不動。一人乃批其頰大駡曰：「説甚《中庸》、《大學》，喫了許多酒食，一動也動不得！」遂一笑而罷。或謂有使其爲此以姗侮君子者，京尹乃悉黥其人【一】。余謂優人之姗侮君子，誠可罪也。西山、鶴山之抱負，誠未可厚誣也。然吾儒於此，亦不可以不戒。劉平國嘗言：「若將真景元與余景瞻並用，必有可觀。」余嘗疑其説，西山負一世之望，豈必待余景瞻而

【一】悉黥其人　陸鈔本作「杖黜其人」。

後可以有爲乎？世傳洪舜俞在蜀，嘗謂崔菊坡曰：「先生豐於德而嗇於才，他日不宜獨當重任。」菊坡深然之，故晚年力辭宰輔。此説余尤疑之，若分才德爲兩事，則是天下果有不豪傑之聖賢矣。

婺州鷹巢

婺州州治，古木之上有鷹巢，一卒探取其子。郡守王夢龍方據案視事，鷹忽飛下，攫一卒之巾以去。已而知其非探巢之卒也，銜巾來還，乃徑攫探巢者之巾而去。太守推問其故，杖此卒而逐之。禽鳥之靈識如此。其攫探巢者之巾，固已異矣。於誤攫他卒之巾，復銜來還，尤爲奇異。世之人舉動差謬，文過遂非，不肯認錯者多矣，夫子所謂可以人而不如鳥乎？

茶瓶湯候

余同年李南金云：「《茶經》以魚目、湧泉、連珠爲煮水之節。然近世瀹茶，鮮以鼎鑊，用瓶煮水，難以候視，則當以聲辨一沸二沸三沸之節。又陸氏之法，以未就茶鑊，故以第二沸爲合量而下，未若以今湯就茶甌瀹之，則當用背二涉三之際爲合量。乃爲聲辨之詩云：『砌蟲唧唧萬蟬催，忽有千車稇載來。聽得松風并澗水，急呼縹色緑瓷杯。』」其論固已精矣。然瀹茶之法，湯欲嫩而不欲老，蓋湯嫩則茶味甘，老則過苦矣。若聲如松風澗水而遽瀹之，豈不過於老而苦哉！惟移瓶去火，少待其沸止而瀹之，然後湯適中而茶味甘。此南金之所未講者也。因補以一詩云：「松風檜雨到來初，急引銅瓶離竹爐。待得聲聞俱寂後，一甌春雪勝醍醐。」

吾無隱乎爾

黄龍寺晦堂老子嘗問山谷以「吾無隱乎爾」之義，山谷詮釋再三，晦堂終不然其説。時暑退涼生，秋香滿院。晦堂因問曰：「聞木犀香乎？」山谷曰：「聞。」晦堂曰：「吾無隱乎爾。」山谷乃服。晦堂此等處，誠實脱灑，亦只是曾點見解，卻無顔子工夫，此儒佛所以不同。

蝗

蝗纔飛下即交合，數日，産子如麥門冬之狀，日以長大。又數日，其中出如小黑蟻者八十一枚，即鑽入地中。詩註謂螽斯一産八十一子者，即蝗之類也。其子入地，至來年禾秀時乃出，旋生翅羽。若臘雪凝凍，則入地愈深，或不能出。俗傳雪深一尺，則蝗入地一丈。東坡雪詩云「遺蝗入地應千尺」是也。蝗災每見於大兵之後，或云乃戰死之士冤魂所化。雖未必然，但余囊在湖北，見捕蝗者雖群呼聚喊【二】，蝗不爲動。至鳴擊金鼓，則聳然而聽，若成行列。則謂爲殺傷沴氣之所化，理或然也。

曹操冢

漳河上有七十二冢，相傳云曹操疑冢也。北人歲增封之。范石湖奉使過之，有詩云：「一棺何用冢如林，誰復如公負此心。歲歲蕃酋爲封土，世間隨事有知音。」四句是兩箇好議論，意足而理明，絶句之妙也。

半兩錢

今世有一樣古錢，其文曰半兩，無輪郭，醫方中用以爲藥。考之《史記》，乃漢文帝時錢也。當時吴濞、鄧通皆得自鑄錢，獨多流傳，至今不絶。其輕重適中，與今錢略相似。視五銖貨泉，又先一二百年矣。五銖貨錢，比今錢卻稍輕。

觀山水

趙季仁謂余曰：「某平生有三願：一願識盡世間好人，二願讀盡世間好書，三願看盡世間好山水。」余曰：「盡則安能，但身到處莫放過耳。」季仁因言朱文公每經行處，聞

【二】喊　原作「嗽」，據寬文本改。

有佳山水，雖迂途數十里，必往遊焉。攜樽酒，一古銀杯，大幾容半升，時引一杯。登覽竟日，未嘗厭倦。又嘗欲以木作華夷圖，刻山水凹凸之勢，合木八片爲之，以雌雄筍相入，可以折，度一人之力，足以負之，每出則以自隨。後竟未能成。余因言夫子亦嗜山水，如「知者樂水，仁者樂山」，固自可見。如「子在川上」，與夫「登東山而小魯，登泰山而小天下」，尤可見。大抵登山臨水，足以觸發道機，開豁心志，爲益不少。季仁曰：「觀山水亦如讀書，隨其見趣之高下。」

占雨

范石湖詩云：「朝霞不出門，暮霞行千里。今晨日未出，曉氛散如綺。心疑雨再作，眼轉雲四起。我豈知天道，吴儂諺云爾。古來占滂沱，説者類恢詭。飛雲走群羊，停雲浴三豨。月當天畢宿，風自少女起。爛石燒成香，汗礎潤如洗。逐婦鳩能拙，穴居狸有智。蜉蝣强知時，蜥蜴與聞計。垤鳴東山鸛，堂審南柯蟻。或加陰石鞭，或議陽門閉，或云逢庚變，或自换甲始。刑鵝與象龍，聚訟非一理。不如老農諺，影響捷於鬼。哦詩敢誇博，聊用醒午睡。」此詩援引占雨事，甚詳可喜。諺有云：「日出早，雨淋腦；日出晏，曬殺雁。」又云：「月如懸弓，少雨多風；月如仰瓦，不求自下。」二説尚遺，何也？余欲增補二句云：「日占出海時，月驗仰瓦體。」

建炎登極

靖康之亂，元祐皇后手詔曰：「漢家之厄十世【三】，宜光武之中興；獻公之子九人，唯重耳之獨在。【四】」事詞的切，讀之感動，蓋中興之一助也。建炎登極之詔曰：「亹亹萬機，難以一日而曠位；皇皇四海，詎可三月而無君。」又曰：「聖人何以加孝，朕每懷問寢之思；天子必有所尊【五】，朕欲救在原之急。嗟我文武之列，若時忠義之家【六】。不食而哭秦庭，士當勇於報國；左袒而爲劉氏，人咸樂於愛君。期一德而一心，佇立功而立事。同徯兩宮之復，終圖萬世之安。」其詞明白，亦占地步。昔唐明皇幸蜀，肅宗即位靈武。元次山作頌，謂自古有盛德大業，必見于歌頌。若今歌頌大業，非老於文學，其誰宜爲？去盛德而止言大業，固以肅宗即位爲非矣。伊川謂非禄山叛，乃肅宗叛也。山谷云：「撫軍監國太子事，胡乃趣取大物爲。」此皆至論。今二聖蒙塵遠狩無還期，高宗不得已而即位，今又出於元祐皇后之命，與唐肅宗天淵不同，似亦可以無說。然胡致堂萬言書首論此事，謂：「建炎以來，有舉措大失人心之事，今欲收復人心而圖存，則既往之失，不可不追，不可不改。一昨陛下以親王介弟，受淵聖皇帝之命，出帥河北【七】。二帝既遷，則當糾合義師，北向迎請。而遽膺翊戴，亟居尊位。遥上徽號，建立太子。不復歸覲宫闕，展省陵寢。斬戮直臣，以杜言路。南巡淮海，偷安歲月。此舉措失人心之最大者

【三】漢家之厄十世　「世」，原作「也」，據諸本改。

【四】唯重耳之獨在　陸鈔本作「尚在」。按，宋李心傳《建炎以來繫年要録》卷四引元祐手詔亦作「尚在」。

【五】天子必有所尊　《永樂大典》輯本宋李攸《宋朝事實》卷二引登極赦作「天子必有所先」，似作「先」義長。

【六】若時忠義之家　《宋朝事實》作「同時忠義之家」。

【七】出帥河北　《繫年要録》卷二七及《宋史》卷四三引胡寅上書均作「出師河北」。

也。今須一反前失，亟下詔曰：『繼紹大統，出於臣庶之謟而不悟其非；巡狩東南，出於僥倖之心而不虞其禍。今義不戴天，志思雪恥。父兄旅泊，陵廟荒殘，罪乃在予，無所逃責。』以此號召四海，聳動人心，不敢愛身，決意講武。然後選將訓兵，戎衣臨軍【八】。天下忠義之士，必雲合而影從。凡所欲爲，孰不如志？」致堂此論，明白正大，惜其説之不行也。然唐肅宗即位，何嘗有一人敢言其非？今致堂能言之，而高宗能受之，已爲盛德事矣。中興以來，致堂、澹庵二書，關繫最大。

江西詩文

江西自歐陽子以古文起於廬陵，遂爲一代冠冕。後來者，莫能與之抗。其次莫如曾子固、王介甫，皆出歐門，亦皆江西人。老蘇所謂執事之文，非孟子之文，而歐陽子之文也。朱文公謂江西文章如歐永叔、王介甫、曾子固，做得如此好，亦知其皜皜不可尚已。至於詩，則山谷倡之，自爲一家，並不蹈古人町畦。象山云：「豫章之詩，包含欲無外，搜抉欲無祕，體製通古今，思致極幽眇，貫穿馳騁，工夫精到，雖未極古之源委，而其植立不凡，斯亦宇宙之奇詭也。開闢以來，能自表見於世若此者，如優鉢曇華，時一現耳。【九】」楊東山嘗謂余云：「丈夫自有衝天志，莫向如來行處行。」豈惟制行，作文亦然。如歐公之文，山谷之詩，皆所謂「不向如來行處行」者也。

【八】戎衣臨軍　《繫年要録》及《宋史》皆作「戎衣臨陣」。

【九】優鉢曇華時一現耳　「優鉢曇華」，當爲梵語「優曇鉢華」之誤。此語出《長阿含經》四《遊行經》：「如來時時出世，如優曇鉢華時一現耳。」

以俗爲雅

楊誠齋云：「詩固有以俗爲雅，然亦須經前輩鎔化，乃可因承。如李之『耐可』、杜之『遮莫』、唐人『裏許』、『若箇』之類是也。唐人寒食詩，不敢用『餳』字，重九詩，不敢用『糕』字，半山老人不敢作梅花詩【一〇】，彼固未敢輕引里母田父而坐之平王之子、衛侯之妻之側也。」余觀杜陵詩，亦有全篇用常俗語者，然不害其爲超妙。如云：「一夜水高二尺强，數日不可更禁當。南市津頭有船賣，無錢即買繫籬傍。」又云：「江上被花惱不徹，無處告訴只顛狂。走覓南鄰愛酒伴，經旬出飲獨空床。」又云：「夜來醉歸衝虎過【一一】，昏黑家中已眠卧【一二】。傍見北斗向江低，仰看明星當空大。庭前把燭嗔兩炬，峽口驚猿聞一箇。白頭老罷舞復歌，杖藜不寐誰能那？」是也。楊誠齋多效此體，亦自痛快可喜。

浸假

禪家有觀白骨法，謂靜坐澄慮，存想自身血肉腐壞，唯存白骨，與吾相離，自一尺以至尋丈，要見形神，元不相屬，則自然超脱矣。余觀《莊子》：子輿有疾，子祀往問之。曲僂發背【一三】，頤隱於齊，肩高於頂，句贅指天，陰陽之氣有沴，其心閒而無事，跰𨇤而鑑於井。曰：「嗟乎！夫造物者，將以予爲此拘拘也。」子祀曰：「汝惡之乎？」曰：「亡。予

【一〇】梅花詩　「梅」，原作「鄭」，據《稗海》本改。

【一一】夜來醉歸衝虎過　《九家集注杜詩》卷一三作「夜半歸來衝虎過」。

【一二】昏黑家中已眠卧　《九家集注杜詩》作「山黑家中已眠卧」。

【一三】曲僂發背　「僂」，原作「傴」，據諸本及《莊子集釋》改。

何惡？浸假而化予之左臂以爲雞，予因以求時夜。浸假而化予之右臂以爲彈，予因以求鴞炙。浸假而化予之尻以爲輪，以神爲馬，予因而乘之，豈更駕哉！」浸，漸也。假，借也。蓋積漸假借，化此身爲異物，則神與形離，超然無所往而不可矣，又何疾又何病於拘拘哉！視白骨之法蓋本於此。佛法出於老莊，於此尤信。

伊尹墓

伊尹墓在空桑北一里，相傳墓傍生棘，皆直如矢。范石湖使北過之，有詩云：「三尺黄壚直棘邊，此心終古享皇天。汲書猥述流傳妄，剖擊嗟無咎單篇。」蓋《汲冢書》妄載伊尹謀篡，爲太甲所殺也，事見杜元凱《左氏傳後敘》。

樂天對酒詩

古詩多矣，夫子獨取《三百篇》，存勸戒也。吾輩所作詩，亦須有勸戒之意，庶幾不爲徒作。彼有繪畫琱刻無益勸戒者，固爲枉費精力矣。乃若吟賞物華，流連光景，過於求適，幾於誨淫教偷，則又不可之甚者矣。白樂天對酒詩曰：「蝸牛角上爭何事？石火光中寄此身。隨富隨貧且懽喜，不開口笑是癡人。」又曰：「百歲無多時壯健，一春能幾日晴明？相逢且莫推辭醉，聽唱陽關第四聲。」又曰：「昨日低眉問疾來，今朝收淚吊人回。眼前見例君看取，且遣琵琶送一杯。」自詩家言之，可謂流麗曠達，詞旨俱美矣。然讀之者將必起其頹墮廢放之意，而汲汲於取快樂，惜流光，則人之職分與夫古之所謂三不朽者，將何時而可爲哉！且如《唐風·蟋蟀》之詩，蓋勸晉僖公以自虞樂也，然纔曰「今我不樂，日月其除」，即曰「無已太康，職思其居」，吕成公釋之曰：「凡人之情，解其拘者或失於縱，廣其儉者或流於奢；故疾未已，而新疾復生者多矣。」信矣！《唐風》之憂深思遠也。樂天之見，豈及是乎？本朝士大夫多慕樂天，東坡尤甚。近時葉石林謂：「樂天與楊虞卿爲姻家，而不累於虞卿；與元稹、牛僧孺相厚善，而不黨於元稹、僧孺；爲裴晉公之所愛重，而不因晉公以進；李文饒素不相樂，而不爲文饒所深害。推其所由，惟不汲汲於進而志在於退，是以能安於去就愛憎之際，每裕然而有餘也。」此論固已得之，然樂天非是不愛富貴者，特畏禍之心甚於愛富貴耳。其詩中於官職聲色事，極其形容，殊不能掩其戀嫪之意。其平生所善者元稹、劉禹錫輩，亦皆逐逐聲利之徒，至一聞李文饒之敗，便作詩暢快之，豈非冤親未忘，心有偏黨乎？慕樂天者，愛而知其疵，可也。

拙句

作詩必以巧進，以拙成。故作字惟拙筆最難，作詩惟拙句最難。至於拙，則渾然天全，工巧不足言矣。古人拙句，曾經拈出，如「池塘生春草」、「楓落吴江冷」、「澄江静如練」，「空梁落燕泥」，「清暉能娱人，遊子澹忘歸」，「大江流日夜，客心悲未央」，「明月入高樓【一四】，流光正徘徊」，「採菊東籬下，悠然見南山」，如此等類，固已多矣。以杜陵言之，如「兩邊山木合，終日子規啼」，「野人時獨往，雲木曉相參」，「喜無多屋宇，幸不礙雲山」，「在家長早起，憂國願年豐」，「若無青嶂月，愁殺白頭人」，「百年渾得醉，一月不梳頭」，「一徑野花落，孤村春水生」，此五言之拙者也。「春水船如天上坐，老年花似霧中看」，「遷轉五州防禦使，起居八座太夫人」，「竹葉於人既無分，菊花從此不須開」，「莫思身外無窮事，且盡生前有限杯」，「雷聲忽送千峰雨，花氣渾如百和香」，「秋水纔添四五尺，野航恰受兩三人」，「酒債尋常行處有，人生七十古來稀」，此七言之拙者也。他難殫舉，可以類推。杜陵云，「用拙存吾道」，夫拙之所在，道之所存也，詩文獨外是乎？

容齋奉使【一五】

紹興辛巳，亮既授首，葛王篡位，使來修好，洪景盧往報之。入境，與其接伴約用敵國禮，伴許諾。故沿路表章，皆用在京舊式。未幾，乃盡卻回，使依近例易之【一六】。景盧不可。於是扃驛門，絶供饋，使人不得食者一日。又令館伴者來言，頃嘗從忠宣公學，陽吐情實，令勿固執，恐無好事，須通一線路乃佳。景盧等懼留，不得已易表章授之，供饋乃如禮。景盧素有風疾，頭常微掉，時人爲之語曰：「一日之饑禁不得，蘇武當時十九秋。傳

【一四】明月入高樓　「入」，《曹集銓評》卷五《七哀》作「照」。

【一五】容齋奉使　是條亦見宋龐元英《談藪》。

【一六】使依近例易之　「近例」，原作「人例」，據諸本及《談藪》改。

與天朝洪奉使【一七】，好掉頭時不掉頭。」

九爲究

數窮於九，九者，究也。至十，則又爲一矣。此蔡西山之説。

靜坐

伊川每見學者能靜坐，便嘆其善學。余謂靜坐亦未可盡信，固有外若靜而中未免膠擾者，正所謂坐馳也。嘗聞南嶽昔有住山僧，每夜必秉燭造㡌林【一八】，衆生打坐者數百人【一九】，或拈竹篦痛箠之，或袖中出餅果置其前，蓋有以窺其中之靜不靜，而爲是懲勸也。彼異端也，尚能洞察其徒心術之隱微【二〇】，而提撕警策之，吾儒職教者有愧矣。

落梅詩

近時胡仲方《落梅》詩云：「自孤花底三更月，卻怨樓頭一笛風。」亦有思致。自古才德之士，方其少也，不使得以展布，及其飄零衰老，乃拳拳歎息之，亦已晚矣。燭之武曰：「臣之少也，尚不如人，今老矣，無能爲也。」亦寓此意。唐人詩曰：「朝廷欲論封禪事，須及相如未病時。」杜陵《病柟》詩意亦如此。陳後山挽司馬公曰：「政雖隨日化，身已要人

【一七】洪奉使　原作「供奉使」，據諸本改。

【一八】必秉燭造㡌林　「㡌」，諸本作「檀」。

【一九】衆生打坐者數百人　「衆生」，陸鈔本作「衆僧」，似是。

【二〇】洞察其徒心術之隱微　「洞察」，陸鈔本作「洞鑒」。

扶」，益可悲矣。

受禪赦文

孝宗受禪赦文云：「凡今者發政施仁之日【二一】，皆得之問安視膳之餘。【二二】」天下誦之，洪景嚴筆也。

文繁簡有當

洪容齋曰：文貴於達而已，繁與簡各有當也。《禮記·檀弓》：「石駘仲卒，有庶子六人【二三】，卜所以爲後者，曰：『沐浴佩玉則兆。』五人者皆沐浴佩玉。石祁子曰：『孰有執親之喪，而沐浴佩玉者乎？』不沐浴佩玉。石祁子兆，衛人以龜爲有知也。」蓋連用四「沐浴佩玉」字，使今之爲文者，必曰：「沐浴佩玉則兆，五人者如之，石祁子獨不可。曰：『孰有執親之喪而若此者乎？』」似亦足以當其事，省其詞，然古意衰矣。又云：《史記·衛青傳》：「校尉李朔，校尉趙不虞，校尉公孫戎奴，各三從大將軍【二四】，以千三百户封朔爲涉軹侯，以千三百户封不虞爲隨成侯，以千三百户封戎奴爲從平侯。」至班固作《漢書》乃省其詞曰：「校尉李朔、趙不虞、公孫戎奴，各三從大將軍，封朔爲涉軹侯，不虞爲隨成侯，戎奴爲從平侯。」比《史記》五十八字中，省二十三字，然終不若《史記》樸贍可

【二一】凡今者發政施仁之日　「日」，《繫年要録》卷二〇〇引大赦制文作「目」。

【二二】皆得之問安視膳之餘　「視」，同上書作「侍」。

【二三】有庶子六人　《禮記·檀弓》下於此上有「無適子」三字。

【二四】大將軍　《史記》卷一一一《衛將軍驃騎列傳》此下有「獲王」二字。下引《漢書·衛青傳》於「大將軍」下亦有「獲王」二字。

喜。余謂詩亦有如此者，古《採蓮曲》云：「魚戲荷葉東，魚戲荷葉西。」杜子美《杜鵑行》：「西川有杜鵑，東川無杜鵑，涪南無杜鵑，雲安有杜鵑。」若以省文之法論之，似可裁減，然只如此説，亦爲樸贍有古意。

古人無忌諱

謚者，死後易名者也。而《左傳》衛侯賜北宮喜謚曰「貞子」，賜析朱鉏謚曰「成子」，蓋生前預賜之也，曾不以爲不祥。今人不達，畏死畏禍，百種忌諱。古人皆不然，只看《檀弓》季武子成寢，杜氏之葬在西階之下，許之合葬，又許之哭。伯高死於衛，孔子以爲由，「賜也，見我」，遂哭諸賜氏，命子貢爲之主，來者拜之。子夏喪明，曾子曰，「朋友喪明則哭」。遂往哭，子夏亦哭。曾子與客立於門側，其徒趨而出曰：「吾父死，將出哭於巷。」曾子曰：「反哭於爾次。」因北面而弔焉。季武子寢疾，蟜固不説齊衰而入見曰【二五】：「士唯公門説齊衰。」武子曰：「善哉！」蓋未始如今人之多忌諱也。

玉牒

玉牒脩書，始於大中祥符，至於政、宣而極備。考定世次枝分派别而歸於本統者，爲仙源積慶圖【二六】。推其所自出、至於子孫而列其名位者，爲宗藩慶系録。具其官爵、功

【二五】齊衰而入見曰　「入見」下原衍一「而」字，據諸本删。

【二六】仙源積慶圖　「慶」，原作「德」，據諸本及《宋史》改。

罪、生死及若男若女者，爲類紀。同姓之親而序其五服之戚疏者，爲屬籍。編年以紀帝系，而載其曆數及朝廷政令之因革者，爲玉牒。

奉使見留

蘇武在匈奴十九年，魏于什門在燕二十一年，近時洪忠宣在金亦幾二十年。

四蟲

冰蠶不知寒，火鼠不知熱，蓼蟲不知苦，蝍蛆不知臭。

諸賢氣象

濂溪、明道似顔子，伊川、横渠似孟子，南軒似顔子，晦庵似孟子。

心思

《書》曰：「思曰睿」，「睿作聖」。《揚子》曰：「神心惚恍，經緯萬方。」《孔叢子》曰：「心之精神是謂聖。」《管子》曰：「思之思之，又重思之，思之而不通，鬼神將通之，非鬼神之力也，精誠之極也。」邵子曰：「天向一中分造化，人從心上起經綸。」或曰：《易》

言「何思何慮」，何也？曰：始於思，終於無思，非不思也，不待思也。此不識不知而順帝則，從心所欲而不踰矩，庖丁之解牛，輪扁之斲輪，痀僂之承蜩，豈更待於思乎？

謝肉牒

周益公家藏歐陽公家書一幅，紙斜封，乃冷壽光牒。其詞云：「具位某。豬肉一斤，右伏蒙頒賜，領外無任感激，謹具牒謝。謹牒。年月日。具位某牒。」蓋改牒爲狀，自元豐始，日趨於諛矣。且前輩交際，其饋止於如此，未嘗過於豐侈也。

卷四

蔡攸辭酒

蔡攸嘗賜飲禁中，徽宗頻以巨觥宣勸之。攸懇辭不任杯杓，將至顛踣。上曰：「就令灌死，亦不至失一司馬光也。」由是言之，則上之尊光而薄攸至矣。然光已死，不免削奪，而攸迄被眷寵，是可歎也。

酒有和勁

唐子西在惠州，名酒之和者曰「養生主」，勁者曰「齊物論」。楊誠齋退休，名酒之和者曰「金盤露」，勁者曰「椒花雨」，嘗曰：「余愛椒花雨，甚於金盤露」，心蓋有爲也【一】。余嘗謂，與其一於和勁，孰若和勁兩忘【二】。頃在太學時，同舍以思堂春合潤州北府兵廚【三】，以慶遠堂合嚴州瀟洒泉，飲之甚佳。余曰：不剛不柔，可以觀德矣；非寬非猛，可以觀政矣。厥後官於容南，太守王元邃以白酒之和者，紅酒之勁者，手自劑量，合而爲一，殺以白灰一刀圭【四】，風韻頓奇。索余作詩，余爲長句云：「小槽真珠太森嚴，兵廚玉

校勘記

【一】心蓋有爲也　「心」，諸本作「意」。

【二】和勁兩忘　「忘」，原作「心」，據諸本改。

【三】潤州北府兵廚　「兵廚」，原作「兵尉」，據諸本改。

【四】殺以白灰一刀圭　「刀圭」，原作「圭刀」，據諸本改。

友專甘醇【五】。兩家風味欠商略，偏剛偏柔俱可憐。使君袖有轉物手，鸕鶿杓中平等分。更憑石髓媒妁之，混融併作一家春。季良不用笑伯高，張竦何必譏陳遵。時中便是尼父聖，孤竹柳下成一人。平雖有智難獨任，勃也未可嫌少文。黄龍丙魏要兼用，姚宋相濟成開元。試將此酒反觀我，胸中問學當日新。更將此酒達觀國，宇宙皆可歸經綸。書生觸處便饒舌，以一貫萬如斫輪。使君聞此卻絶倒，罰以太白眠金尊。」

物産不常

《書》曰：「若作和羹，爾惟鹽梅。」《詩》曰：「終南何有？有條有梅。」毛氏曰：梅，枏也【六】，陸璣曰：似杏而實酸【七】。蓋但取其實與材而已，未嘗及其花也。至六朝時，乃略有詠之者，及唐而吟詠滋多，至本朝，則詩與歌詞連篇累牘，推爲群芳之首，至恨《離騷》集衆香草而不應遺梅。余觀《三百五篇》，如桃李芍藥棠棣蘭之類，無不歌詠，如梅之清香玉色【八】，敻出桃李之上，豈獨取其材與實而遺其花哉！或者古之梅花，其色香之奇，未必如後世，亦未可知也。蓋天地之氣，騰降變易，不常其所，而物亦隨之。故或昔有而今無，或昔無而今有，或昔庸凡而今瑰異，或昔瑰異而今庸凡，要皆難以一定言。且如古人之祭，焫蕭酌鬱鬯，取其香也。而今之蕭與鬱金，何嘗有香？蓋《離騷》已指蕭艾爲惡草矣。又如牡丹，自唐以前未有聞，至武后時，樵夫採

【五】兵廚玉友專甘醇　「兵」，原作「丘」，據諸本改。

【六】枏　原誤作「柵」，據諸本改。

【七】似杏而實酸　「酸」，陸璣《毛詩草木鳥獸蟲魚疏》作「酢」，似是。

【八】梅之清香玉色　「色」，原作「也」，據諸本改。

山乃得之【九】。國色天香，高掩群花。於是舒元輿爲之賦，李太白爲之詩，固已奇矣。至本朝，紫黄丹白，標目尤盛。至於近時，則翻騰百種，愈出愈奇。又如荔支，明皇時所謂「一騎紅塵妃子笑」者，謂瀘戎産也，故杜子美有「憶向瀘戎摘荔枝」之句【一〇】。是時閩品絶未有聞，至今則閩品奇妙香味皆可僕視瀘戎。蔡君謨作譜，爲品已多，而自後奇名異品，又有出於君謨所譜之外者。他如木犀、山礬、素馨、茉莉，其香之清婉，皆不出蘭芷下，而自唐以前，墨客槧人【一一】，曾未有一語及之者，何也？游成之曰：「一氣埏埴，孰測端倪，烏知古所無者，今不新出，而昔常見者，後不變滅哉！人生須臾，即以耳目之常者，拘議造物，亦已陋矣。」余聞秦中不産竹，昔年山崩，其下乃皆鉅竹頭。由是言之，古固産竹矣。晉葛洪欲問丹砂，求爲勾漏令。勾漏縣隷容州，余嘗爲法曹，親至其地，求所謂丹砂者，顆粒不可得。豈非昔有而今無哉！蓋非特物然也，巴邛、閩嶠夙號荒陋，而漢、唐以來漸産人才，至本朝益盛。古稱山西出將，山東出相。又曰汝潁多奇士，燕趙多佳人，其説拘矣。

以德報怨

或曰：「以德報怨何如？」子曰：「何以報德？以直報怨，以德報德。」佛經載，釋迦佛在山中修行，歌利王入山獵獸，問佛獸何在，佛不忍傷生，不應。歌利王怒，截落佛左

【九】樵夫探山乃得之　「探」，諸本作「採」。

【一〇】憶向瀘戎摘荔枝　「憶向」，《九家集注杜詩》卷三〇《解悶》之九作「憶過」。

【一一】墨客槧人　陸鈔本作「墨客騷人」。

手，又問，不應，又截落右手。佛是時即發願曰：「我若成佛，先度此人，無令枉害衆生。」其後成佛，即先度之。十大弟子中，陳憍如尊者是也。余謂釋迦佛好一箇闊大肚腸，好一箇慈愍心性，人能將此段公案降伏其心，則省得冤冤相報，沙界衆生悉成佛矣，何至干戈斧鉞如林而起哉！然以儒教論之，是乃以德報怨，非以直報怨也。夫以德報怨，可論慈悲廣大【一二】，孤高卓絶，過人萬萬矣。然夫子不取者，謂其不可通行於世也。吾儒之道，必欲其可通行。故曰中庸，又曰近人情。

中興講和

紹興辛巳，金主亮南侵，高宗下詔親征。其詞云：「惟天惟祖宗，既共扶於基運【一三】；有民有社稷，敢自逸於燕安！」又云：「歲星臨於吴分，定成淝水之勳【一四】；鬪士倍於晉師，可決韓原之勝。」洪容齋筆也。車駕次平江，亮授首，遂班師。次年壬午内禪，孝宗即位。鋭意規恢，起張魏公督師。南軒以内機入奏，引見德壽宫，時盧仲賢使金，高宗問曾見仲賢否。對曰：「臣已見之。」又問卿父謂如何，莫便議和否。對曰：「臣嘗謂金人必衰敗，國家必隆興。」上曰：「何如？」對曰：「太上皇帝仁孝之德，上格于天，又傳位聖子，雖古唐、虞無以過，而金人不道，簒奪相仍，無復君臣父子，不知天心祐國家乎？祐金人乎？臣有以知其然也。」上曰：「極是，今日金人誠衰乎？」對曰：「自亮送

【一二】可論慈悲廣大　「論」，似爲「謂」之誤。

【一三】既共扶於基運　「扶」，諸本作「昌」。

【一四】定成淝水之勳　「定」，《繫年要録》卷一九三冬十月庚子詔作「冀」。

死之後，士馬物故甚衆，諸國背叛，人心怨離，金誠衰矣。」上曰：「自亮死，非特金人衰弱，吾國亦未免力弱。但仲賢等既回，何以應之？」對曰：「臣父職在邊隅，戰守是謹，此事看廟堂如何議，但願審處而徐應之，無貽後悔。」上曰：「只是説與卿父，今日國家須更量度民力國力，早收拾取。聞契丹與金相攻，若契丹事成，他日自可收卞莊子刺虎之功。若金未有亂，且務恤民治軍，待時而動可也。」高宗懲於變故，意不欲戰，且聞金人議欲尊我爲兄，故頗喜之。孝宗初年，規恢之志甚鋭，而卒不得逞者，非特當時謀臣猛將凋喪略盡，財屈兵弱未可展布，亦以德壽聖志主於安靜，不思違也【一五】。厥後蓄積稍羨，又嘗有意用兵，祭酒芮國器奏曰：「陛下只是被數文腥錢使作【一六】，何不試打算了得幾番犒賞。」上曰：「朕未知計也，待打算報卿。」後打算只了得十三番犒賞，於是用兵之意又寢。乃知南北分合【一七】，自有定數，雖英明之主，不能强也。

志士死飢寒

元次山避水于高原，餱糧不繼，遂餓而死【一八】。陳后山爲館職，當侍祠郊丘，非重裘不能禦寒，后山止有其一。其内子與趙挺之之内，親姊妹也【一九】。乃爲趙假一裘以衣之。后山問所從來，内以實告。后山曰：「汝豈不知我不著他衣裳耶！」卻去之，止衣一裘，竟感寒疾而死。嗚呼！二子可謂「志士不忘在溝壑」者矣。充二子之才識德望，曳

【一五】不思違也　「思」，諸本作「忍」。

【一六】被數文腥錢使作　「使」，原作「子」，據諸本改。

【一七】南北分合　「北」，原作「壯」，據諸本改。

【一八】遂餓而死　考《新唐書》卷一四三《元結傳》，元結係大曆七年病死於長安，非飢餓而死。

【一九】姊妹　原作「娣妹」，據諸本改。

絲乘車，食養賢之鼎，其誰曰不宜？然志節清亮【二〇】，寧甘於餓死凍死，而不肯少枉其道，少失其身，此所以皜皜乎不可尚也。陸龜蒙《杞菊賦》曰：「我豈不知屠沽兒有酒食耶？」亦略有二子風味。揚子雲曰：「古者高餓顯，下禄隱。」楊誠齋曰：「李杜飢寒能幾日，卻教富貴不論年。」

釋儒罪人

《楞嚴經》曰：「將此深心奉塵刹，是則名爲報佛恩。」由是言之，今之釋子，大半是釋迦佛之罪人【二一】。《文中子》曰：「通也，受夫子罔極之恩。」《孟子》曰：「不失其身而能事其親者，吾聞之矣。失其身而能事其親者，吾未之聞也。」由是言之，今儒者，大半是吾夫子之罪人。

氣之先見

歲將饑【二二】，小民餐必倍多，俗諺謂之作荒【二三】。此天地之氣先餒也【二四】。開禧兵興之先，江西草木秋冬生花，有山礬而生梔子花，桃樹而生李實者，村落鐵釜生金花或神佛像，此天地之氣先亂也。馮此山爲余言，謂其家尊厚齋之説。

【二〇】志節清亮　「清亮」，諸本作「清高」。

【二一】楞嚴經至釋迦佛之罪人　按，以上三十五字諸本無，故諸本此條題作「儒門罪人」。

【二二】歲將饑　「饑」，原作「餓」，據陸鈔本、稗海本、小字本改。

【二三】俗諺謂之作荒　「俗」，原作「倍」，據諸本改。

【二四】此天地之氣先餒也　「餒」，諸本作「見」。

山靜日長

唐子西詩云：「山靜似太古，日長如小年。」余家深山之中，每春夏之交，蒼蘚盈階，落花滿徑，門無剥啄，松影参差，禽聲上下。午睡初足，旋汲山泉，拾松枝，煮苦茗啜之。隨意讀《周易》、《國風》、《左氏傳》、《離騷》、《太史公書》及陶杜詩、韓蘇文數篇。從容步山徑【二五】，撫松竹，與麛犢共偃息於長林豐草間。坐弄流泉，漱齒濯足。既歸竹窗下，則山妻稚子，作筍蕨，供麥飯，欣然一飽。弄筆窗間，隨大小作數十字，展所藏法帖、墨蹟、畫卷縱觀之。興到則吟小詩，或草《玉露》一兩段。再烹苦茗一杯【二六】，出步溪邊，邂逅園翁溪友，問桑麻，説粳稻，量晴校雨，探節數時，相與劇談一餉。歸而倚杖柴門之下，則夕陽在山，紫緑萬狀【二七】，變幻頃刻，恍可人目。牛背笛聲，兩兩來歸，而月印前溪矣。味子西此句，可謂妙絶。然此句妙矣，識其妙者蓋少。彼牽黄臂蒼，馳獵於聲利之場者，但見衮衮馬頭塵，匆匆駒隙影耳，烏知此句之妙哉！人能真知此妙，則東坡所謂「無事此靜坐，一日是兩日【二八】，若活七十年，便是百四十」，所得不已多乎！

日本國僧

予少年時，於鍾陵邂逅日本國一僧【二九】，名安覺，自言離其國已十年，欲盡記一部藏

【二五】從容步山徑　「容」，原作「客」，據諸本改。

【二六】再烹苦茗一杯　「烹」，陸鈔本作「煮」。

【二七】紫緑萬狀　陸鈔本作「紫翠萬狀」。

【二八】一日是兩日　「是」，陸鈔本作「如」。

【二九】於鍾陵邂逅日本國一僧　「陵」，原作「陸」，據陸鈔本及諸本改。

經乃歸。念誦甚苦，不舍晝夜，每有遺忘，則叩頭佛前，祈佛陰相，是時已記藏經一半矣。夷狄之人，異教之徒，其立志堅苦不退轉至於如此。朱文公云：「今世學者，讀書尋行數墨，備禮應數，六經《語》《孟》，不曾全記得三五板，如此而望有成，亦已難矣。」其視此僧，殆有愧色。僧言其國稱其國王曰「天人國王」，安撫曰「牧隊」，通判曰「在國司」，秀才曰「殿羅罷」，僧曰「黄榜」，硯曰「松蘇利必」，筆曰「分直」，墨曰「蘇彌」，頭曰「加是羅」，手曰「提」，眼曰「媚」，口曰「窟底」，耳曰「弭弭」，面曰「皮部」，心曰「毋兒」，脚曰「又兒」，雨曰「下米」，風曰「客安之」，鹽曰「洗和」，酒曰「沙嬉」。

杜陵論孔明

史言蜀諸賢凋喪，孔明身當軍國之務，罰二十以上皆親之，以勞瘁致斃。此真兒童之論也。夫孔明不死，則漢業可復，禮樂可興。孔明死，則爲五胡亂華，爲六朝幅裂，其所關係大矣【三〇】。中營隕星之變，天意蓋可知矣，豈因罰二十以上皆親之而致斃乎？且孔明死時，年纔四十四【三一】，初非癃老不任勞苦之時。況以孔明之明達，豈不能量事之小大，身之勞逸，而顧弊精神於瑣瑣，以自殞其軀乎？此決無之理也。杜少陵知之，故曰：「伯仲之間見伊吕，指麾若定失蕭曹。福移漢祚難恢復，志決身殲軍務勞。」言孔明之死，乃漢福已移，漢祚已終，大數不可支持耳。志決身殲，豈因軍務之勞乎？蓋不然史臣之

【三〇】其所關係大矣　「大矣」，諸本作「甚大」。

【三一】年纔四十四　「四十四」，考《三國志》卷三五《諸葛亮傳》，亮卒年爲五十四歲。

說也。

龍洲詩聯

龍洲劉改之詩云：「退一步行安樂法，道三箇好喜歡緣。【三二】」真西山喜誦之。或曰，退一步行，可也，至於道三箇好，乃隨俗徇情耳，何足言乎？余曰，古人直道而行。理之所在，驀直行將去，仕止久速，莫不皆然，烏有所謂退一步者？自後世貪榮競進【三三】，爭一階半級，至於殺人，於是始以退一步行爲安樂法矣。古人是則曰是，非則曰非，明白正直，曾何回護？自後世惡直好佞，以直言賈禍者比比皆是，於是始以道三箇好爲喜歡緣矣，此處衰世之法也。蓋萬事稱好，不特司馬德操爲然，而吾夫子固有危行言孫之説矣。好盡言以翹人之過【三四】，此國武子所以見殺也，可不戒哉！

圓覺

裴休《圓覺經序》云：「終日圓覺，而未嘗圓覺者，凡夫也。欲證圓覺，而未極圓覺者，菩薩也。具足圓覺，而住持圓覺者，如來也。」蓋言凡夫日用飲食而不知，菩薩精思勉行而未至，如來備道全美而無虧耳。近時禪家，又作一轉語曰：「終日圓覺，而未嘗圓覺者，豈凡夫哉！正是如來境界也。」此意又高。蓋此有二意：文王不識不知順帝則，夫

【三二】道三箇好喜歡緣　「歡」，原作「觀」，據諸本改。

【三三】貪榮競進　「榮」，原作「勞」，據諸本改。

【三四】好盡言以翹人之過　「翹」，原作「翅」，據諸本改。

子從心所欲不踰矩，此一意也。文王望道而未之見，夫子丘未能一，又一意也。蓋必如是，然後周萬有而不勞，歷萬變而不息，儒者之事也。佛者之教，其等級次第，皆與吾儒同，特其端異耳，故曰異端。

淳熙盛事

孝宗御宇，高宗在德壽，光宗在青宮，寧宗在平陽邸，四世本支之盛，亘古未有。楊誠齋時爲宮僚，賀光宗誕辰詩云：「祖堯父舜真千載，禹子湯孫更一家。」讀者服其精切。又云：「天意分明昌火德，誕辰三世總丁年。」蓋高宗生於丁亥，孝宗生於丁未，光宗生於丁卯也。丁年字出李陵書，借用亦佳。

張子房

張子房蓋俠士之知義、策士之知幾者，要非儒也。故早年頗似荆軻，晚歲頗似魯仲連。得老氏不敢爲天下先之術，不代大匠斲，故不傷手，善於打乖。荆公詩云：「漢業存亡俯仰中，留侯於此每從容【三五】。」蓋因機乘時，與之斡旋，未嘗自我發端，故消弭事變，全不費力。朱文公云：「子房只是占便宜，不肯自犯手做，如爲韓報秦，攛掇高祖入關，及項羽殺韓王成，又使高祖平項羽，兩次報仇，皆不

【三五】留侯於此每從容　「於」，《王文公文集》卷七三作「當」。

自做。後來定太子事，他亦自處閒地，又只教四老人出來做。後來誅僇功臣時，更討他不著。邵康節之學，亦與子房相似。康節本是要出來有爲之人，又不肯深犯手做。凡事直待可做處，方試爲之，纔覺難，便拽身退【三六】。如《擊壤集》中以道觀道等語，是物各付物之意，蓋自家都不犯手，又凡事只到半中央便止，如『春花切勿看離披』是也。」

東西

世之言仙者曰蓬萊，言佛者曰天竺。蓬萊，東也；天竺，西也。《抱朴子》曰：自齊州至日出之所，號曰「太平地」。而佛經亦謂西方爲「極樂世界」。太平極樂，獨稱於東西，何也？自古戰爭，惟曰南北，而罕曰東西。惟漢高皇與項羽，宇文泰與高歡是東西相距，然不過一二十年耳。

誠齋夫人

楊誠齋夫人羅氏，年七十餘，每寒月黎明即起，詣廚躬作粥一釜，遍享奴婢，然後使之服役。其子東山先生啟曰：「天寒何自苦如此？」夫人曰：「奴婢亦人子也。清晨寒冷，須使其腹中略有火氣，乃堪服役耳。」東山曰：「夫人老，且賤事，何倒行而逆施乎？」夫人怒曰：「我自樂此，不知寒也。汝爲此言，必不能如吾矣！」東山守吳興，夫人嘗於郡

【三六】便拽身退　「拽」，諸本作「抽」。

圃種紵，躬紡緝以爲衣，時年蓋八十餘矣。東山月俸分以奉母。夫人忽小疾，既愈，出所積券，曰：「此長物也，自吾積此，意不樂，果致疾。今宜悉以謝醫，則吾無事矣。」平居首飾止於銀，衣止於紬絹。生四子三女，悉自乳，曰：「飢人之子，以哺吾子，是誠何心哉？」誠齋父子視金玉如糞土。誠齋將漕江東，有俸給僅萬緡留庫中，棄之而歸。東山帥五羊，以俸錢七千緡代下户輸租。其家采椽土階如田舍翁，三世無增飾。東山病且死，無衣衾，適廣西帥趙季仁餽纈絹數端。東山曰：「此賢者之賜也，衾材無憂矣。」史良叔守廬陵，官滿來訪。入其門，升其堂，目之所見，無非可敬可仰、可師可法者，所得多矣，因命畫工圖之而去。誠齋、東山清介絶俗，固皆得之天資，而婦道母儀所助亦已多矣。《左傳》【三七】：文伯之母老而猶績，文伯曰：「以歜之家而主猶績乎？」其母嘆曰：「魯其亡乎！使僮子備官而未之聞也。居，吾語汝！民勞則思，思則善心生【三八】；逸則淫，淫則惡心生。沃土之民不才，淫也；瘠土之民莫不向義，勞也。是故王后親織玄紞，公侯之夫人加以紘綖【三九】，卿之内子爲大帶，命婦成祭服，列士之妻加之以朝服，自庶士以下皆衣其夫。社而賦事，烝而獻功，男女效績，愆則有辟，古之制也。吾冀而朝夕修曰：『必無廢先人。』爾今曰：『胡不自安。』以是承君之官，予懼穆伯之絶嗣也。」因是觀誠齋夫人，乃知古今未嘗無烈女，未嘗無賢母。

【三七】左傳　考下引諸語，見於《國語》卷五《魯語》下。

【三八】思則善心生　「思」，原作「之」，據諸本及《國語》改。

【三九】公侯之夫人加以紘綖　「紘」，原作「絃」，據諸本及《國語》改。

卷五

讀書

自文籍既生，學者固不可不讀書【一】。子路有何必讀書之說，夫子斥之。至於學《詩》學《易》學《禮》，與夫「志在《春秋》，行在《孝經》」之說，拳拳爲其子及門人言之，晚而歸魯，刪定繫作，其功至賢於堯、舜。則後之欲學聖人者，舍書則何以哉！然是時詞章之名未立，科舉之法未行，士之讀書者，上則取之以撫世酬物，又次則取之以博識多聞，下至蘇秦之刺股讀書【二】，專爲揣摩遊説之計，固已陋矣。然亦視書爲有用之具，固未有入耳出口，如後世之甚者也。蓋至于今，士非堯、舜、文王、周、孔不談，非《語》、《孟》、《中庸》、《大學》不觀，言必稱周、程、張、朱，學必曰「致知格物」，此自三代而後所未有也，可謂盛矣。然豪傑之士不出，禮義之俗不成，士風日陋於一日【三】，人才歲衰於一歲。而學校之所講，逢掖之所談，幾有若屠兒之禮佛，娼家之讀禮者，是可歎也。昔子貢問子石子不學詩乎，子石子曰：「吾暇乎哉！父母求吾孝，兄弟求吾弟，朋友求吾信，吾暇乎哉！」子貢曰：「請投吾詩，以學於子。」公明宣學於曾子，三年不讀書。曾子曰：「宣子

校勘記

【一】學者固不可不讀書　「讀書」，原作「觀書」，據諸本改。

【二】下至蘇秦之刺股讀書　「股」，原作「服」，據諸本改。

【三】士風日陋於一日　二「日」字，原皆作「月」，據諸本改。

居參之門，三年不學，何也？」對曰：「安敢不學？宣見夫子居親庭，叱咤之聲未嘗至於犬馬，宣説之，學而未能。宣見夫子之應賓客，恭儉而不懈惰，宣説之，學而未能。宣見夫子之居朝廷，臨下而不毀傷，宣説之，學而未能。宣安敢不學而居夫子之門乎？」若子石子、公明宣之説，今之學者，誠不可以不知也。

蔿呂臣

楚蔿呂臣奉己而不在民，於是晉文無復憂色【四】。嗚呼！自三代衰，民不見先王之治，日入於亂，皆上下之間，懷此一念，有以致之，豈獨一蔿呂臣哉！此無他，古學不講，不識一箇「仁」字而已。本朝大臣，最是范文正公、司馬温公見得此箇字分明。

蘇黄遷謫【五】

蘇子瞻謫儋州，以「儋」與「瞻」字相近也。子由謫雷州，以「雷」字下有「田」字也。黄魯直謫宜州，以「宜」字類「直」字也。此章子厚駭謔之意。當時有術士曰：「『儋』字從立人，子瞻其尚能北歸乎！『雷』字『雨』在『田』上，承天之澤也，子由其未艾乎！『宜』字乃『直』字，有蓋棺之義也，魯直其不返乎！」後子瞻北歸，至毘陵而卒。子由退老于潁，十餘年乃終。魯直竟卒於宜。

【四】於是晉文無復憂色　「色」，諸本作「已」。

【五】蘇黄遷謫　按，清王士禛《香祖筆記》卷九云：「《玉露》言：子瞻謫儋州，子由謫雷州，魯直謫宜州，皆章惇取其字之偏傍而謔之。當時有術士曰：儋字從立人，子瞻其北歸乎！雷字雨在田上，承天之澤，子由其未艾乎！宜字有蓋棺之象，魯直其不返乎！後皆驗。予考之殊不然。山谷以紹聖初謫涪州，徙戎州，徽宗即位，赦復官。建中靖國元年除知舒州，崇寧元年知太平州，二年，以承天寺記爲陳舉所訐，羈管宜州，竟卒於宜。先是東坡已以建中靖國元年卒常州矣，安得如羅云云乎！按，此説本之《老學庵筆記》，乃謂二蘇公與劉莘老丞相，莘老時貶新州故也。」

張林語

山東義士張林告淮閫曰：「土地歸本朝，銅錢將安往？」此説儘是。余欲添二句云：「人心歸本朝，土地將安往？」

阿附

光、禹之罪，浮於王氏。六臣之罪，浮於朱温。人人皆王陵，則吕氏不敢動矣。人人皆王章，則王氏不敢動矣。

貓犬

東坡云：「養貓以捕鼠，不可以無鼠而養不捕之貓；畜犬以防姦，不可以無姦而蓄不吠之犬。」余謂不捕猶可也，不捕鼠而捕雞則甚矣。不吠猶可也，不吠盜而吠主則甚矣。疾視正人，必欲盡擊去之，非捕雞乎？委心權要，使天子孤立，非吠主乎？

南中巖洞

桂林石山怪偉，東南所無。韓退之謂「山如碧玉篸」，柳子厚謂「拔地峭起，林立四野」，黄魯直謂「平地蒼玉忽嶒峨」，近時劉叔治云，「環城五里皆奇石，疑是虛無海上山」，皆極其形容。然此特言石山耳，至於暗洞之瑰怪，尤不可具道，相傳與九疑相通。范石湖嘗游焉，燭盡而反【六】。余嘗隨桂林伯趙季仁遊其間，列炬數百，隨以鼓吹，市人從之者以千計。已而入，申而出。入自曾公巖，出于棲霞洞。入若深夜，出乃白晝，恍如隔宿異世。季仁索余賦詩紀之。其略曰：「瑰奇恣搜討，貝闕青瑶房。方隘疑永巷，俄敞如華堂。玉橋巧横溪，瓊户正當窗。仙佛肖彷彿，鐘鼓鏗擊撞。贔贔左顧龜，狺狺欲吠厖。丹灶儼亡恙，芝田藹生香【七】。搏噬千怪聚，絢爛五色光。更無一塵涴，但覺六月涼。玲瓏穿數路，屈曲通三湘。神鬼工剜刻，乾坤真混茫。入如夜漆暗，出乃日珠光。隔世疑恍惚，異境難揣量。」然終不能盡形容也。又嘗遊容州勾漏洞天，四面石山圍繞，中平野數里，洞在平地，不煩登陟。外略敞豁，中一暗溪穿入，因同北流令結小桴，秉燭坐其上，命篙師撐入，詰屈而行。水清無底，兩岸石如虎豹猱玃，森然欲搏。行一里許，仰見一大星炯然，細視乃石穿一孔，透天光若星也。溪不可窮乃返。洞對面高崖上，夏間望見荷葉田田，然峻絶不可到。土人云，或見荷花，則歲必大熟。

【六】燭盡而反　「反」，原作「及」，據諸本改。

【七】芝田藹生香　「芝田」，原作「之田」，據諸本改。

傅公謀詞

宜春傅公謀詞云：「草草三間屋，愛竹旋添栽。碧紗窗户，眼前都是翠雲堆【八】。一

【八】眼前都是翠雲堆　「眼」，原作「服」，據諸本改。

月山翁高卧，連雪水村清冷【九】，木落遠山開。唯有平安竹，留得伴寒梅。家童開門看【一〇】，有誰來。客來一笑，清話煮茗更傳杯。有酒只愁無客，有客又愁無酒，酒熟且徘徊。明日人間事，天自有安排。」此詞清甚，末句尤達，可歌也。許及之爲分宜宰，公謀作賀雨詩云：「獅子關前半篆煙，一龍飛下卓篙泉。銀河掣電連霄雨【一一】，緑野翻雲四月天。便覺春生花一縣，會看秋熟米三錢。何時卓魯登黄閣，都與寰區作有年。」及之擊節。公謀尤工作酸文，嘗作無遮榜語云：「紅旗渡口，淒涼芳草夕陽天；白紙山頭，慘淡落花寒食節。」甚工。

冬狩行

自古夷狄交侵，中國衰微，必人主真有哀痛之誠，將帥真有憤切之志，然後可以言恢復。杜陵《冬狩行》曰：「草間狐兔盡何益【一二】，天子不在咸陽宫。」規警將帥也。又曰：「朝廷雖無幽王禍，得不哀痛塵再蒙。」規警人主也。然人主者，本也。人主果有興衰撥亂之志，其誰敢不從？故又曰：「烏乎！得不哀痛塵再蒙。」所以深規警人主也。

舉事輕捷

大凡舉事輕捷則易成，繁重則難濟。春秋時，宋人殺楚使者，楚子聞之，投袂而起，屨

【九】連雪水村清冷　「連」，陸鈔本及諸本作「踏」。

【一〇】家童開門看　明楊慎《詞品》卷二引此上有一「唤」字。

【一一】銀河掣電連霄雨　「霄」，諸本作「宵」。

【一二】草間狐兔盡何益　「間」，《九家集注杜詩》卷八作「中」。

及於室皇，劍及於寢門之外，車及於蒲胥之市，何其輕捷也。澶淵之役，寇準與真宗論親征。上欲入，準曰：「陛下不可入，入則不出矣。」於是高瓊在殿下大呼逍遥子，即擁以行，亦何其捷疾。舉事須如此【一三】，乃能壓難成功。此卻非倉卒所致，須平時有備有謀，規模定，號令明，然後臨事之時，上下始能相應，蓋亦不出易簡二字而已。東坡云：「千鈞之牛，制於三尺之童子。弭耳而下之，曾不如狙猿之奮擲於山林。」大抵易簡則輕捷，繁難則重滯。

周文陸詩

朱文公於當世之文，獨取周益公，於當世之詩，獨取陸放翁。蓋二公詩文，氣質渾厚故也。

范雲

人之狂惑失其本心，有大可笑者。《南史》：范雲初爲陳武帝屬官【一四】，武帝九錫之命在旦夕，雲忽感寒疾，恐不獲預慶事，召徐文伯診視，以實懇之曰：「可便得愈乎？」文伯曰：「欲便瘥甚易，政恐二年後不復起耳。」雲曰：「朝聞道，夕死猶可。況二年乎？」文伯乃以火燒地，布桃葉設席，置雲其上，頃刻汗解，裹以温松，翌日有瘳。雲喜

【一三】舉事須如此　「如」，諸本作「知」。

【一四】范雲初爲陳武帝屬官　考《南史》並《梁書·范雲傳》，梁武帝受齊禪時，范雲官侍中。梁武帝天監二年范雲卒，是時尚距陳武帝代梁有五十四年之遥。「陳武帝」當爲「梁武帝」之誤。

甚，文伯曰：「不足喜也。」越二年，果卒。夫《老子》曰：「身與名孰親？【一五】」況於榮貴外物，有道之士蓋視爲塵垢秕糠【一六】。藉曰所見未超，未能忘情，則亦必有此身，乃可有此榮貴也。今雲欲預九錫之慶，乃甘心促壽愈疾以從之，所謂皮之不存，毛將安傅？豈不愚惑之甚哉！且其言曰朝聞道夕死可矣，夫輔人以篡奪，而分其富貴，是果何道哉？末世之士不知世間香臭至於如此，亦可哀矣。東坡云：「劉聰聞爲須遮國王【一七】，則不復畏死。」人之愛富貴，有甚於生者。月犯少微，吴中高士求死不得。人之好名有甘於一死者，此固皆可笑矣，然未若范雲可笑之甚也。

置青櫃

杜成己爲相，以爲宰相日見賓客，疲神妨務，無益於事，乃不復見客。但設青櫃於府門，有欲言利害者投之。越旬日，并櫃撤去。有題一聯于府門者曰：「杜光範之門，人將望而去矣；撤暗投之櫃，我且卷而懷之。」夫題門者則已薄矣，而成己此舉亦未之思也。

丈二殳

《考工記》：殳長尋有四尺。註云：八尺曰尋，殳長丈二。劉潛夫挽左次魏云：「少日一編書，中年丈二殳。【一八】」摘用亦佳。

【一五】身與名孰親　《老子》四十四章作「名與身孰親」。

【一六】視爲塵垢秕糠　「糠」，原作「糖」，據諸本改。

【一七】劉聰聞爲須遮國王　「須遮國」，《晉書》卷一〇二《劉聰載記》作「遮須夷國」。

【一八】中年丈二殳　「中」，陸鈔本作「終」。

慈湖詩

楊慈湖詩云：「山禽説我胸中事，煙柳藏他物外機。」又云：「萬里蒼茫融妙意，三杯虚白浴天真。」又六言云：「淨几横琴曉寒【一九】，梅花落在絃間。我欲清吟無句，轉煩門外青山。」句意清圓，足視其所養【二〇】。

楊存中逐吏

殿帥楊存中有所親愛吏，平居賜予無算。一旦，無故怒而逐之，吏莫知得罪之由，泣拜辭去。存中曰：「無事莫來見我。」吏悟其意，歸以厚貲俾其子入臺中爲吏。居無何，御史欲論存中乾没軍中糞錢十餘萬。其子聞知，告其父。其父奔告存中。存中即具劄奏，言軍中有糞錢若干椿管某處【二一】，唯朝廷所用。不數日【二二】，果以爲言【二三】，高宗出存中劄子示之，御史坐妄言被黜，而存中之眷日隆。存中之逐吏，亦兵法之餘智也。然御史可謂不密矣。

淵明詠雪

淵明雪詩云：「傾耳無希聲，在目皓已結。」只十字，而雪之輕虚潔白，盡在是矣，後

【一九】淨几横琴曉寒　「曉」，陸鈔本作「晚」。

【二〇】足視其所養　「視」，諸本作「覘」；「養」，原作「卷」，據諸本改。

【二一】言軍中有糞錢若干椿管某處　「某」，原作「其」，據諸本改。

【二二】不數日　「日」，原作「月」，據諸本改。

【二三】果以爲言　陸鈔本作「果有以爲言者」。

來者莫能加也。

不忘山林

士豈能長守山林，長親簑笠，但居市朝軒冕時，要使山林簑笠之念不忘，乃爲勝耳。陶淵明《赴鎮軍參軍》詩曰：「望雲慚高鳥，臨水愧游魚，真想初在襟，誰謂形跡拘。」似此胸襟，豈爲外榮所點染哉！荆公拜相之日，題詩壁間曰：「霜松雪竹鍾山寺，投老歸歟寄此生。」只爲他見趣高【二四】，故合則留，不合則拂袖便去，更無拘絆。山谷云：「佩玉而心若槁木，立朝而意在東山。」亦此意。

不知心

許由不受堯之天下，逃諸逆旅，逆旅人疑其竊皮冠。伯夷、叔齊適周，周使叔旦往見之曰：「加富二等，就官一列，血牲而盟之。」二子相視而笑。此雖寓言，然人識見相遠，奚啻九牛毛！其不知心者，亦往往類此。

元載

元載敗時，告獄吏乞快死。獄吏曰：「相公今日不奈何喫些臭。【二五】」乃解襪，塞其

【二四】只爲他見趣高　「趣」，原作「赴」，據諸本改。

【二五】相公今日不奈何喫些臭　「日」，原作「月」，據陸鈔本改。

口而卒【二六】。余嘗有詩曰：「臭襪終須來塞口，枉收八百斛胡椒。」

陸氏義門

陸象山家于撫州金谿，累世義居。一人最長者爲家長，一家之事聽命焉。逐年選差子弟分任家事。或主田疇，或主租稅，或主出納，或主廚爨，或主賓客。公堂之田，僅足給一歲之食【二七】。家人計口打飯，自辦蔬肉，不合食。私房婢僕各自供給，許以米附炊。每清曉，附炊之米交至掌廚爨者，置曆交收。飯熟，按曆給散。賓至，則掌賓者先見之，然後白家長出見。款以五酌，但隨堂飯食，夜則卮酒杯羹，雖久留不厭。每晨興，家長率衆子弟致恭于祖禰祠堂，聚揖于廳，婦女道萬福于堂。暮，安置亦如之。子弟有過，家長會衆子弟，責而訓之。不改，則撻之。終不改，度不可容，則告于官，屏之遠方。晨揖，擊鼓三疊，子弟一人唱云：「聽聽聽聽聽聽聽【二八】，勞我以生天理定。若還惰懶必飢寒，莫到飢寒方怨命。虚空自有神明聽。」又唱云：「聽聽聽聽聽聽聽，衣食生身天付定。酒肉貪多折人壽【二九】，經營太甚違天命。定定定定定定定。【三〇】」又唱云：「聽聽聽聽聽聽聽，好將孝弟酬身命。更將勤儉答天心，莫把妄思損真性，定定定定定定定，早猛省。」食後會茶，擊磬三聲，子弟一人唱云：「凡聞聲，須有省，照自心，察前境，若方馳騖速回光，悟得昨非由一頃，昔人五觀一時領。」乃梭山之詞也。近年朝廷始旌表其門閭。其詞

【二六】塞其口而卒　「塞」，原作「寒」，據陸鈔本改。

【二七】僅足給一歲之食　「給」，陸鈔本作「供」。

【二八】聽聽聽聽聽聽聽　諸本止三「聽」字。下同。

【二九】酒肉貪多折人壽　「人壽」，原倒作「壽人」，據諸本乙正。

【三〇】定定定定定定定　諸本止於三「定」字，下百餘字全脫。

曰：「張公忍字，睦九世於唐朝；陳氏義居，專一門於江左。若稽前美，允謂鮮能。撫州青田陸氏，代有名儒，德在謚典。聚其族逾三千指，合而爨將二百年。異時流別籍之私，存學者齊家之道。詢於州里，既云十世可知；登之簡書，奚止一鄉稱善。視昔爲盛，於今爲難。部使轉以上聞，儀曹請爲褒别。事關風教，須議指揮。」

嬾婦

嬾婦，蟋蟀，見崔豹《古今注》。張功父詩云：「自笑吟秋如嬾婦。」

梅溪二瑞

王梅溪文學行義，著於鄉里。執經從之者，常百餘人。其所居之巷，有大井。一夕，井中如流星者千百，光彩上燭。又一夕，山下有白虹，長亘山，爛然如畫。未幾，入太學，遂魁天下，蓋文字之祥也。唱名之日，衛士亦皆歡舞，謂爲得人。翌日有旨，宫中不得以銷金爲飾，行其對策之言也。

多景樓詩

前賢詠題，如太白《鳳凰臺》，崔顥《黄鶴樓》，固已佳矣。未若近時劉改之《題京口多景樓》，尤爲奇偉，真古今絕唱也。其詞云：「壯觀東南二百州，景於多處卻多愁。江流千古英雄淚，山掩諸公富貴羞。北府只今唯有酒，中原在望莫登樓。西風戰艦成何事，只送年年使客舟。」蓋言多景可喜，而乃多愁何也？自古南未有能并北者，是以英雄淚灑長江，抱此遺恨。然推其所由，實當國者偷取富貴，宴安江沱之所致，是可羞也。晉人言，北府酒可飲，兵可用。今上下習安，玩讎忘寇【三一】，北府僅有酒可飲耳，而干戈朽，鈇鉞鈍，士卒脆弱，未聞有可用之兵也，則中原腥羶，決無可洗滌之日，忍復登樓以望之乎！末言西風戰艦，不爲進取之圖，而送使客之往來，反爲奉幣事讎之計，則益可悲矣。改之又嘗作《塞下曲》十餘篇，尤悲壯感慨。嘗攜以謁陸放翁，放翁擊節。贈詩云：「君居古荆州，醉膽天宇小。尚不拜龐公，況肯依劉表。」「胸中九淵蛟龍蟠，筆底六月冰雪寒【三二】。有時大叫脱烏幘，不怕酒杯如海寬。放翁八十病欲死，相逢尚能刮眼看。李廣不生楚漢間，封侯萬户宜其難。」

廣右丁錢

廣右深僻之郡，有所謂丁錢。蓋計丁輸錢於官，往往數歲之兒即有之。有至死而不與除豁者，甚爲民病。故南人之謡曰：「三歲孩兒便識丁，更從陰府役幽魂。」讀之可爲流涕。范西堂爲廣西憲，嘗力請於朝，乞罷去，雖獲從請，然諸郡多藉此爲歲計，往往名除

【三一】玩讎忘寇　「寇」，原作「冠」，據寬文本改。

【三二】筆底六月冰雪寒　「雪」，原作「電」，據寬文本改。

而實未除也。大概近來州郡賦税失陷，用度月增，其無名之征，未必皆官吏欲以自肥，往往多爲補苴支撑之計。朝廷若欲除無名之征以寬民，須是究是一郡盈虚，有以補助之，使歲計不乏，然後實惠乃可及民。不然，亦徒爲空言而已。

胡忠簡上書

胡忠簡乞斬秦檜之書，既具稿矣，遲疑未上。以示所親厚，其人畏懦，力止之曰：「公有老母，詎可爲此？」以其稿寸裂之。忠簡愈疑。有書吏楊其姓者，請間曰：「編修此書，外間已籍籍傳誦，廟堂計亦知之矣。今書上亦得罪，不上亦得罪。書上而得罪，其去光華。不上而得罪，其去曖昧，且其禍恐甚於不上也。」忠簡大悟，亟繕寫投進，乘夜潛詣逆旅，託其所親厚以老親妻子。其後□詞【三三】，猶以謄稿四傳爲其罪。且曰：「倘有心於爲國，自合輸忠；惟詭道以取名，故兹惑衆。」乃知天下事，不可不密，不可不斷。此吏真忠簡之忠臣，其識見如此，士大夫不如者多矣。

【三三】其後□詞　「詞」上原脱一字。案，考上下文义，疑爲「貶」字。

卷六

光堯福德

紹興中，孝宗初入宫，宰執贊光堯盛德，真堯、舜用心。上曰：「堯、舜之事甚不難。」蓋脱蹝之意【一】，先定於此時矣。厥後受禪之議定，宰執稱賀，且致戀軒之意。上曰：「朕在位久，失德甚多，更賴卿等掩覆。」大哉言乎！何其謙尊而光也。不知堯禪舜時，有此言否？邵康節詩曰：「五事歷將前代數，帝堯而下固無之。」豈知中興内禪之盛美，雖堯亦不能及也。謂之光堯，信矣，其有光於堯矣。舜、禹受禪之後，其所以事堯、舜者，當必盡道。然要之君臣，而非父子也。文王受武王之養，蓋方伯耳。漢高五日一朝太公，太公亦非身有天下者也。惟唐肅宗之於明皇，乃父子帝王。然靈武即位，已幾於篡，内外牽制，孝道大虧。山谷之詩曰：「事有至難天幸耳，上皇跼蹐還京師。内間張后色可否，外間李父頤指揮【二】。南内淒涼幾苟活，高將軍去事尤危。」潘邠老之詩曰：「天下寧知再有唐，皇帝紫袍迎上皇。神器倉忙吾取惜【三】，兒不終孝聽五郎。父子幾何不豺虎，君臣寧能責胡虜，南内淒涼誰得知，人家稱節作端午。【四】」至今讀者爲之淒楚。惟我光堯

校勘記

【一】脱蹝之意　「脱蹝」，原作「脱蹤」，據寬文本改。

【二】外間李父頤指揮　「外間」，原作「外聞」。據寬文本改。

【三】神器倉忙吾取惜　宋吕祖謙《宋文鑑》卷二一作「神氣倉忙吾敢惜」。

【四】人家稱節作端午　同上書作「人間稱家作端午」。

爲天下得人，而孝宗以舜、禹之資，躬曾、閔之行，綵衣焜煌，參侍遊遨於湖山之間，賦詩飲酒，承顔適志，以天下養者二十四年，此開闢以來所未有也。楊誠齋慶壽口號曰：「長樂宫前望翠華，玉皇來賀太皇家。青天白日仍飛雪，錯認東風轉柳花。」「春色何須羯鼓催，君王元日領春回。牡丹芍藥薔薇朵，都向千官帽上開。」「雙金獅子四金龍，噴出香雲繞殿中。太上垂衣今上拜，百王曾有個家風。」「帝捧瑶觴玉座前，綵衣三世祝堯年。天皇八十一萬歲【五】，休説莊椿兩八千。」「大父晨興未出房，君王忍冷立風廊。忽然鳴蹕珠簾捲，萬歲傳聲震八荒。【六】」「花外班行霧外天，何緣子細望龍顔。小窺玉色真難老，底用臞仙九轉丹。」「甘露祥風天上來，今回恩數賽前回。都將四海歡聲沸【七】，釀作慈皇萬壽盃。」「堯舜同時已甚都，祖孫四世古今無。誰將寫日摹天手，畫作皇王盛事圖。」光堯晚歲尤康强，孝宗嘗謂周益公曰：「太上極善將攝，終日端坐不倦，全不飲酒。晡時即入寢閣，五更便起。多服疏利藥，服牽牛圓至四五十粒。其異稟如此，他人如何及。聖壽登八十一」云。

文章性理

凡作文章，須要胸中有萬卷書爲之根柢，自然雄渾有筋骨，精明有氣魄，深醇有意味，可以追古作者。若作詩，只就詩中探擷；作四六，只就四六中斗湊；作古文，只就

【五】天皇八十一萬歲　楊萬里《朝天集·慶壽口號》之五作「天皇一萬八千歲」，似於義爲長。

【六】萬歲傳聲震八荒　「傳聲」，同上書《慶壽口號》之六作「聲傳」，似是。

【七】都將四海歡聲沸　「沸」，同上書《慶壽口號》之八作「裏」。

《史》、《漢》、韓、柳中取其奇字硬語，模擬而爲之；如此豈能如霓裳一曲，高掩前古哉！王荆公謂今之作文者，如拾奇花之英掬而玩之，雖芳馨可愛，而根柢蔑如矣。雖然，豈獨文哉！近時講性理者，亦幾於舍六經而觀語録。甚者將程、朱語録而編之若策括策套，此其於吾身心不知果何益乎！魏鶴山答友人書云：「須從諸經字字看過，思所以自得，不可只從前賢言語上作工夫。」又云：「要作窮理格物工夫，須將三代以前模規在胸次，若只在漢、晉諸儒脚跡下盤旋，終不濟事。」又云：「向來多看先儒解説，近思之，不如一一自聖經看來。蓋不到地頭親自涉歷一番，終是見得不真。又非一一精體實踐，則徒爲談辨文采之資耳。來書乃謂只須祖述朱文公諸書，文公諸書讀之久矣，政緣不欲於賣花擔上看桃李，須樹頭枝底方見活精神也。」鶴山此論，學者不可不佩服。余嘗輯《心學經傳》十卷，序發之辭有曰：「學者不求之周、程、張、朱固不可，徒求之周、程、張、朱，而不本之六經，是舍禰而宗兄也。不求之六經固不可，徒求之六經，而不反之吾心，是買櫝而棄珠也。」

花卿歌

杜陵《花卿歌》末云：「人道我卿絶世無，既稱絶世無，天子何不喚取守京都。」此詩全篇形容其勇鋭有餘而忠義不足，故雖可以守京都，而天子終不敢信用之。語意涵蓄不迫切，使人咀嚼而自得之。可以亞《國風》矣。或曰，末句乃恨天子不用之之詞，非也。

杜陳詩

范二員外、吴十侍御訪杜少陵於草堂，少陵偶出，不及見，謝以詩云：「暫往比鄰去【八】，空聞二妙歸。幽棲誠簡略，衰白己光輝。野外貧家遠，村中好客稀。論文或不愧，重肯款柴扉。」【九】陳后山在京師，張文潛、晁無咎爲館職，聯騎過之。后山偶出蕭寺，二君題壁而去。后山亦謝以詩云：「白社雙林去，高軒二妙來。排門衝鳥雀，揮壁帶塵埃。不憚升堂費，深愁載酒回。功名付公等，歸路在蓬萊。」杜、陳一時之事相類，二詩醖藉風流，亦未易可優劣【一〇】。

騎牛詩

姚鏞爲吉州判官，以平寇論功，不數年擢守章貢。爲人疏儁【一一】，喜作詩，自號雪蓬。嘗令畫工肖其像，騎牛於磵谷之間。索郡人趙東野題詩，東野題云：「騎牛無笠又無簑，斷隴橫岡到處過。暖日暄風不常有，前村雨暗卻如何？」蓋規切之也。居無何，忤帥臣，以貪劾之。時端平更化之初，施行特重，貶衡陽，人皆服東野之先見。

【八】暫往比鄰去　「比鄰」，原作「北鄰」，今據《九家集注杜詩》卷二二《范二員外邈吴十侍御郁特枉駕》改正。

【九】重肯款柴扉　「款」，原作「疑」，據諸本並《九家集注杜詩》改。

【一〇】未易可優劣　諸本作「未易優劣」，無「可」字。

【一一】爲人疏儁　「疏」，諸本作「豪」。

得窮鬼力

齊景公有馬千駟，死之日，民無德而稱焉。伯夷、叔齊餓死首陽之下，民到于今稱之。揚子雲作《法言》，蜀之富人載錢五十萬求書名其間，子雲不可。李仲元、鄭子真不持錢，子雲書之，至今與日月爭光。余觀韓退之《送窮文》，歷述窮鬼之害，至末乃云：「吾立子名，百世不磨。」是到底卻得窮鬼力。夷、齊、李、鄭亦所謂得窮鬼力者也。

方寸地

俗語云：「但存方寸地，留與子孫耕。」指心而言也。三字雖不見於經傳，卻亦甚雅。余嘗作《方寸地説》，其辭云：或問方寸地何地也？亦有治地之法否乎？余曰：偉哉問！世之人固有無立錐地者，亦有跨都兼邑者【一二】，有無貧富相絶也。惟此方寸地人人有之，斂之其細無倫，充之包八荒，備萬物，無界限，無方體。甚矣，其地之靈也。然此地人人有，而治地之力不人人能施，治地之法不人人能知。故蕪穢不治者，有此地而不能治。治而不知其法者，雖治此地亦猶不治此地【一三】。是故孔子、孟軻，治地之農師圃師也；六經、《語》、《孟》，治地之《齊民要術》也；良知良能，惻隱羞惡，是非辭遜之端【一四】，嘉種之誕降者也；博文約禮，仰觀俯察，求輔仁切偲之功，資直諒多聞之益，培

【一二】跨都兼邑者　「兼」，原作「蒹」，據諸本改。

【一三】不治此地　諸本無「此地」二字。

【一四】是非辭遜之端　「是非辭遜」，諸本作「辭讓是非」。

糞灌溉法也； 時時習，日日新，暗室屋漏守之密，視聽言動察之精，封植長養法也； 忿必懲，欲必窒，惰必警，輕必矯，無稽之言必不聽，便佞之友必不親，芟薙耘耡法也。優游而厭飲之【一五】，固守而靜俟之，不躐等，不陵節，不求聞，不計獲，乃宋人之不揠苗，郭橐駝之善種樹也。誠如是，則信善而大化，篤實而輝光，通神明，贊化育，乃實穎實栗之時，參天溜雨之日也。治地至此，始可言善治地矣。道家有寸田尺宅之說，養生引年者取之； 里諺有留方寸地與子孫耕之說，種德食報者取之。其言未爲無理，要皆墮於一偏。若從孔、孟治地之法，則仁者必壽，善者必福，清明之志氣如神，厚德之流光寖遠。道家、里諺之說，在其中矣。雖然，是地也，嘉種固所素有，惡種亦易以生。嘉種每難於封殖，惡種常至於蔓延。其或認樲棘爲美檟，認稊稗爲良苗，則夭之沃沃，惡種日見其猥大而嘉種微矣。嗚呼噫嘻！可懼也哉！然則如之何？曰：在早辨。

繪事

繪雪者不能繪其清，繪月者不能繪其明，繪花者不能繪其馨，繪泉者不能繪其聲，繪人者不能繪其情。然則言語文字，固不足以盡道也。

【一五】優游而厭飲之　「飲」，諸本作「飫」。

除目損道心

古詩云：「一日看除目，三年損道心。」余謂人患道心不存耳，道心果存，豈看除目所得損哉？彼慕羶嗅餌之念洗滌未浄，往往身寄山林而心存朝市，跡履泉石而意繫軒冕，視山林泉石反若籠檻桎梏，宜其看除目而心爲之損也。特所損者人心耳，豈道心哉！伊川曰：百官萬務，金革百萬之衆，曲肱飲水，樂在其中矣。萬變皆在人，其實無一事。朱文公云：艮其背，是止於止；行其庭，是止於動；不獲其身，是無與於己；不見其人，是亦不見人。無人無己，但見是此道理，各止其所也，止而至於如此，其誰能動之！昔有僧居深山中，山鬼百計害之，或誘以淫聲美色，或眩以珍羞玩好，或懼以奇形異物，或脅以刀鋸炮烙，僧皆不爲之動，久之乃寂然無有。或問其故，僧曰：「山鬼之伎倆有盡，老僧之不聞不見無盡。」此即所謂不獲其身，不見其人者也。心安如是，又豈除目所能損哉！

縷葱絲

有士夫於京師買一妾，自言是蔡太師府包子廚中人【一六】。一日，令其作包子，辭以不能。詰之曰：「既是包子廚中人，何爲不能作包子？」對曰：「妾乃包子廚中縷葱絲者也。」曾無疑乃周益公門下士，有委之作誌銘者，無疑援此事以辭曰：「某於益公之門，乃

【一六】蔡太師府包子廚中人　「蔡太師」，陸鈔本作「秦太師」。

包子廚中縷葱絲者也，焉能作包子哉！」

士脩於家

全州士人滕處厚，貽書魏鶴山云：「漢人謂士脩於家，而壞於天子之庭。夫能壞於天子之庭者，必其未嘗脩之於家者也。」可謂至論。然余觀柳子厚《河間傳》，非不脩於家也，及竊視持己者甚美，左右爲不善者，己更得適意，鼻息咈然，則雖欲不壞於天子之庭，得乎！要之不壞於天子之庭，乃特立獨行者也。若夫中人雖脩於家，其不壞於天子之庭者，鮮矣。

用兵吉兆

馬燧討李懷光，夜宿一村，問田父，此何村也，曰：「名埋懷村。」燧大喜曰：「吾誅懷光必矣！」澶淵之役，亦以宋捷爲吉兆。岳飛討楊幺，時幺據洞庭，出没不可測。偶獲一諜者，問其巢穴，對曰：「險阻安可入？惟飛乃能入耳。」飛大笑曰：「天遺汝爲此言，吾必破其巢穴。」三軍大喜，迄平之。蓋用兵行師，倘得吉兆，亦足以壯三軍之氣。重耳出奔，乞食于野人。野人與之塊，此本相戲，而子犯乃曰天賜也，卻説從吉兆上去，蓋以堅從亡者之心。如狐鳴魚書之類，至詐爲吉兆以動衆。若老嫗赤帝之稱，芒碭雲氣之瑞，昭灼如此，安得使豪傑之不景從乎！

詩不拘韻

楊誠齋云：今之禮部韻，乃是限制士子程文，不許出韻，因難以見其工耳。至於吟詠情性，當以《國風》、《離騷》爲法，又奚禮部韻之拘哉！魏鶴山亦云：除科舉之外，閒賦之詩，不必一一以韻爲較。蓋今所較者，特禮部韻耳。此只是魏、晉以來之韻，隋、唐以來之法，若據古音，則今麻馬等韻元無之，歌字韻與之字韻通，豪字韻與蕭字韻通，言之及此，方是經雅。

尤楊雅謔

尤梁溪延之，博洽工文，與楊誠齋爲金石交。淳熙中，誠齋爲祕書監，延之爲太常卿，又同爲青宮寮寀，無日不相從。二公皆善謔，延之嘗曰：「有一經句，請祕監對。」曰：『楊氏爲我。』」誠齋應曰：「尤物移人。」」衆皆歎其敏確【一七】。誠齋戲呼延之爲「蝤蛑」，延之戲呼誠齋爲「羊」。一日，食羊白腸。延之曰：「祕監錦心繡腸，亦爲人所食乎？」」誠齋笑吟曰：「有腸可食何須恨，猶勝無腸可食人。」蓋蝤蛑無腸也。一坐大笑。厥後閒居，書問往來，延之則曰：「羔兒無恙？」誠齋則曰：「彭越安佳？【一八】」誠齋寄詩曰：

【一七】歎其敏確　「歎」上「請祕監對」至「衆皆」十九字原脱，據諸本補。

【一八】彭越安佳　「佳」，諸本作「在」。

「文戈卻日玉無價，寶氣蟠胸金欲流。」亦以蝤蛑戲之也。延之先卒，誠齋祭文云：「齊歌楚些【一九】，萬象爲挫。瓌偉詭譎，我倡公和。放浪諧謔，尚友方朔。巧發捷出，公嘲我酢。」

韓平原

寧宗既受禪，韓平原所望不過節鉞。知閤劉弼嘗從容告趙忠定曰：「此事侂胄不能無功，亦須分些官職與他。」忠定不答。由是漸有邪謀，迄逐衆君子。余友趙從道有詩云：「慶元宰相事紛紛，説著令人暗斷魂。好聽當時劉弼語，分些官職乞平原。【二〇】」余亦作一篇云：「齋壇一鉞底須慳【二一】，坐見諸賢散似煙。不使慶元爲慶曆，也由人事也由天。」

莽大夫

司馬温公、王荆公、曾南豐最推尊揚雄，以爲不在孟軻下。至朱文公作《通鑑綱目》，乃始正其附王莽之罪，書「莽大夫揚雄卒。【二二】」莽之行如狗彘，三尺童子知惡之，雄肯附之乎？劇秦美新，不過言孫以免禍耳。然既受其爵禄，則是甘爲之臣僕矣，獨得辭「莽大夫」之名乎！文公此筆與《春秋》爭光，麟當再出也。劉潛夫詩云：「執戟浮沉計

【一九】齊歌楚些　「齊」，原作「齋」，據諸本改。

【二〇】分些官職乞平原　「乞」，陸鈔本作「與」。

【二一】齋壇一鉞底須慳　「須」，原作「頭」，據諸本改。

【二二】莽大夫揚雄卒　「卒」，諸本作「死」。

未遂，無端著論美新都。區區所得能多少，枉被人書莽大夫。」余謂名義所在，豈當計所得之多少！若以所得之少，枉被惡名爲恨，則三公之位，萬鍾之禄，所得倘多，可以甘受惡名而爲之乎！此詩頗礙理【二三】，余不可以不辨。

李杜

李太白當王室多難、海宇横潰之日，作爲歌詩，不過豪俠使氣，狂醉於花月之間耳。社稷蒼生，曾不繫其心胸【二四】，其視杜少陵之憂國憂民，豈可同年語哉！唐人每以李、杜並稱，韓退之識見高邁，亦惟曰：「李杜文章在，光燄萬丈長。」無所優劣也。至本朝諸公，始至推尊少陵【二五】。東坡云：「古今詩人多矣，而惟以杜子美爲首，豈非以其飢寒流落，而一飯未嘗忘君也與？」又曰：「《北征》詩識君臣大體，忠義之氣，與秋色爭高，可貴也。」朱文公云：「李白見永王璘反，便從臾之，詩人没頭腦至於如此。杜子美以稷、契自許，未知做得與否，然子美卻高，其救房琯亦正。」

交情世態

漢翟公爲廷尉，既罷，門可設雀羅。乃書門曰：「一貴一賤，交情乃見。」唐李適之罷相，作詩曰：「避賢初罷相，樂聖且銜杯。爲問門前客，今朝幾個來？」蓋炎而附，寒而

【二三】此詩頗礙理　陸鈔本於「理」上有一「義」字。

【二四】曾不繫其心胸　「胸」，原作「膂」，據陸鈔本改。

【二五】始至推尊少陵　「至」，陸鈔本作「知」。

棄，從古然矣。灌夫不負竇嬰於擯棄之時，任安不負衛青於衰落之日，徐晦越鄉而別臨賀，后山出境而見東坡，宜其足以響千載之齒頰也。劉元城之事司馬公，當其在朝，書問削跡，及其閒居，亟問無虛月，此又高矣。至於巢谷年逾七十，徒步萬里訪二蘇於瘴海之上，死而不悔，節士也。

山居上梁文

孫仲益《山居上梁文》云：「老蟾駕月，上千崖紫翠之間；一鳥呼風，嘯萬木丹青之表。」又云：「衣百結之衲，捫虱自如；拄九節之筇，送鴻而去。」奇語也。

聽讒詩

世傳《聽讒》詩云：「讒言謹莫聽，聽之禍殃結。君聽臣當誅，父聽子當決，夫妻聽之離，兄弟聽之別，朋友聽之疏，骨肉聽之絕。堂堂八尺軀，莫聽三寸舌，舌上有龍泉，殺人不見血。」不知何人作，詞意明切，類白樂天。

畫馬

唐明皇令韓幹觀御府所藏畫馬【二六】，幹曰：「不必觀也，陛下駝馬萬疋，皆臣之

【二六】唐明皇令韓幹觀御府所藏畫馬　「畫」字原無，據《稗海》本補。

師。」李伯時工畫馬，曹輔爲太僕卿【二七】，太僕廨舍國馬皆在焉，伯時每過之，必終日縱觀，至不暇與客語。大概畫馬者，必先有全馬在胸中。若能積精儲神，賞其神俊，久久則胸中有全馬矣，信意落筆，自然超妙，所謂用意不分乃凝於神者也。山谷詩云：「李侯畫骨亦畫肉，筆下馬生如破竹。」「生」字下得最妙，蓋胸中有全馬，故由筆端而生，初非想像模畫也。東坡《文與可竹記》云【二八】：「竹之始生，一寸之萌耳，而節葉具焉。自蜩腹蛇蚹以至於劍拔十尋者，生而有之也。今畫者節節而爲之，葉葉而累之，豈復有竹乎！故畫竹必先得成竹於胸中，執筆熟視，乃見其所欲畫者，急起從之，振筆直遂，以追其所見，如兔起鶻落，少縱則逝矣。」坡公善於畫竹者也【二九】，故其論精確如此。曾雲巢無疑工畫草蟲，年邁愈精。余嘗問其有所傳乎，無疑笑曰：「是豈有法可傳哉【三〇】？某自少時，取草蟲籠而觀之，窮晝夜不厭。又恐其神之不完也，復就草地之間觀之，於是始得其天。方其落筆之際，不知我之爲草蟲耶，草蟲之爲我也。此與造化生物之機緘蓋無以異，豈有可傳之法哉！」

風水

古人建都邑，立室家，未有不擇地者。如《書》所謂達觀於新邑，營卜瀍澗之東西。《詩》所謂升虛望楚，降觀於桑，度其隰原，觀其流泉。蓋自三代時已然矣。余行天下，凡

【二七】曹輔爲太僕卿　「爲」字原在「曹輔」上，據諸本乙正。

【二八】文與可竹記　《經進東坡文集事略》卷四九此記題作「篔簹谷偃竹記」。

【二九】坡公善於畫竹者也　「善」，原作「喜」，據諸本改。

【三〇】是豈有法可傳哉　「是」，原作「既」，據諸本改。

通都會府，山水固皆翕聚。至於百家之邑，十室之市，亦必倚山帶溪，氣象回合。若風氣虧疏，山水飛走，則必無人煙之聚，此誠不可不信，不可不擇也。乃若葬者，藏也。藏者，欲人之不得見也。古人之所謂卜其宅兆者，乃孝子慈孫之心，謹重親之遺體，使其他日不爲城邑道路溝渠耳。借曰精擇，亦不過欲其山水回合【三一】，草木茂盛，使親之遺體得安耳，豈藉此以求子孫富貴乎？郭璞謂本骸乘氣，遺體受蔭，此説殊不通。夫銅山西崩，靈鍾東應，木生於山，栗牙於室，此乃活氣相感也。今枯骨朽腐不知痛癢，積日累月化爲朽壤，蕩蕩游塵矣，豈能與生者相感，以致禍福乎？此決無之理也。世之人惑璞之説，有貪求吉地未能愜意，至十數年不葬其親者。有既葬以爲不吉，一掘未已，至掘三掘四者。有因買地致訟，棺未入土而家已蕭條者。有兄弟數人惑於各房風水之説，至於骨肉化爲仇讎者。凡此數禍，皆璞之書爲之也。且人之生也【三二】，貧富貴賤，夭壽賢愚，稟性賦分，各自有定，謂之天命，不可改也，豈冢中枯骨所能轉移乎？若如璞之説，上帝之命反制於一抔之土矣。楊誠齋素不信風水之説，嘗言郭璞精於風水，宜妙選吉地，以福其身，以利其子孫，然璞身不免於刑戮，而子孫卒以衰微，則是其説已不驗於其身矣。而後世方且誦其遺書而尊信之，不亦惑乎！今之術者，言墳墓若有席帽山，則子孫必爲侍從官，蓋以侍從重戴故也。然唐時席帽，乃舉子所戴【三三】，故有「席帽何時得離身」之句。至本朝都大梁，地勢平曠，每風起，則塵沙撲面，故侍從跨馬，許重戴以障塵。夫自有宇宙，則有此

【三一】亦不過欲其山水回合　「合」，原作「舍」，據諸本改。

【三二】且人之生也　「生」，原作「主」，據諸本改。

【三三】乃舉子所戴　「乃」，原作「山」，據諸本改。

山，何賤於唐而貴於今耶？近時京丞相仲遠，豫章人也，崛起寒微，祖父皆火化無墳墓，每寒食則野祭而已，是豈因風水而貴哉！

南軒辨梅溪語

南軒以内機入奏，引至東華門。孝宗因論人才，問王十朋如何。對曰：「天下莫不以爲正人。」上曰：「當時出去，有少説話待與卿説。十朋向來與史浩書，稱古則伊、周，今則閣下，是何説話？」對曰：「十朋豈非謂浩當伊、周之任而責之乎？」上曰：「更有一二事，見其有未純處。」對曰：「十朋天下公論歸之，更望陛下照察主張。臣父以爲陛下左右豈可無剛明腹心之臣，庶幾不至孤立。」上曰：「剛患不中，奈何？」對曰：「人貴夫剛，剛貴夫中。剛或不中，猶勝於柔懦。」上默然。蓋史直翁與張魏公議論不同，梅溪則是張而非史者也。故上因直翁之説而有是言。上又嘗曰：「難得仗節死義之臣。【三四】」南軒對曰：「陛下欲得仗節死義之臣，當於犯顔敢諫中求之。」亦指梅溪而言也。

道不遠人

子曰：「道不遠人。」孟子曰：「道在邇而求諸遠。」有尼《悟道》詩云：「盡日尋春不見春，芒鞵蹈遍隴頭雲【三五】。歸來笑撚梅花嗅，春在枝頭已十分。」亦脱灑可喜。

【三四】難得仗節死義之臣　「仗」，原作「伏」，據稗海本改。

【三五】芒鞵蹈遍隴頭雲　「蹈」，諸本作「踏」。

◎趙　升撰

朝野類要

王瑞來　整理

點校説明

《朝野類要》五卷，趙升撰。趙升，字向辰，文昌（今江西臨川）人。生平不詳。書前自序説「自幼入京都（臨安）」，至理宗端平三年（一二三六）始返鄉，因此可以推測，當主要活動於寧宗時期。

這部筆記分門別類地對宋朝的各種典章制度以及習俗用語的由來與變遷做了扼要而廣泛的介紹。所述多爲他生活時期的活着的制度與習俗。比如，他在卷四「家諱」條提及的張嗣古，在《朝野類要》問世時還在爲官。由此一例可見《朝野類要》的新鮮度。這種價值於研究薄弱的南宋中後期制度史來説是不言而喻的。

此次整理，以明弘治元年史學刻本爲底本，校以文淵閣《四庫全書》本與《武英殿聚珍版叢書》本、《叢書集成初編》本，還參校了相關的宋代文獻。

序

僕自幼入京都，觀其公朝儀刑政事名理，及聞夫搢紳間衆所稱謂，皆蒙然無所知識。求之於書，甚爲簡略，或無載紀。後歷聞諸師友老先生指誨。歲月寖久，雖曰强記，終不如弱文。遂寄之毫楮，姑目曰《朝野類要》。逮今歲自九江歸舍，而舊所紀述，間爲鼠齧之餘，棄之可惜，又以好事者來需，第須別錄。既病且懶，遂移書札之費，增而鋟之於木。不獨有以應酬，亦足以廣四方之見聞。惟其宫禁内職，不復紀錄，非曰缺文，實不敢也，觀者當察焉。

端平丙申重九，文昌趙升向辰識於隻桂書院。

目録

校勘記

卷第一

班朝

御殿

本朝殿名最多。如常朝，則文德殿。五日一次起居，則垂拱殿。遇忌前假及祠祀日分，則御後殿。正旦、冬至及聖節稱賀、大禮奏請、致齋，則皆大慶殿。賀祥瑞、勝捷、上壽賜宴，則紫宸殿。宴對蕃使則崇德、長春殿。試進士，則崇政殿。若賜宴，則集英殿。郊祀稱賀，則端誠殿。諸班直推垛子，則射殿之類。又有内殿，如萬歲、復古、邇英、藥珠、凝華、福寧、睿思殿、今上皇帝建緝熙殿之類。北宫、後宫之殿，又不一也。

朝儀

趍朝之儀，如出入不由端禮門，不端笏，朝堂行私禮，交互幕次，語笑諠譁，殿門内聚談，行立失序，立班交語相揖，無故離位，拜舞不如儀，穿班仗出之類。皆謂失儀，即閤門彈奏有責。

常朝

今之所謂常朝，蓋正殿也，又名垂拱殿。大凡殿名，遇禮例合御某殿，則臨期設牌。常朝則自九月中旬，至來年五月中旬。

後殿

常朝值雨，或有事故，則改後殿。

六參

又名望參，謂一五日之常禮也。在京大小職事及不釐務官，趁赴望參，不得連三次請假。

輪對

自侍從以下，五日輪一員上殿，謂之輪當面對，則必入時政或利便劄子。若臺諫，則謂之有本職公事。若三衙大帥，謂之執杖子奏事。

内引

内殿引見，則可以少延時刻，亦或賜坐，亦或免穿執也。

待漏

宫内之前待漏院，所以俟候宫門開。及閤門呼報排班，則穿執而入也。又名待班閤子。

正謝

凡宰執侍從等差除，命下之日，即時赴新局，當時便回，却上辭免表奏。之後，朝命不允而已受，方始正行朝謝。

舞蹈

謂舞蹈有七拜大起居。

裹見

有罪之人朝見，如與免把見，則仍舊穿執，謂之裹見，唯加武士簇擁也。

把見

軍頭引見司等子驅擁有罪之人朝見也。向來紹興末年，四川宣撫司管押到招捉北界僞知虢州元顔守能【一】、知商州折可直嘗如此【二】。蓋唐以來朝見之儀有五，此其一也。今大禮赦，及盛暑引疎决，即亦用軍頭司擁見。

典禮

郊祀大禮

京城之外大祭祀，皆謂之郊祀。如三歲南郊圜丘大禮，如昔時北郊祀后土皇地祇。明堂則就内中，謂之明堂大禮。

五使

【一】四川宣撫司管押到招捉北界僞知虢州元顔守能　《建炎以來繫年要録》卷一九三、《宋史》卷三二《高宗紀》及《金史》卷七二《仲本傳》，紹興三十一年十月成爲宋人俘虜之元顔守能乃爲商州刺史。

【二】知商州折可直嘗如此　按，《金史》卷六《世宗紀》，折可直爲金之陝州防禦使。

凡大典禮，皆有之。如郊祀、明堂，則有大禮使、禮儀使、儀仗使、鹵簿使、橋道頓遞使之類。山陵亦有總護、按行、覆按、修奉、橋道頓遞使之類。又有修奉都護，皆大臣帥座爲之。

鼓吹

禮寺之太常樂也。

警場

大禮等辦嚴也，皆用上軍及街仗司爲之。

宿衛使

駕出合經宿，皆有宿衛使。向來駕詣慈福宫等，亦有之。昔日親征，則有御營宿衛使。

習儀

凡有大典禮，皆預先習儀，如郊祀大禮習五輅、肆赦，如聖節習上壽儀及臨安府教樂之類。

册寶

奉上尊号册寶，亦有奉上册寶使，用太常儀仗鼓吹也。凡玉册則金寶。所謂册者，條玉爲之，紅線相聯，可以卷舒。字皆金填之，或謂玉以階石代之。所謂寶者，印章也。並文思院供造。

親饗

車駕朝饗太廟也。其典禮類郊祀。

朝獻

四孟之月，駕詣景靈宫也。自神廟朝建此，如在恤制内，則權止。

分獻

凡三歲大禮，有大臣亞獻、終獻之外，衆天神則在壇下分獻，其餘神則差官往各處行禮。

奏告

凡有典禮及祥瑞祈禱，皆差官奏告天地、宗廟、社稷、五岳、四海等處。

致齋

行祀事之官，預先於本局致齋，謂不治事以謹潔其身也。

受誓戒

三歲大禮，干預行事官，皆質明赴尚書省受誓戒，然後致齋。

恭謝

大典禮之後，車駕詣景靈、太乙兩宫，行恭謝之禮。

分詣

四孟朝獻，如值雨及有故，或第二日值雨，皆命宰執分詣諸殿行事。

幸學

車駕幸太學，則有恩例。蓋古之養老尊賢之故事。

釋奠

二月上丁日奠孔子也。凡學官并察官、太常禮官、郎官皆赴太學大成殿，同諸生行禮。亦分爲初、中、終三奠，用太常樂。八月同。

降香

凡祈禱晴雨，皆降御香。乃内侍省掌其事，差快行賫送。重則差内侍供奉官。

避殿損膳

昔時水旱祈禱未應，并天變星象、邊鄙未寧，則聖上有避正殿、減常膳之謙禮。

輟朝

凡大臣等薨背有禮例。特輟視朝三日或五日。

故事

八寶

自秦得和氏之璧，以爲傳國玉璽。其文曰：「受天明命，既壽永昌。」後子嬰捧以降高祖於軹道者是也。在漢則符璽令掌之，增爲六璽。至晉惠帝北征，亡失六璽。石季龍得之，遂改其文曰：「天命石氏。」迨唐亦有符寶，而五代唐末帝遭亂，携以自焚。故郭周重造八寶，而以天下傳本朝，謂「受命之寶」、「鎮國神寶」、「天子之寶」、「皇帝之寶」、「天子行寶」、「皇帝御寶」、「天子信寶」、「皇帝信寶」，且各有所用。如「受命之寶」，惟封禪用之。其他各朝增置殿寶，不在此數。

大朝會

本朝禮制，有元日大朝會，如古之諸侯述職也。凡監司、帥、守，悉赴正旦大宴。鄉貢進士亦預焉，諸道之進奏官亦預焉。蓋進奏官乃唐之藩鎮質子留司京都，承發文字，如今之機宜，故謂之侯邸。

鎖院

凡言鎖院者，機密之謂也。故試士、撰麻皆如此也。試士則所差官預先入院議題，有司排辦。撰麻則全番或半番快行，節次往學士宅第傳宣。侯傳宣快行來足【三】，學士上馬，朝服幞帽，隨簇入院。造赦頭尾則亦然。若別有直宿學士或直院，則出避之。當夜依宣撰述。如不可行者，繳奏之，謂之封還詞頭。若可行，則撰畢進呈，關報閤門宣詞令舍人。今同閤門宣詞，令舍人鎖宿。且當晚御史臺、閤門報明日宣麻，則文武百寮赴文德殿聽之。如不

【三】侯傳宣快行來足　「足」，疑爲「促」字之訛。

可行，則又有執政不押麻之例，即臺諫得以執奏矣。除拜大臣則上旬，后妃中旬，餘官下旬。俗謂下旬剥麻，非也，或偶置之耳。

迎駕

車駕出幸，經由在京去處，凡百司局務官吏僧道，在百步之内，並迎駕往回起居。若免拜，則祇奏聖躬萬福，山呼。若免起居，則不排設綵亭香案也。

駕頭

孔毅父《談苑》云：駕頭者，祖宗即位時所坐也。《皇朝類苑》曰：謂之正衙法座，香木爲之，加金飾，四足墮其角。其前小偃，織藤冒之。駕頭至，則宣贊喝引迎駕者起居也。又沈存中《筆談》謂是中貴官捧月樣杌子於馬上，今係閤門宣贊舍人。

躬請

車駕每春天或節序，躬請北宫遊幸。回則從駕官多是戎裝，而用御馬院動樂。今主上寶慶間躬請恭聖仁烈太后宫中宴賞是也。戎裝謂免穿執，祇服衫帶。若武臣則武服色袍【四】。御馬院掌聖上所乘之馬也。所謂騏駒院教駿砦所掌者，乃常朝并從駕者馬疋也，如唐之立仗馬。

教坊

自漢有胡樂琵琶、篳篥之後，中國雜用戎夷之聲，六朝則又甚焉。唐時併屬太常掌之，明皇遂别置爲教坊。其女樂，則爲梨園弟子也。自有《教坊記》所載。本朝增爲東、

【四】若武臣則武服色袍　武英殿本、四庫本、《叢書集成》本無「武服」之「武」字。

西兩教坊，又別有化成殿鈞容班。中興以來亦有之。紹興末，臺臣王十朋上章省罷之。後有名伶達伎，皆留充德壽宫使臣，自餘多隸臨安府衙前樂。今雖有教坊之名，隸屬修内司教樂所，然遇大宴等，每差衙前樂權充之。不足，則又和雇市人。近年衙前樂已無教坊舊人，多是市井岐路之輩。欲責其知音曉樂，恐難必也。

等子

軍頭引見司等子，舊是諸州解發强勇之人，經由遞傳至京師。今則只取殿前舊司捧日等指揮人兵揀爲之。故今之等子年勞，授諸州排軍受事人員之職。出職之日，舊皆詣都進奏院行謝。蓋奏院轄遞鋪故也。等子之上，謂之忠佐軍頭，皆由百司人兵、親兵及隨龍人年勞陞爲之，或幕士帶之。

金雞

大禮畢，車駕登樓，有司於麗正門下肆赦，即立金雞竿盤，令兵士搶之。在京係左右軍百戲人，今乃瓦市百戲人爲之。蓋天文有天雞星明，則主人間有赦恩。

聞喜宴

在京則賜及第進士宴於瓊林苑，中興以後，就於貢院。

曲宴

有旨内苑留臣下賜宴，謂之曲宴，與大宴不同之義也。

聖節

國朝故事，帝、后生辰，皆有聖節名。後免之，只名生辰，惟帝立節名。蓋自唐明皇千秋節始也。

進香

北宫聖節及生辰，必前十日，車駕詣殿進香。

滿散

滿散者，終徹也。每遇聖節生辰，宰執赴明慶寺，預前開啓祝壽道場。至期滿散畢，賜宴。

曝書

每歲七月七日，秘書省作曝書會，係臨安府排辦。應館閣并帶貼職官皆赴宴，惟大禮年分及有事則免。

聖祖

真宗皇帝尊九天司命天尊爲聖祖天尊大帝，蓋倣唐尊老君故事也。其詳載于國史，又秘書有聖祖天尊大帝降臨記。

諸節

自唐以二月一日爲中和節，國朝因之，以正月三日爲天慶節，景德五年正月三日天書降。

四日爲開基節，周顯德七年正月四日，太祖皇帝登位。四月一日爲天祺節，大中祥符元年四月一日，天書降。六月六日爲天貺節，大中祥符二年六月六日，天書降【五】。七月一日爲先天節，後唐天成元年七月一日，聖祖軒轅黄帝降。十月二十四日爲降聖節。大中祥符五年十月二十四日，天書降。是日禁屠宰、行刑，著爲令甲。

天慶觀

諸州皆置建之，所以奉聖祖天尊大帝。

報恩光孝寺觀

高宗皇帝中興以來，令諸州軍各建置報恩光孝寺觀一所，追崇祐陵香火。

土貢

諸州歲貢土産之物也，即夏禹「任土作貢」之義。

宣賜

俗謂經由閤門，有司出給關照之物爲明宣賜，不經由有司，特旨賜之，則曰暗宣賜。

擊門

宰相動止，謂陰有爆嫛神衛之，所以《秦中歲時記》言宰相儀仗，有類牛頭形者即是也。今之宰執出入，其金吾先以物敲擊門臺，謂報警爆嫛神也。

免坐錢

【五】大中祥符二年六月六日天書降　據《宋史》卷七《真宗紀》，天書再降在大中祥符元年六月乙未（六日）。

國朝向有除授遥郡某州刺史，則亦有勑命下本州照應。其州遇細御公文，則亦列其銜於後。若本官他日經由本州，則其知州合避廳遜坐，本義刺史即是正官也。舊有除節度使者，經由本鎮不欲入坐，而本鎮迎送之外，又有禮物，俗名免坐錢，今廢之。

收諸侯權

唐以來，藩鎮皆有質子留京都，而藝祖去襲封，制知、通資任以限之。其餘節制兵權之類，則中興制度也。

羈縻

荆、廣、川、峽溪洞諸蠻及部落蕃夷，受本朝官封而時有進貢者，本朝悉制爲羈縻州。蓋如漢、唐置都護之類也。如今之安南國王，每遇大禮，則加封功臣字號，而每歲差官押曆日賜之是也。

接送伴

蕃使入朝，差官待之。來程有接伴使副，回程則爲送伴。

館伴

蕃使入國門，則差館伴使副同在驛，趍朝、見辭、遊宴。

伴射

殿前、馬、步三司輪差，借觀察、承宣之官，環衛、四廂之職，以伴蕃使射。射於玉津御園，勝則有金帶陞轉官資之賞。

私覿

俗謂之打博，蓋三節人從各以物貨互易也。

會食

上庠有會食之禮，諸百司亦有之。凡同官輪日爲之，唯陪蔬果盤飣之費。

上馬

百司出局，人從先報上馬者。蓋舊禮只是乘騎，自中興以來，始乘肩輿也。今從駕亦乘騎尔。

題名

進士及第，各集鄉人於佛寺，作題名鄉會。此起於唐之慈恩寺塔也。若官司州縣廳事各立題名碑者，蓋備遺亡尔。

春宴

中興以來，承平日久。慶元間，京尹趙師睪奏請從故事排辦春宴。即唐曲江之遺意也。即於行都西湖，用舟船妓弟，自寒食前排日宴會。先宴使相、兩府、親王，次即南班郡王、嗣秀、嗣濮王、楊開府、兩李太尉，次請六曹尚書、侍郎、統兵官，次宴節度、承宣、觀察使、南班及都承、知閤、御帶、環衛官，次都司密屬官【六】，次宴卿、監，次宴六曹郎中、郎

【六】次都司密屬官　「次」之下，武英殿本、《叢書集成》本均有一「宴」字。

官，並是京尹館伴。後京尹李澄，遵故事奏請如前供辦。後開禧以後，兵興及追擾百色行鋪，害及於民，此宴不復舉矣。

校勘記

卷第二

稱謂

行在

天子駐驛之所在也。古不聞之，自秦、漢方有此稱。本朝百司，初稱隨駕某司，自真廟後皆稱行在，唯三省、學士院、臺諫、内侍省之類不云行在，蓋天子之司及常侍之謂也。

雜壓

以官職混序進遷之列，此定品秩高下，序其列位。

五府

兩參政、三樞密。

兩府

樞密并真太尉。

八位

此蓋舊制左右僕射、尚書左右丞、中書侍郎、門下侍郎之類。

三省

中書省、門下省、尚書省也。中書擬定，門下進畫，尚書奉行。紹興十五年，中書門下併而爲一，俱謂之制勑院。

兩省

給舍并左右史也。東省繳章，西省掌詞頭記注。

兩制

翰林學士官謂之内制，掌王言大制誥、詔令、赦文之類。中書舍人謂之外制，亦掌王言凡誥詞之類。

史官

起居郎、起居舍人謂之左、右史，掌記注日生機政。又實録院、日曆所、會要所，皆編修國朝史文。

侍從

翰林學士、給事中、六尚書、八侍郎是也。又中書舍人、左右史以次，謂之小侍從。又在外帶諸閣學士、待制者，謂之在外侍從。

六院

登聞檢院、登聞鼓院、官告院、都進奏院、諸軍司粮料院、兩審計司，皆儲材擢用之地。

凡作縣有聲等官多除此。

四轄

提轄左藏庫、文思院、榷貨務、雜買場，謂之四轄，亦爲儲材之地。

貼職

宰執資格者帶觀文、資政、端明學士，侍從資格者帶諸閣學士及以次侍從帶待制，卿監資格者帶修撰、直閣及京官直祕閣，武臣帶閤門宣贊舍人之類。

機政

宰執職事之謂。

朝典

國之大法。

親民

理治百姓，監鎮、知寨亦然。

長貳

正官與副官之揔名。

幕職

僉判、司理、司法、司户、録參、節推、察推、節判、察判之類。幕者本以主帥出塞，從權安營立帳而得此名，如衛青幕府是也。

上馬官

教授至廳前上下馬故也。

寄居官

又名私居官。不以客居及本貫土著，皆謂之私居、寄居。其義蓋有官者，本朝廷仕宦也。

判府

宰相、三公、三少、真王出鎮，方謂之判，其餘乃過呼。

縣令

未改京朝官宰縣也。

知丞

已改京朝官也。未改則帶權字，只謂之縣丞。

軍使

在縣之上，軍、監之下。

舉主

依條制科格，以薦名於朝廷者。內有職司、常員之分。

元老

國之老舊名臣也。

宿儒

久有名望之士也。

賢路

清要儲材陞擢之所也。

言路

臺、諫、給舍也。

搢紳

仕宦之稱，本指其笏帶之類也。

儲材

拔擢於此職，以待進用也。

清要

職慢位顯謂之清，職緊位顯謂之要。兼此二者，謂之清要。

冷官

凡緩慢優閑之職是也。因杜子美詩云「廣文先生官獨冷」，後人遂專以號教官。

麄官

武臣及軍官之自謙，或以爲譏。

開口官

舊制，及第人帶左字，餘皆帶右字。以左字像開口也。今並不帶左右字。

院體

唐以來，翰林院諸色皆有，後遂効之，即學官樣之謂也【一】。如京師有書藝局、醫官局、天文局、御書院之類是也。即今畫家稱十三科，亦是京師翰林子局。如德壽宮置省智堂，故有李從訓之徒。

世賞

《書》曰「賞延于世」，即今之奏蔭之類。

選調

承直郎以下、迪功郎以上文資也。又謂之「選海」，以其難出常調也。

未出官

謂文學、助教、將仕、通仕、登仕，下班資法之類。

十三階

右武以上至刺史爲止法。

【一】即學官樣之謂也　「官」，《南宋院畫録》卷一引《朝野類要》作「宫」。

舉業

治經

《春秋》兼三傳、《易》、《書》、《詩》、二《禮》，各以一經，仍各兼《語》、《孟》，謂之小經。若詩賦人，舊亦曾兼一經，今免。

武舉

分二等。蓋絶倫者挽二石以上斗力，平等者挽九斗以上可也。至日，步射兩箭，馬射正背，共五箭，爲頭場。

三場

第一場本經義三道，小經義各一道，計五道。若詩賦人，八韻賦一道，省題詩一首。第二場論一道，第三場策三道。仍各有格式條限。若武舉則以弓馬爲第一場，其次七書義五道，其策三道【二】。

州縣學

即古者國有庠、鄉有校之義，本朝宰相王安石，增制應補之法，試考陞賞【三】，與貢舉不相干。慶元以來，又增關齋名，以廣武舉之士。蓋從臣寮請也。

簾試

【二】其策三道　武英殿本及《叢書集成》本「其」下有一「次」字。

【三】試考陞賞　「試考」，武英殿本、四庫本、《叢書集成》本均作「考試」。

補試中者，再於長官簾前試一次【四】。治經人作《語》、《孟》義，辭賦人作省題詩【五】。優者行食。其有任子銓試過，赴吏部簾試經義破題，或有詩，亦謂之簾試。

供課

州縣學生分句習試三場，各給册子供呈，上庠亦然。

堂試

州學考試考分，將來由此陞補。

陞補

堂試累中人推賞，至於陞入上庠。

補試

州縣學春、秋兩放補試，白身人本經中者注籍。

混補

天下士人不限有無學籍，皆得赴試本經一場，中者入上庠。

大補

選試舊舉待補及州縣學等級該恩士人，陞上庠也。

待補

三場内只第一場合格，及補試内只大經合格，蓋恐黜下之可惜，故以此勉其學者。唯

【四】再於長官簾前試一次　《文獻通考》卷三四《選舉考》作「中選人就吏部長貳廳前簾試」。

【五】治經人作語孟義辭賦人作省題詩　《文獻通考》卷三四《選舉考》作「小經義一首或小賦或省題詩一首」。

武舉只弓馬合格者待補，謂之一事中。

私試

每月試一場，凡滿季計三場，謂孟月本經，仲月論，季月策，並鎖試于前廊，以學官主文考校，唯公試之月免。

公試

每歲春二三月之交公試，兩日三場，謂第一日論、策各一道，並差外官於貢院主文，以學官干預考校。

内舍

入上庠、宗學者，皆外舍生。若校定滿年、行食分數之人，如公試中等，即依例陞補内舍，與公試榜同出，自後方得爲長、諭。若内舍私試，連三次不中者降爲外舍。

上舍

内舍校定分數人，兩年一次試陞上舍。凡九月内鎖院三場，以優等、平等取人，其法嚴於省、解也。中者自後不復赴公、私試，只赴上舍試，以趲釋褐。如入學六年得爲釋褐者，謂之「走馬上舍」。

釋褐

上舍試中優等者釋褐，以分數多者爲狀元，其名望重於科舉狀元。

神童

十歲以下能背誦挑試一經或兩小經，則可以應補州縣小學生。若能通五經以上，則可以州官薦入於朝廷，而必送中書省覆試，中則可免解。

覆試

童子舉及應制科人，先進呈論、策卷子。如稱旨，必送中書省覆試。内童子赴都堂，於宰執前同中書省官挑試。

量試

州縣學略而小試其才也。

請舉

赴解試之謂也，古者舉賢之制。

保頭

舉人三舉終場者，得爲解試保頭。

解試

依額取人，薦名於朝廷，謂之鄉貢。若從來無學籍者，經營請舉，則必費力。如曾赴混補，則猶庶幾於科舉也。此係本州及第出身官主文考校。其武舉只就殿步帥前試弓馬，中者然後赴鎖院七書義并策【六】。蓋武舉者，保官徑奏名引試也。

【六】中者然後赴鎖院七書義并策　武英殿本、四庫本、《叢書集成》本於「七書義」之上有「考試」二字。

漕試

轉運司承集本路見任官牒送到隨侍子弟及五服内親，如州府解試法。但漕司員額頗寬容也，係選差本路官主文考校。

附試

因事在他鄉而未能歸本貫者，皆就轉運司附試，只是取人太少，却易爲文才。

免解

在學及格，或遇特恩。

比試

武舉士人，先試經義一次，然後赴解試。

省試

除四川外，諸州及漕司解士，就禮部貢院鎖試，名曰省試。

免省

上舍試取中在省試前，即免省赴殿。

還省

前舉已中解試人，因丁憂事故之人，於今舉還試。

類試

四川州軍解士，只就安撫制置司類省試畢，徑赴殿試。

殿試

本朝例就崇政殿鎖試，考試策一道，畢日唱名。

還殿

前舉已中省試人，因事故未赴殿者，今舉還試。

免殿試

往年遇主上即位以後第一次，謂之「龍飛榜」，又嘗因諒陰，皆曾免試，祇詣唱名。

唱名

謂之臚傳聖上御殿宣唱，第一人第二人第三人爲一班。其餘逐甲各爲一班。

恩科

年高而到省多次，特奏名。其魁亦賜同出身。而次甲則得文學之名，俟赦文内於銓試或於銓注，即授權尉之類。亦有雖年及而未願就恩科，亦從便，仍舊赴省。

三元

解試、省試並爲魁者，謂之雙元。若又爲殿魁者，謂之三元。然多是免殿故也。蓋殿試以策取人，難得必魁治經義人也。

黄甲

正奏名五甲也。吏部謂之黄甲。闕榜第五甲，舊多貴顯，故或稱爲相甲。

探花

選年最少者二人，於賜聞喜宴日，先到瓊林苑，折花迎狀元吟詩。此唐制，久廢。今人或謂第二名爲探花者【七】，非也。

擔榜

戲謂第五甲末名爲擔榜狀元。

宏辭

自唐以來有之，本朝之制尤嚴。上自秘書，下及俗文，無不博覽。蓋所學他日翰苑並掌雜著也。鎖試隨貢舉之歲三場。第一場麻制、表詞，第二場銘、讚、記、序、雜文，第三場議論，並以文字合格中選，取人無額也。

賢良

即漢舉賢良之制也，本朝尤嚴。紹興間嘗令背記九經注疏，而學者遂少。後臣寮請免之，止令記其義。鎖試之日，三時六論，如五題合格，即中選。

銓試

奏蔭出身人，各占經趁赴春銓試，中選即參部。若是登仕郎以下，即换選人文資也。黄甲年分，則第五甲人就附試之。

【七】今人或謂第二名爲探花者　武英殿本及《叢書集成》本作「第三名」。

拍試

武臣奏補人銓試弓馬者，謂之拍試，并挑試律文。

刑法試

奏補人願試刑法者，兼治兩小經，如中選，即入大理評事，或提刑司檢法官。次第可至刑部尚書。

教官試

及第出身次甲人，合試教官者，依次試本經、詩賦。中選，即注諸州教授。

召試

及第出身次甲人，已歷任者【八】，召試館職。中選即爲祕省官。若武舉人，召試閤職，則爲舍人。所試文字，尤精細於嘗制。

試換

武臣願換文資者，如銓試之制。若奏蔭人并武舉及第官，願再試出身者，從便應解試赴省。唯年勞補授及雜出身人，不許換也。

醫卜

醫學

【八】已歷任者　「任」，武英殿本、四庫本、《叢書集成》本均作「仕」。

如太、武學設齋，仍如舉人入試程文於判局，下又有教授。

判局

判太史局，即自挈壺、靈臺郎、五官正及大夫，遞遷充判局。判太醫局，自齋舍職事，遞遷充判局。

國醫

此名醫中選，差充診御脉，内宿祗應。此是翰林金紫醫官。

試補

星學則於本局試筭，造大曆，測驗乾象。醫學則赴禮部貢院，三場選試，於《難經》、《素問》、《脉經》、《本草》、仲景《傷寒論》、《聖惠方》、《病源》此七經内出題。第一場則墨義三道、脉義二道。第二場大義三道、假令論方義一道。第三場假令法二道、運氣一道。比之士人，止不赴殿試。其舉業亦爲科場。

局生醫生

如前試補，中則曰局生、學生，入學次第試補，遷改職事，如庠序例。

出官

醫學出官，則補醫職，注授京寺監修合官、辨驗官及諸州軍駐泊醫官。

卷第三

入仕

及第

文、武舉正特奏名，皆爲及第出身。

奏補

文、武臣入仕及格，即依本身官照格法，遇大禮奏蔭弟姪子孫。若侍從以上，許降資授異姓。如官雖及而考不及，則身後恩澤。

捧香

后妃親屬該恩得官者，謂之捧香恩例。

西官

親王南班之婿，號曰西官，即所謂郡馬也，俗謂裙帶頭官。

軍班

内外諸軍兵并班直、軍頭司等人，年勞或有功得官皆是。

年勞

內外百司吏職，及諸州、監司吏人，皆有年勞補官法，俗謂出職是也，免銓試，徑注差遣。

雜出身

非及第，奏補、年勞之類者，謂之雜出身。

保引

內外百司差遣，皆以恩例保引親屬，係藉待試，或趲補，非比州縣泛常差補也。

進納

有因納粟賑糴及助邊者，有只納財得不理選限文資者【一】，俗謂之買官。此不可以就試出身也。

封贈

生曰封，死曰贈，自有格法典例。外有年及百歲，即加封一資而致仕也。

歸附等

歸正，謂元係本朝州軍人，因陷蕃，後來歸本朝。歸順，謂元係西南蕃蠻溪峒頭首等，納土歸順，依舊在溪峒主管職事。歸明，謂元係西南蕃蠻溪峒人，納土出來本朝，補官或給田養濟。歸朝，謂元係燕山府等路州軍人歸本朝者。忠義人，謂元係諸軍人，見在本朝

【一】有只納財得不理選限文資者　「納財」，武英殿本、四庫本、《叢書集成》本作「納粟則」。

界内，或在蕃地，心懷忠義，一時立功者。

脚色

初入仕，必具鄉貫户頭、三代名銜、家口年齒、出身履歷，若注授轉官，則又加舉主，有無過犯。崇、觀間即云「不係元祐黨籍」，紹興間即云「不係蔡京、童貫、朱勔、王黼等親屬」，召保官結罪。慶元間又加即「不是僞學」。近漸次除去。

差除

中旨

自禁中降下御筆或直旨，付有司施行。

參堂

京朝官不於部授，即于廟堂陶鑄差遣，謂之參堂，又曰干堂。亦有堂闕或差選人者。

呼召

欲見宰執者，具名刺門狀，訃會本府書司直省官，謂之下呼召。候呼召，即隨引參見。

堂除

都堂奏差者也。武臣即經密院專差員闕，則曰樞密院劄子，或樞密院奏云云。

參選

吏部四選：尚書左選掌承務郎以上，右選掌武翼郎以上，侍郎左選掌迪功郎以上，右選掌承信郎、校尉以上，兵部掌下班祗應、進義、進勇副尉等，刑部掌進武副尉。所謂參部注授也。

擬差

四選、兵部，奏擬差遣。

殘闕

年老免銓試人，或雜出身等人，即注殘闕零員闕差遣。

辟差

帥撫、監司、郡守，或奉選使堪倚用之人，具名指闕奏差。

定差

四川州縣，只就各路轉運司爲銓選參注差遣。每孟月出榜，仲月參注，季月申發，請朝廷給降付身文字。內亦有通判員闕者。若因事到闕，亦許歸吏部，或參堂陶鑄者。其二廣亦間有之。

差攝

帥撫、監司、州郡，選有官或待闕人攝職，謂之權局。本官自謂之被檄是也。若白身人借攝文學、助教、將仕郎、副尉、承信之類，謂之白帖，在法有禁。

旌擢

謂賞有功績者，特陞差職也。

起復

已解官持服而朝廷特再擢用者，名曰起復。繫此二字，或已年及致仕，或在降責中，朝廷再擢用之謂也。

陞轉

改官

承直郎以下選人，在任須俟得本路帥撫、監司、郡守舉主保奏堪與改官狀五帋，即趁赴春班改官。謝恩則换承務郎以上官序，謂之京官，方有顯達。其舉主各有格法限員，故求改官奏狀，最爲難得。如得，則稱門生。

減年

磨勘轉官，有四考或五考者，該恩減其年數，則給公據，異日揍數收使。

寄理

當轉官，而官序之名犯家諱者，權止，且帶「寄理」二字，他年併轉。

雙轉

有軍功人，自武翼郎以上，每轉一官，即雙轉兩官。若及第出身人，不轉奉直、中散，亦乃雙轉也。

特轉

謂非循常法陞轉，而特有指揮賞轉者。

超轉

有功或及第人特越次第徑轉之類。

止法

謂如文臣轉中大夫，直候職及侍從格，方許轉太中大夫。若執政轉至金紫光禄大夫，直候拜相，方許轉行特進。又如武臣轉至武功大夫，若有軍功，方許轉行右武。餘人以三官比轉一官。又如捧香只轉至訓武郎，年勞只轉至承直郎之類。

回授

合轉官而礙正法者，許回授與弟姪子孫入仕或轉行。

比换

内外百司吏職，未該年勞而願比换者，依格改换官資，注擬差遣。

兩易

俗謂對移也。或因避嫌，或以得罪被劾而罰輕者，皆兩易其任。或事妨者亦然。

賜出身

元非科舉入仕，而特蒙大用，或賜同進士出身，方可執政。蓋國朝法也。

爵禄

食邑

官序及格，合封諸縣開國男以上者，隨有食邑户數，蓋比古之小大諸侯得國也。若又及格，則有食實封幾百户。舊制，每實封一户，隨月俸給二十五文。其加封，則自有格法。

職田

外任小大官屬合得職田者，月俸之外，本州給還米斛。凡到任一年分，並四月以前理上者，該給。

茶湯錢

爲兼職而給也。

賜借緋紫

本朝之制，文臣自入仕著緑，滿二十年，换賜緋、銀魚袋。又滿二十年，换賜紫、金魚袋。又有雖未及年而推恩特賜者，又有未及而所任職不宜緋緑而借紫借緋者，即無魚袋也。若三公、三少，則玉帶金魚矣。惟東宫，魚亦玉爲之。

伎術官服色

醫官并太史官，謂之文官頭、武官尾。蓋初入仕著緑，及格則换紫并紅鞓帶。又及和安、春官大夫，則或特轉之類。而醫官有特賜金帶者。

兩鎮

謂封兩處節度使。

兩國

謂封兩國王及夫人。

襲封

謂世代授此官也。如兩嗣王主奉濮、秀祭祀，如孔子之後世封衍聖公，如周世宗之後柴氏世封崇義公。蓋二王後之故事也。

恩異

如詔書及贊拜皆不名，如肩輿入朝，並賜元老大臣。

職任

百司

上自三省，下及倉、場、庫、務，皆爲百司。或謂之有司，又謂之京局。

内諸司

自内侍省以下，在禁中置局，并應屬内司子局者，皆是也。

左右廂

廂官之名，取廊廡間分職佐治之義。今之城南北廂，比通判資序。蓋比擬開封府左右四廂舊制也。若在城兵馬都監，則又廊廡管押之義也，故無刑禁。

外臺

安撫、轉運、提刑、提舉，實分御史之權。亦似漢繡衣之義，而代天子巡狩也，故曰外臺。

駐劄

沿江都統、諸路總管、路鈐等，及京畿、東南將副之類，皆曰某州駐劄者，蓋本朝兵制，所以示此乃天子之軍也。

牌印

印司掌銅、木朱記，以牌詣本官請關印。用印畢封匣，復納之。凡牌入則印出，印入則牌出，蓋立法防嚴之意也。

公參

小官赴任，詣長貳公參訖，衙前聽候三日，方敢退歸本職。今制遂禁廷拜。

成資

滿任也。

舉留

見任官政績【二】，而吏民願得再任者，須本處進士同耆老以下列狀，經監司舉留，次詣上司申乞。

不釐務

添差之官，則不理政事也。若許干預，則曰仍釐務。

【二】見任官政績　武英殿本、四庫本、《叢書集成》本於「政績」上均有一「有」字。

卷第四

法令

一司

在京内外百司及在外諸帥撫、監司、財賦兵馬去處，皆有一司條法。如安撫司法，許便宜施行之類是也。

海行

勑令格式，謂之海行。蓋天下可行之義也。

續降

法所不載，或異同，而謂利便者，自修法之後，每有續降指揮。則刑部編録成册，春、秋二仲須降内外遵守，一面行用。若果可行，則將來修法日，增文改創也。

進擬

刑部定法斷獄奏呈也。

審覆

大理寺定刑，行下所屬州郡斷獄也。

勑杖

謂降旨而杖之也。

罰直

内外百司吏屬，有公罪之輕者，皆罰直入官。每一直即二百文足，如贖銅之例。

文書

詔書

翰林學士院四六句行文，而爲典故大事者也。

制書

但是聖旨文字，皆爲制書。

手詔

或非常典，或示篤意，及不用四六句者也。

御札

又嚴於詔書。

德音

泛降而寬恤也。

曲赦

特降，比赦頗輕，乃專爲一事一處有兵灾、罪眚之類。

赦書

常制恕刑之命也。

翻黄

監司、州郡備録赦文，而行下所部也。自慶元末，諸縣亦降黄赦，蓋從臣寮請也。

批答

執政以上有章奏請，則降批答，以下則降詔。

宣帖

唯軍校受宣，理爲恩例陞補。

白麻

文武百官聽宣讀者，乃黄麻帋所書「制可」也。若自内降而不宣者，白麻帋也，故曰白麻。唐元和初，凡赦書、德音、立后、建儲、大誅討、拜免三公宰相、命將，曰制書，並用白麻，不用印。

諮報

學士院關報朝省之稱。

書黄

凡事合經給事中書讀并中書舍人書行者，書畢即備録録黄，過尚書省給劄施行。如不可行，即不書而執奏，謂之繳駮。故俗諺曰：「不到中書不是官。」

省劄

自尚書省施行事，以由拳山所造帋書押，給降下百司、監司、州軍去處是也。

部符

六部行符，即省劄之義。其末必曰「符到奉行」。

勑牒

凡知縣以上并進士及第出身，并被旨揮差充試官，或奉使接送館伴，及僧道被旨住持并廟額，並給勑牒。

官帖子

上司尋常追呼下司吏屬，只以片帋書所呼呌因依，差走吏勾集。

奏劄

又謂之殿劄，蓋上殿奏對所入文字也。凡知州以上見辭，皆有此【一】。

旦表

在外帥、守、監司，每月一日上起居表，所以代朝參也。各預先發上都進奏院，臨期經

【一】凡知州以上見辭皆有此「有」，武英殿本、四庫本、《叢書集成》本均作「用」。

閤門投進。

謝表

帥、守、監司初到任并陞除，或有宣賜，皆上四六句謝表。

賀表

帥、守、監司遇有典禮及祥瑞，皆上四六句賀表，唯冬至、歲節不用四六句，自有定式。

起居表

鄉來在恤制内，遇冬至故改之，名爲起居。其他合用賀表，亦如之。

慰表

鄉來恤制，皆上表稱慰。

百官表

百官詣殿拜表，皆宰相爲班首，繫銜揔之云文武百寮，須云丞相臣某等。係禮部郎官行詞。

奏牋

若上后妃、東宮，則名之曰牋。

功德疏

聖節則帥、守、監司各上賀表并道釋功德疏及進銀奏，皆四六句，經通進司投進。

萬言書

上進天子之書也。若上公侯，則名之曰長書。

進狀

經檢院者，圓實封，奏機密軍期事、朝政闕失利害及公私利濟并軍國重事。若經鼓院者，疊角實封，陳乞、奏薦再任、已得指揮恩澤、除落過名、論訴抑屈事，本處不公及沉匿等事，在京官員不法等事。兩院狀封，皆長八大寸。

堂劄

上宰執之公劄也。

白劄子

上利便之書也，與不顯名之義同。

邊報

沿邊州郡，列日具幹事人探報平安事宜，實封申尚書省、樞密院。

奏案

州郡或提刑司勘成大辟及合奏獄案也。得回降，則斷之。若姦穢，則只申省。

帥劄

平時四川安撫制置司亦出給劄子，蓋其重權兼主銓量、差注、類試事也。其他安撫制置司便宜者，亦出給劄子。

朝報

日生事宜也。每日門下後省編定，請給事判報，方行下都進奏院，報行天下。其有所謂内探、省探、衙探之類，皆衷私小報，率有漏泄之禁，故隱而號之曰新聞。

政事

廵按

監司按四季廵視所部州縣者。古因漢高帝遊雲夢之後，漸廢廵狩述職之制，故遣奉使以代之。

銓量

審驗人材也。如四川新任守、倅去朝廷遠者，免朝辭，只赴安撫制置司銓量訖，之任。

便民五事

監司、郡守到任半年，各具便民五事奏上。

臧否

監司歲具所部官美惡奏上，謂之臧否奏。若某員功過俱無者，不具。

雜制

禁謁

百司門首「謁禁」者，不許接客也。若大理寺官，則又加「禁謁」，及亦不許出謁也。

式假

除父母喪解官及承祖父母重服之外，餘親之喪只給式假。

白堂

公事取覆宰執也。

稟臺

公事取覆御史也。

過堂

尚書省、密院屬官，於入局日，分持所議事上都堂，稟白宰執而施行之。

家諱

授職任而犯三代名諱者，許避之。如開禧初張嗣古除起居郎，以犯諱辭免，曾改名侍立修注官【二】。其餘若二名偏犯，即不避，亦具辭免之。

奉朝請

【二】如開禧初張嗣古除起居郎以犯諱辭免曾改名侍立修注官　《宋史》卷一六一《職官志》及《建炎以來朝野雜記》乙集卷一三，避祖諱改爲侍立修注官者當爲羅點，其時在淳熙十五年。

在京宫觀仍奉朝請者，依舊趁赴六參也。

堂謝

授官職朝謝畢，謝宰執。

待罪

具奏自劾也。又宰執奏陳，自謙之曰「臣待罪政府」。或帥府獲逆冦，恐難於上請，先誅而後申奏待罪，乃待其朝廷責其專擅之罪【三】。諸州軍被火亦然。

違年

過期不赴任也。理爲過犯，批上印帋。

帥幕

安撫

安撫之權，可以便宜行事。如俗謂先施行後奏之類是也。通轄一路之兵民。若宰執出鎮，或曰安撫大使。若沿邊，又有管内安撫，謂只轄本州也。

宣撫都督

侍從以上稱宣撫，即平時安撫之義也。執政以上，則稱都督。

節制

【三】乃待其朝廷責其專擅之罪　此句上一「其」字，武英殿本、四庫本、《叢書集成》本均無。

本朝兵制，最爲周密。如節制之稱，所以使寄戍之軍服其權也。若平時鎮江府武鋒軍駐楚州，則其州守臣有統轄屯戍之兼職。

招討招撫

討者，伐不道之臣。撫者，安故國之民。

便宜

主將從權行事也，謂之便宜黜陟。

密詔

自唐已有此，蓋事干大計，不欲明示，則密遣圖之。

矯詔

一時從權，以濟其謀也。

檄書

彰彼之罪惡，所以出師之由，以感動人心，期與天下共誅之也。

報捷

奏勝之書也。詩云「一月三捷」。

露布

誅討奏勝之書也。

蠟彈

以帛寫機密事，外用蠟固，陷於股肱皮膜之間，所以防在路之浮沉漏泄也。

挑戰

兩陣既立，各一將出鬬也。

鏖戰

乘勇而進也，故漢注以爲盡死殺人曰鏖。

巷戰

城市之内接戰也，如李存孝悮入長安之類。

野戰

閲習驍鋭也。

劫寨

夜間攻其營壘，謀其自亂，然後以勁兵續之。

貫寨

日間攻亂其營壘也。

卷第五

降免

遭章

臺諫入奏疏言其罪，以請貶其人也。

彈奏

言其公罪，及閤門、御史臺糾其失儀等事。

合臺

自長官以下，各入一奏，以言人罪也。

按劾

謂按其事而申上，或祇免其職。

降授

降官者，繫銜首帶此二字。　開禧征伐之際，嘗有權免軍官帶此之官。

責授

責者，不限降幾官之數，徑指低階責授之。

聽敕

在朝大臣或被臺章，或先乞出，則一面般出國門，於寺觀中安泊以待命。

南行

仕宦得罪而南行者。蓋二廣多是瘴烟遠惡及水土惡弱之州縣，江西亦或有之，所以貶於其處也。

剥麻

本朝無誅大臣之典，故大臣有罪，亦多是先與宮觀，然後臺諫上章，得旨批「依」，别日又宣麻降之，漸次行貶。

居住

被責者，凡云送甚州居住，則輕於安置也。

安置

安置之責。若又重，則羈管、編管。

勒停

編管以上，則必除名勒停，謂無官也，故曰追毀出身以來文字。

量移

該恩原赦，則量移近裏州軍。

逐便

既量移，如又該恩，則放令逐便。

敘復

被責之久，该恩敘復舊官者，自有格法。

退閑

宫祠

舊制有三京分司之官，乃退閑之禄也。神廟置宫觀之職以代之，取漢之祠官祝釐之義。雖曰「提舉主管某宫觀」，實不往供職也。故奏請者多以家貧指衆爲辭，降旨必曰「依所乞，差某處宫觀任便居住」。唯在京宫觀，不許外居。

自陳

因奏請得祠禄者，將來尚可以復任職守。若朝命與之，則不佳也。故優恩又有理作自陳之名也。

岳廟

選人、使臣，則監岳廟，及宫觀之次等也。

引年致仕

古之大夫七十而致仕之例也。古則皆還其官爵於君，今則不然。故謂之守本官致仕，唯不任職也。若雖未及七十，但昏老不勝其任，亦奏請之，故曰引年。

憂難

致仕

官員不禄，先乞守本官致仕，續奏身故者。緣致仕合有蔭補恩澤也。

遺表

太中大夫以上不禄者，既奏致仕，復上遺表，則又有遺表恩例。

草土臣

丁憂者，既發喪居憂，如具銜，只稱「草土臣」。

賀幸臨奠

本朝禮例，每大臣薨背，賀幸其府第。臨奠之恩，多是其子孫上表辭免之。

勑葬

差中貴官監護喪事。

宣葬

賜資財令辦葬事。喪家多願宣葬，蓋省費如勑葬也【一】。

丁憂

父母憂，解官持服，承重者亦同，軍官免之。若餘親，則有給式假法。

謚法

自古有之，所以定生前之德行。每一字，其義取用之端甚多。本朝立法，有雖無官而有德行者亦賜之。皆有擬文一道，太常博士撰，吏部考功奏行之。

從吉

大祥畢，禫服終，踰月從吉，謂改吉服也，然後朝見或參選。

餘紀

書鋪

凡舉子預試，并仕宦到部參堂，應干節次文書，並有書鋪承幹。如學子乏錢者【二】，自請舉至及第，一併酬勞書鋪者。

承受

仕宦在外任者，自有專一承受幹當之人，或是百司係籍人，或是門吏。凡有大小事務，爲之了辦。

【一】蓋省費如勑葬也　「如」，四庫系統本均作「於」，於義爲長。

【二】如學子乏錢者　「學子」，武英殿本及《叢書集成》本作「舉子」。

陶鑄

宰相擢用仕宦。謂之陶鑄者，取造化之義。向因留相家諱「鑄」，遂易爲陶鎔，正如避寇相名，祇書此「准」字也。

宅引

宰執入堂，前有朱衣乘騎對引。若無常朝之日，則自府第入堂治事，謂之宅引入堂。

告詞

有四六句者，有直文者，並書於告軸。然侍從以上，須是四六句行詞。凡在内，但是班朝百司，雖迪功郎亦有之。若外任，須是京官通判以上，則命詞也。若節度使以上，則又先次宣降麻制矣。

網袋

侍從以上資格者，官告皆有紫絲銀鐸鈴網袋貯之。

望祀

如五嶽四瀆之類，則每歲皆降御名祝版祝之。若其餘去處，皆望祀之。

車馬

宫人出入，其兵士呵喝車馬者。蓋舊來只是乘坐車子也。中興以來用肩輿，亦喝車馬。

揀班

班直等皆是三衙舊司指揮人兵及皇城司親事官揀中等之人充之，如捧日揀過東三班，天武揀過御龍直，驍騎揀過騎御馬之類。然本朝之制，班直不置隊伍。若教習武藝，臨期整辦旗號。此最良法也。

京畿將

京師舊有十將，今第二將駐劄臨安府者，緣昔日差出招捉寇盜，因而屯此也。

破白合尖

選人得初舉狀，謂之破白。末後一劵湊足，謂之合尖，如造塔上頂之意。

過勘

在京關支請給等，須經粮料院審計司過勘，及關會太府寺，方可支給。其外路大軍錢粮，自有分差粮審院施行。

打視

庫務差遣人及投軍人，須遠視目力，喝其指數，謂之打視，防其目疾尔。

輪筆

官員分以文字書押。或以日，或以長貳，分而判押之謂。

集注

左、右選注闕，集長貳廷坐，而下列願注授之人，高唱其闕而問之，以授窠闕。

期集

應舉士人，欲共陳其利便，則指定一所在，會集諸人，定議以申明之。行都差注諸大寺院頭首，亦集諸頭首相聚，定議此人行檢，保明申差，亦謂之期集。

同年鄉會

諸處士大夫同鄉曲并同路者，共在朝及在三學相聚作會，曰鄉會。若同榜及第聚會，則曰同年會。

後跋

先五世祖元教授和卿府君，嘗建湖埭義學一區於始祖溧陽侯祠左，藏書數萬卷，以教里族之俊秀。維罹壬辰兵變，蕩覆無遺，惟藏書流落人間者僅見，皆首書溧陽湖埭史氏義學書籍十字以別之，若是編《朝野類要》亦其一也。迄今百八十年餘，手澤猶新。學得而捧誦之，感媿交集，因重刻之，庶幾存先世之餼年云爾。若天興衰起廢，以圖纘承前烈，則深有望於吾宗之傑然者焉。弘治改元春三月望，嗣孫進士學謹誌。

圖書在版編目(CIP)數據

全宋筆記. 第8編. 3 / 上海師範大學古籍整理研究所編.— 鄭州 : 大象出版社, 2017. 6
ISBN 978-7-5347-9279-3

Ⅰ.①全… Ⅱ.①上… Ⅲ.①中國歷史—史料—宋代
Ⅳ. ①K244. 066

中國版本圖書館 CIP 數據核字(2017)第 128802 號

全宋筆記 第八編 三

出版人 王劉純
特約編輯 陳 新
責任編輯 郭一凡
整體設計 張 勝
出版發行 大象出版社
鄭州市開元路16號(450044)
製　版 上海杰申電腦排版有限公司
印　刷 北京匯林印務有限公司
版　次 2017年7月第1版2017年7月第1次印刷
開　本 640mm×960mm 1/16 30.5印張
字　數 366千字
印　數 1—3000冊
定　價 72.00元